3 por uno
REPASA 한국어판
B1

다락원

이 책의 구성과 특징

본문

UNIDADES Y TEXTOS DE ENTRADA
과 제목 및 도입 대화

각 과에서 다루게 될 주제를 단적으로 보여 주는 과 제목과 본격적인 학습에 들어가기에 앞서 제시되는 도입 대화문을 통해 배울 내용을 유추할 수 있습니다. 도입 대화의 한글 번역은 **부록**에서 확인할 수 있습니다.

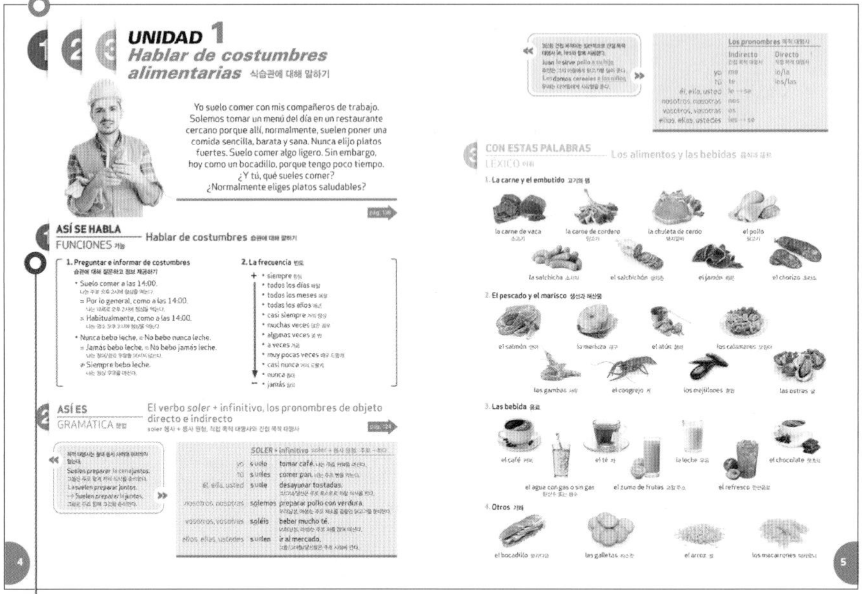

ASÍ ES
GRAMÁTICA 문법

주제와 관련된 문법을 알아보기 쉬운 도표 형식으로 정리하여 제공합니다. **부록**에서 해당 문법에 대한 개요를 통해 보충 설명을 제공합니다.

CON ESTAS PALABRAS
LÉXICO 어휘

그림과 사진 등 다양한 시각 자료와 함께 각 과에서 다루는 주제에 해당하는 주요 어휘를 학습합니다.

ASÍ SE HABLA
FUNCIONES 기능

각각의 주제에 해당하는 상황에서 입문 단계의 학습자가 대화를 시작하는 데 유용한 표현들을 한글 번역과 함께 제시하여 실제 상황에서 의사소통이 가능하게 합니다.

EJERCICIOS
연습 문제

각 과에서 학습한 **기능, 문법, 어휘**와 관련된 연습 문제를 직접 풀어 보면서 학습한 내용을 확인 및 복습할 수 있습니다.
학습의 최종 목표로 제시되는 AHORA TÚ 활동은 ❶ ❷ ❸에서 학습한 내용을 바탕으로 학습자 스스로 제시된 상황에 적절한 문장 및 표현을 구성하고 나아가 실제 상황에서 활용하는 것을 목표로 합니다.

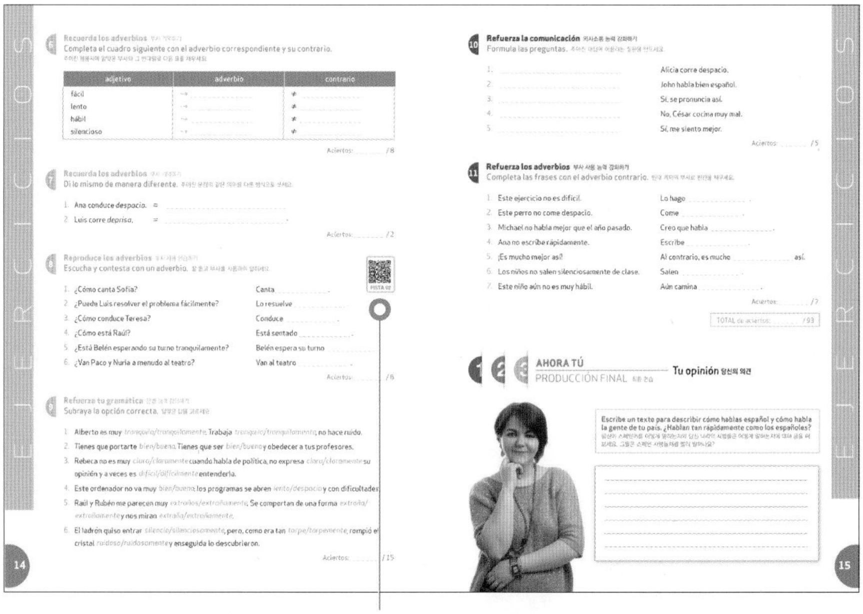

CÓDIGOS QR
QR 코드

듣기 연습 문제 풀이에 필요한 음성 파일을 QR 코드를 통해 바로 제공하여 학습에 편의를 제공합니다. 해당 MP3 파일은 다락원 홈페이지에서도 무료로 다운로드 받을 수 있습니다.

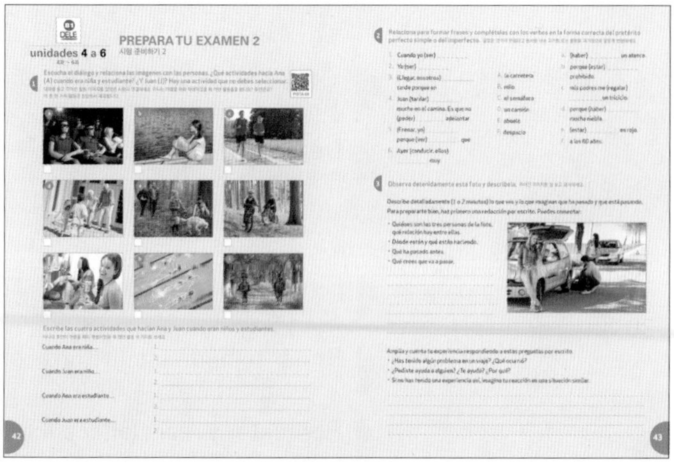

PREPARA TU EXAMEN
시험 준비하기

세 과를 마칠 때마다 나오는 PREPARA TU EXAMEN에서는 DELE* 시험의 읽기와 듣기 영역에서 출제되는 동일한 유형의 연습 문제를 제시하여 시험을 앞둔 학습자가 실전에 대비할 수 있습니다. **부록**에서 듣기 대본과 읽기 지문에 대한 한글 번역을 제공합니다.

*DELE(Diploma de Español como Lengua Extranjera): 스페인 세르반테스 협회(Instituto Cervantes)가 주관하는 외국어로서의 스페인어 공인 자격증

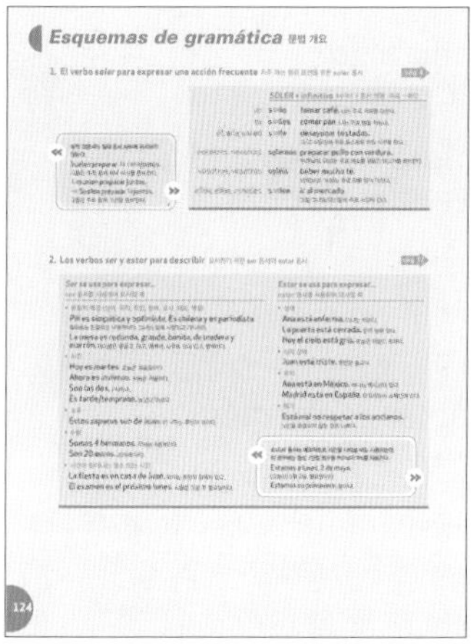

ESQUEMAS DE GRAMÁTICA
문법 개요

문법 개요에서는 앞에서 학습한 문법 내용을 한눈에 보기 쉽게 도표 형식으로 정리하여 배운 내용의 복습을 도우며, 보다 더 상세한 보충 설명을 예문 및 한글 번역과 함께 제공합니다.

TRADUCCIÓN DE LOS TEXTOS DE ENTRADA
도입 번역

각 과의 도입 대화문과 한글 번역을 한눈에 볼 수 있도록 제시하여 학습자가 각 과에서 배운 주요 내용을 제대로 이해하였는지 확인할 수 있습니다.

TRANSCRIPCIONES Y TEXTOS DE LECTURA
듣기 대본 · 읽기 지문 번역

연습 문제의 듣기 대본과 읽기 문제의 지문에 대한 한글 번역을 제공하여 학습자가 풀이한 연습 문제의 내용을 상세하게 파악할 수 있습니다.

CLAVES
정답

각 과의 연습 문제 및 PREPARA TU EXAMEN에서 제공되는 실전 문제의 정답을 제공하여 문제 풀이를 통해 학습자가 배운 내용을 확인할 수 있습니다.

Índice 목차

Unidad 단원

ASÍ SE HABLA

FUNCIONES 기능

2 ASÍ ES GRAMÁTICA 문법	3 CON ESTAS PALABRAS LÉXICO 어휘
El verbo *soler* + infinitivo y los pronombres de objeto directo e indirecto soler 동사 + 동사 원형, 직접 목적 대명사와 간접 목적 대명사 La formación de los adverbios en *-mente* -mente 부사 만들기 El uso de los verbos *ser* y *estar* ser 동사와 estar 동사의 용법	Los alimentos y las bebidas 음식과 음료 Los adverbios de modo 양태 부사 La descripción de personas 인물 묘사
El pretérito imperfecto 불완료 과거 El pretérito perfecto simple regular y los verbos de cambio vocálico 단순 과거 규칙형과 어간 모음 불규칙 동사 El pretérito perfecto simple irregular y el contraste entre el perfecto y el imperfecto 단순 과거 불규칙형, 단순 과거와 불완료 과거의 비교	Las etapas de la vida 생애 주기 Los departamentos de una empresa 회사의 부서들 Los viajes en cohes 자동차 여행
El pretérito perfecto compuesto, el participio y las expresiones de obligación 현재 완료와 과거 분사, 의무 표현 Los pronombres reflexivos, de objeto directo (OD) e indirecto (OI) 재귀 대명사, 직접 목적 대명사(OD), 간접 목적 대명사(OI) El pretérito pluscuamperfecto y las preposiciones *por* y *para* 과거 완료와 전치사 por와 para	Las características de un trabajo y de las personas 업무와 사람들의 특징 El mundo laboral 직업 세계 El arte y los artistas 예술과 예술가들
El imperativo afirmativo y negativo 긍정 명령과 부정 명령 El presente de subjuntivo regular e irregular (1) 접속법 현재 규칙형과 불규칙형(1) El presente de subjuntivo irregular (2) y la opinión 접속법 현재 불규칙형(2)와 의견 표현	La consulta médica 병원 진료 Las expresiones para escribir una carta o un correo 편지나 이메일 작성을 위한 표현들 Los verbos y los adjetivos para expresar la opinión 의견 표현을 위한 동사와 형용사
Las expresiones de influencia y sentimiento con infinitivo o con subjuntivo 동사 원형이나 접속법을 사용하는 영향력과 감정 표현 El futuro simple 단순 미래 *Para* con infinitivo y con subjuntivo 동사 원형과 접속법을 사용하는 전치사 para	Los momentos importantes en la vida 인생에서 중요한 순간들 La informática 컴퓨터 공학 Los animales y el medioambiente 동물과 자연환경
Las expresiones verbales con infinitivo y gerundio 동사 원형과 현재 분사를 사용하는 동사 관용구 El condicional simple 단순 조건 El estilo indirecto 간접 화법	Las expresiones verbales 동사 관용구 Los medios de comunicación 대중 매체 La fauna latinoamericana 라틴 아메리카 서식 동물들

UNIDAD 1
Hablar de costumbres alimentarias 식습관에 대해 말하기

Yo suelo comer con mis compañeros de trabajo. Solemos tomar un menú del día en un restaurante cercano porque allí, normalmente, suelen poner una comida sencilla, barata y sana. Nunca elijo platos fuertes. Suelo comer algo ligero. Sin embargo, hoy como un bocadillo, porque tengo poco tiempo. ¿Y tú, qué sueles comer? ¿Normalmente eliges platos saludables?

pág. 138

1 ASÍ SE HABLA
FUNCIONES 기능

Hablar de costumbres 습관에 대해 말하기

1. Preguntar e informar de costumbres
습관에 대해 질문하고 정보 제공하기

- Suelo comer a las 14:00.
  나는 주로 오후 2시에 점심을 먹는다.
  = Por lo general, como a las 14:00.
  나는 대체로 오후 2시에 점심을 먹는다.
  = Habitualmente, como a las 14:00.
  나는 평소 오후 2시에 점심을 먹는다.
- Nunca bebo leche. = No bebo nunca leche.
  = Jamás bebo leche. = No bebo jamás leche.
  나는 절대/결코 우유를 마시지 않는다.
  ≠ Siempre bebo leche.
  나는 항상 우유를 마신다.

2. La frecuencia 빈도

\+
- siempre 항상
- todos los días 매일
- todos los meses 매달
- todas los años 매년
- casi siempre 거의 항상
- muchas veces 많은 경우
- algunas veces 몇 번
- a veces 가끔
- muy pocas veces 매우 드물게
- casi nunca 거의 드물게
- nunca 절대
- jamás 결코

−

2 ASÍ ES
GRAMÁTICA 문법

El verbo *soler* + infinitivo, los pronombres de objeto directo e indirecto
soler 동사 + 동사 원형, 직접 목적 대명사와 간접 목적 대명사

pág. 124

목적 대명사는 절대 동사 사이에 위치하지 않는다.
Suelen preparar la cena juntos.
그들은 주로 함께 저녁 식사를 준비한다.
La suelen preparar juntos.
→ Suelen prepararla juntos.
그들은 주로 함께 그것을 준비한다.

***SOLER* + infinitivo** soler + 동사 원형: 주로 …하다

yo	suelo	tomar café. 나는 주로 커피를 마신다.
tú	sueles	comer pan. 너는 주로 빵을 먹는다.
él, ella, usted	suele	desayunar tostadas. 그/그녀/당신은 주로 토스트로 아침 식사를 한다.
nosotros, nosotras	solemos	preparar pollo con verdura. 우리(남성, 여성)는 주로 채소를 곁들인 닭고기를 준비한다.
vosotros, vosotras	soléis	beber mucho té. 너희(남성, 여성)는 주로 차를 많이 마신다.
ellos, ellas, ustedes	suelen	ir al mercado. 그들/그녀들/당신들은 주로 시장에 간다.

3인칭 간접 목적어는 일반적으로 간접 목적 대명사 le, les와 함께 사용한다.

Juan le sirve pollo a su hijo.
후안은 그의 아들에게 닭고기를 덜어 준다.

Les damos cereales a los niños.
우리는 아이들에게 시리얼을 준다.

Los pronombres 목적 대명사

	Indirecto 간접 목적 대명사	Directo 직접 목적 대명사
yo	me	lo/la
tú	te	los/las
él, ella, usted	le → se	
nosotros, nosotras	nos	
vosotros, vosotras	os	
ellos, ellas, ustedes	les → se	

3 CON ESTAS PALABRAS
LÉXICO 어휘

Los alimentos y las bebidas 음식과 음료

1. La carne y el embutido 고기와 햄

la carne de vaca
소고기

la carne de cordero
양고기

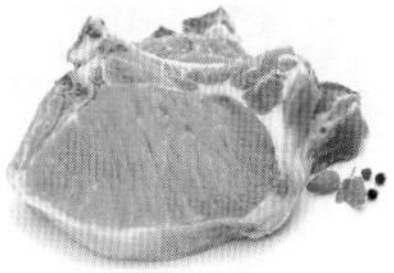
la chuleta de cerdo
돼지갈비

el pollo
닭고기

la salchicha 소시지

el salchichón 살치촌

el jamón 하몬

el chorizo 초리소

2. El pescado y el marisco 생선과 해산물

el salmón 연어

la merluza 대구

el atún 참치

los calamares 오징어

las gambas 새우

el cangrejo 게

los mejillones 홍합

las ostras 굴

3. Las bebida 음료

el café 커피

el agua con gas o sin gas
탄산수 또는 생수

el té 차

el zumo de frutas 과일 주스

la leche 우유

el refresco 탄산음료

el chocolate 핫초코

4. Otros 기타

el bocadillo 보카디요

las galletas 비스킷

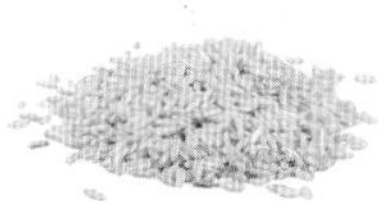
el arroz 쌀

los macarrones 마카로니

1 Reconoce las expresiones de frecuencia 빈도 표현 확인하기

Ordena las expresiones de mayor (1) a menor (10) frecuencia.

빈도 부사를 가장 높은 빈도(1)부터 가장 낮은 빈도(10)순으로 정렬하세요.

☐ A veces ☐ Algunas veces ☐ Casi nunca ☐ Casi siempre ☐ Jamás
☐ Muchas veces ☐ Muy pocas veces ☐ Nunca ☐ Siempre ☐ Todos los días

Aciertos: ________ /10

2 Reconoce el vocabulario de las comidas y las bebidas 음식과 음료 어휘 확인하기

Busca en la nube de palabras los nombres y escríbelos debajo de cada foto.

단어 구름에서 단어를 찾아 알맞은 이미지 아래 쓰세요.

1. ________

2. ________

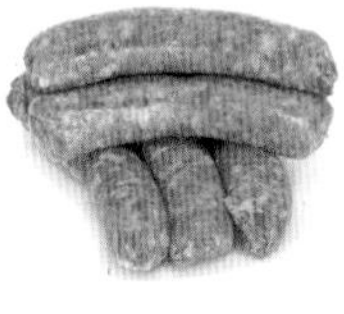
3. ________

4. ________

5. ________

6. ________

7. ________

8. ________

9. ________

10. ________

11. ________

12. ________

13. ________

14. ________

15. ________

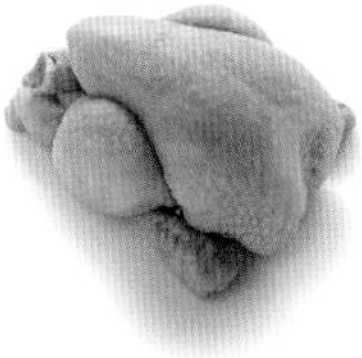
16. ________

17. ________

18. ________

19. ________

20. ________

21. ________

22. ________

23. ________

Aciertos: ________ /23

3 Recuerda las formas del verbo *soler* soler 동사형 기억하기

Completa con el verbo *soler* en la forma correcta. soler 동사를 알맞게 변형하여 빈칸을 채우세요.

1. (Yo) ______________ desayunar café con leche y galletas.
2. (Nosotros) ______________ prepararnos una cena especial los fines de semana.
3. ¿Dónde ______________ usted almorzar?
4. Los españoles ______________ cenar entre las 21:00 y las 22:30.
5. Juan ______________ comer mucho chorizo.
6. ¿Con quién (vosotros) ______________ almorzar?
7. Mis hijas no ______________ comer mucho chocolate.
8. ¿(Tú) ______________ comprar marisco?
9. Ana y Felipe no ______________ almorzar con sus compañeros de trabajo.
10. Ustedes ______________ comer mucha fruta y verdura, ¿verdad?

Aciertos: ________ / 10

4 Practica *soler* + infinitivo soler 동사 + 동사 원형 연습하기

Completa las preguntas con *soler* + infinitivo en la forma correcta y responde a las preguntas, como en el ejemplo. 보기와 같이 soler + 동사 원형을 사용하여 질문을 완성하고 질문에 답하세요.

ej. • *¿A qué hora (levantarse, tú) sueles levantarte?*
• *Suelo levantarme a las 7:00.*

1. • ¿Cuándo (llamar, tú) ______________ a tus padres?
   • ______________ el fin de semana.
2. • ¿Cuándo (ducharse, usted) ______________?
   • ______________ por la noche.
3. • ¿A qué hora (acostarse, ustedes) ______________?
   • ______________ a las 23:00.
4. • ¿Quién (preparar) ______________ la merienda?
   • Su tía ______________.
5. • ¿Con quién (ir, vosotros) ______________ a la piscina?
   • ______________ con nuestros amigos.
6. • ¿A qué hora (despertar, ustedes) ______________ a los niños?
   • ______________ a las 8:00.
7. • ¿Cuándo (preparar, tú) ______________ la cena?
   • ______________ cuando vuelvo del trabajo.

Aciertos: ________ / 14

EJERCICIOS

5 **Practica *soler* y las expresiones temporales** soler 동사와 시간 표현 연습하기

Responde a las preguntas de dos formas, sin repetir el objeto indirecto, como en el ejemplo.
보기와 같이 간접 목적어를 반복 사용하지 않는 두 가지 방식으로 질문에 답하세요.

ej. • *¿Sueles darle galletas al niño?*
• *Sí, suelo darle galletas todas las mañanas.*
• *Sí, por lo general, le doy galletas todas las mañanas.*

1. • ¿Suele Juan servirles café a sus invitados?
   • Sí, ______________________________.
   • Sí, por lo general, siempre ______________________________.
2. • ¿Suele Ana prepararte el desayuno?
   • No, ______________________________.
   • No, por lo general, ______________________________.
3. • ¿Sueles comprarles chocolate a tus hijos?
   • Sí, ______________________________.
   • Sí, siempre ______________________________.

Aciertos: ______ / 6

6 **Practica la posición de los pronombres con *soler*** soler 동사와 목적 대명사 위치 연습하기

Forma frases, como en el ejemplo. 보기와 같이 문장을 만드세요.

ej. *Ana les da galletas a los niños.* *Ana les suele dar galletas a los niños.*
Ana suele dárselas.

1. Le preparo patatas fritas al niño una vez a la semana.
   ______________________ ______________________
2. Les hace un pastel a los niños los domingos.
   ______________________ ______________________
3. Nos preparas salchichas cada semana.
   ______________________ ______________________
4. El camarero nos trae la comida rápidamente.
   ______________________ ______________________
5. Les sirves pescado a los invitados.
   ______________________ ______________________
6. No le compro refrescos a mi hija.
   ______________________ ______________________
7. Juan me trae la compra cada sábado.
   ______________________ ______________________
8. Te preparo una tortilla española.
   ______________________ ______________________
9. Les sirvo mejillones a Ana y a Antonio.
   ______________________ ______________________
10. Siempre le pedimos agua a la camarera.
   ______________________ ______________________

Aciertos: ______ / 20

7 Practica *siempre* y *nunca* 부사 siempre와 nunca 연습하기

Contesta a las preguntas, como en el ejemplo. 보기와 같이 질문에 답하세요.

ej. • *¿Siempre preparas la cena tú?*
• *Sí, siempre la preparo yo. / No, nunca la preparo yo.*

1. • ¿Siempre preparas el marisco con arroz?
 • Sí, ______ / No, ______
2. • ¿Nunca ofreces café a tus invitados?
 • Sí, ______ / No, ______
3. • ¿Siempre invitáis a vuestros amigos?
 • Sí, ______ / No, ______
4. • ¿Nunca haces los ejercicios?
 • Sí ______ / No, ______
5. • ¿Siempre compras jamón en el mercado?
 • Sí, ______ / No, ______

Aciertos: ______ / 10

8 Reproduce la información 들은 내용 재구성하기

Escucha y responde qué suelen hacer. 잘 듣고 등장하는 인물들이 주로 뭘 하는지 답하세요.

PISTA 01

1. ¿Suele Iván calentar la leche? ______
2. ¿Suele comprarle pollo y cordero? ______
3. ¿Suele Luisa comer salchichas y jamón? ______
4. ¿Suelen Carlos y Carmen comer queso a diario? ______
5. ¿Qué suele tomar José para el desayuno? ______

Aciertos: ______ / 5

TOTAL de aciertos: ______ / 98

1 2 3 AHORA TÚ
PRODUCCIÓN FINAL 최종 연습

Tus costumbres alimentarias
당신의 식습관

Explica cuáles son tus costumbres alimentarias y si sigues algún tipo de dieta (vegetariana, vegana...).
당신의 식습관이 어떤지, 당신이 어떤 식단(채식주의, 비건 등)을 따르는지에 대해 설명하세요.

______
______
______
______
______
______

UNIDAD 2
Describir cómo actúa una persona 사람의 행동 묘사하기

¿Puedes hablar más despacio, por favor? Es que los españoles habláis rapidísimo y no os entiendo fácilmente. Constantemente tengo que pedir que repitáis algo.

pág. 138

1 ASÍ SE HABLA
FUNCIONES 기능
Expresar la manera de actuar o sentirse 행동 방식과 기분 표현하기

1. Preguntar y expresar la manera de actuar 행동 방식에 대해 질문하고 표현하기

- ¿Cómo trabaja Ana? 아나는 어떻게 일을 하나요?
- Trabaja (muy) bien. 그녀는 일을 (매우) 잘합니다.
- José canta (muy) mal. 호세는 노래를 (정말) 못 부른다.
- Hoy Ana se siente mejor. 오늘 아나는 기분이 좋다.
- Felipe habla inglés peor que Estrella. 펠리페는 에스트레야보다 영어를 못한다.
- Esta palabra se escribe así. 이 단어는 이렇게 쓴다.
- Ana conduce despacio. 아나는 천천히 운전한다.
- Juan camina deprisa. 후안은 빨리 걷는다.

2. Expresar la intensidad 강도 표현하기

- Hoy me siento mejor que ayer. 나는 어제보다 오늘 기분이 더 좋다.
- Me siento un poco mejor. 나는 약간 기분이 좋다.
- Me siento bastante mejor. 나는 꽤 기분이 좋다.
- Me siento mucho mejor. 나는 훨씬 많이 기분이 좋다.
- Ana conduce muy despacio. 아나는 매우 천천히 운전한다.
- Ana conduce bastante despacio. 아나는 꽤 천천히 운전한다.
- Ana conduce mucho más despacio que de costumbre. 아나는 평소보다 훨씬 더 천천히 운전한다.
- Ana conduce mucho menos despacio que Luis. 아나는 루이스보다 훨씬 덜 천천히 운전한다.

2 ASÍ ES
GRAMÁTICA 문법
La formación de los adverbios en *-mente*
-mente 부사 만들기

pág. 133

Adjetivo masculino 남성형 형용사	Adjetivo femenino 여성형 형용사	Adverbio 부사
claro 분명한	clara 분명한	claramente 분명하게
exagerado 과장된	exagerada 과장된	exageradamente 과장되게
rápido 빠른	rápida 빠른	rápidamente 빨리
constante 꾸준한, 일정한	constante 꾸준한, 일정한	constantemente 꾸준하게, 일정하게
hábil 능숙한	hábil 능숙한	hábilmente 능숙하게

-mente 부사는 여성형 형용사 -a 뒤에 -mente를 붙여서 만들고, 남·여성 동형 형용사의 경우 -mente만 붙인다.

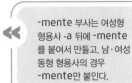

부사 2개를 연속적으로 사용할 때는 두 번째 부사에만 -mente를 붙인다.

Geográficamente, México es un país muy variado. 지리학적으로, 멕시코는 매우 다채로운 나라이다.
Humanamente, México es un país muy variado. 인종적으로, 멕시코는 매우 다채로운 나라이다.
Geográfica y humanamente, México es un país muy variado. 지리학적, 인종적으로, 멕시코는 매우 다채로운 나라이다.

3 CON ESTAS PALABRAS

LÉXICO 어휘

Los adverbios de modo 양태 부사

María canta muy bien.
마리아는 노래를 매우 잘한다.

Pepe canta mal, muy mal.
페페는 노래를 못한다. 정말 못한다.

La tortuga camina despacio y el conejo corre deprisa.
거북이는 천천히 걷고, 토끼는 서둘러 달린다.

=

La tortuga camina lentamente y el conejo corre rápidamente.
거북이는 느릿느릿 걷고, 토끼는 빨리 달린다.

El ladrón entra silenciosamente en la casa.
도둑이 조용히 집으로 들어온다.

Juan baja la escalera torpemente.
후안이 둔하게 계단을 내려온다.

El funambulista camina hábilmente por la cuerda.
줄타기 곡예사가 능숙하게 줄 위를 걷는다.

Los perros ladran ruidosamente.
개들이 소란스럽게 짖는다.

Me mira extrañamente.
그가 나를 이상하게 쳐다본다.

Luis aprende fácilmente los idiomas.
루이스는 언어를 쉽게 배운다.

1 Reconoce los adverbios 부사 확인하기

Marca solo los adverbios. 다음 중 부사에만 표시하세요.

deprisa
bajito
guapo
alta
mal
español
fácil
malo
mejor
rápido
peor
así
claro
únicamente
despacio
lento
bueno
claramente
fácilmente

Aciertos: ______ /9

2 Reconoce los adverbios de modo 양태 부사 확인하기

Relaciona. 알맞은 것끼리 연결하세요.

1. ¿Cómo canta Elena?
2. ¿Canta mejor que Luis?
3. ¿Comes deprisa?
4. ¿Aprenden lentamente?
5. Vas al cine casi todos los días, ¿verdad?
6. ¿Se escribe así?

a. No, peor.
b. No, muy rápidamente.
c. Sí, casi.
d. Muy bien.
e. No, así.
f. No, despacio.

Aciertos: ______ /6

3 Recuerda los adverbios 부사 기억하기

Completa las frases con uno de los siguientes adverbios de modo. 다음 양태 부사를 사용하여 빈칸을 채우세요.

deprisa - peor - claramente - bien - lentamente - así - mal

1. Es importante hacer ______ las cosas.
2. Esta palabra se escribe ______ .
3. Cuando estoy enfermo, trabajo más ______ .
4. Cuando hay niebla, se ve ______ la carretera.
5. Mi hijo aún no sabe pronunciar ______ todas las palabras.
6. Tenemos que ir más ______, vamos a llegar tarde.
7. El examen está muy ______, por eso tiene un cero.

Aciertos: ______ /7

4 Recuerda la forma de los adverbios en *-mente* -mente 부사의 형태 기억하기

Construye el adverbio correspondiente para completar las frases. 알맞은 부사로 빈칸을 채워 문장을 완성하세요.

1. Este sillón es muy cómodo. Estoy sentado ______ en este sillón.
2. El señor Gómez es una persona muy cortés. Siempre habla muy ______ .
3. María es una chica amable. Siempre contesta ______ a las preguntas.
4. Los hombres pueden ser crueles. A veces, actúan ______ .
5. Necesito irme con urgencia. Necesito ir ______ al hospital.
6. Los deportistas deben ser disciplinados en sus entrenamientos. Entrenan ______ .
7. Los ladrones son hábiles. Se introducen en las casas muy ______ .
8. Raúl viaja con frecuencia a España. Va ______ a Madrid.
9. Nos llaman con seguridad esta noche. Nos llaman ______ esta noche.
10. Trabaja de una forma relajada. Trabaja ______ .

Aciertos: ______ / 10

5 Practica los adverbios en *-mente* -mente 부사 연습하기

Completa con los adverbios a partir de los adjetivos. 형용사를 부사로 만들어 문장을 완성하세요.

1. Debes ser rápido y eficaz.
   Debes arreglar esto ______ y ______ .
2. Es un problema económico y social.
   ______ y ______ es un problema.
3. Debéis hacerlo con delicadeza y habilidad.
   Debéis hacerlo ______ y ______ .
4. Juan es muy serio y rápido cuando trabaja.
   Juan trabaja ______ y ______ .
5. Estos niños son muy tranquilos y pacientes.
   Esperan a sus padres ______ y ______ .
6. Explicáis la situación con claridad y a la perfección.
   La explicáis ______ y ______ .
7. Haz los deberes con cuidado y correctos.
   Los deberes los haces ______ y ______ .
8. Es un obrero muy bueno. Sus trabajos son limpios y profesionales.
   Trabaja ______ y ______ .
9. Sus opiniones son inteligentes y rápidas.
   Opina ______ y ______ .

Aciertos: ______ / 18

6 Recuerda los adverbios 부사 기억하기

Completa el cuadro siguiente con el adverbio correspondiente y su contrario.
주어진 형용사에 알맞은 부사와 그 반대말로 다음 표를 채우세요.

adjetivo	adverbio	contrario
fácil	→ ______	≠ ______
lento	→ ______	≠ ______
hábil	→ ______	≠ ______
silencioso	→ ______	≠ ______

Aciertos: ______ /8

7 Recuerda los adverbios 부사 기억하기

Di lo mismo de manera diferente. 주어진 문장의 같은 의미를 다른 방식으로 쓰세요.

1. Ana conduce *despacio*. = ______
2. Luis corre *deprisa*. = ______

Aciertos: ______ /2

8 Reproduce los adverbios 부사 사용 연습하기

Escucha y contesta con un adverbio. 잘 듣고 부사를 사용하여 답하세요.

PISTA 02

1. ¿Cómo canta Sofía? Canta ______.
2. ¿Puede Luis resolver el problema fácilmente? Lo resuelve ______.
3. ¿Cómo conduce Teresa? Conduce ______.
4. ¿Cómo está Raúl? Está sentado ______.
5. ¿Está Belén esperando su turno tranquilamente? Belén espera su turno ______.
6. ¿Van Paco y Nuria a menudo al teatro? Van al teatro ______.

Aciertos: ______ /6

9 Refuerza tu gramática 문법 능력 강화하기

Subraya la opción correcta. 알맞은 답을 고르세요.

1. Alberto es muy *tranquilo/tranquilamente*. Trabaja *tranquilo/tranquilamente*, no hace ruido.
2. Tienes que portarte *bien/bueno*. Tienes que ser *bien/bueno* y obedecer a tus profesores.
3. Rebeca no es muy *clara/claramente* cuando habla de política, no expresa *clara/claramente* su opinión y a veces es *difícil/difícilmente* entenderla.
4. Este ordenador no va muy *bien/bueno*: los programas se abren *lento/despacio* y con dificultades.
5. Raúl y Rubén me parecen muy *extraños/extrañamente*. Se comportan de una forma *extraña/extrañamente* y nos miran *extraño/extrañamente*.
6. El ladrón quiso entrar *silencio/silenciosamente*, pero, como era tan *torpe/torpemente*, rompió el cristal *ruidoso/ruidosamente* y enseguida lo descubrieron.

Aciertos: ______ /15

10 **Refuerza la comunicación** 의사소통 능력 강화하기

Formula las preguntas. 주어진 대답에 어울리는 질문을 만드세요.

1. ______________ Alicia corre despacio.
2. ______________ John habla bien español.
3. ______________ Sí, se pronuncia así.
4. ______________ No, César cocina muy mal.
5. ______________ Sí, me siento mejor.

Aciertos: ______ / 5

11 **Refuerza los adverbios** 부사 사용 능력 강화하기

Completa las frases con el adverbio contrario. 반대 의미의 부사로 빈칸을 채우세요.

1. Este ejercicio no es difícil. — Lo hago ______________ .
2. Este perro no come despacio. — Come ______________ .
3. Michael no habla mejor que el año pasado. — Creo que habla ______________ .
4. Ana no escribe rápidamente. — Escribe ______________ .
5. ¡Es mucho mejor así! — Al contrario, es mucho ______________ así.
6. Los niños no salen silenciosamente de clase. — Salen ______________ .
7. Este niño aún no es muy hábil. — Aún camina ______________ .

Aciertos: ______ / 7

TOTAL de aciertos: ______ / 93

AHORA TÚ
PRODUCCIÓN FINAL 최종 연습

Tu opinión 당신의 의견

Escribe un texto para describir cómo hablas español y cómo habla la gente de tu país. ¿Hablan tan rápidamente como los españoles?
당신이 스페인어를 어떻게 말하는지와 당신 나라의 사람들은 어떻게 말하는지에 대해 글을 써 보세요. 그들은 스페인 사람들처럼 빨리 말하나요?

____
____
____
____
____
____

UNIDAD 3
Describir a una persona
인물 묘사하기

Nuria normalmente es una persona muy agradable. Es alegre y tranquila. Pero no sé qué le pasa, últimamente, está triste y nerviosa. Yo creo que está deprimida.

pág. 138

ASÍ SE HABLA
FUNCIONES 기능

Describir 묘사하기

1. Describir la personalidad, el carácter
성격과 개성 묘사하기

- Luisa es mala. 루이사는 못됐다.
- José es triste. 호세는 (성격이) 우울하다.
- Juan es listo. (= es inteligente)
  후안은 영리하다. (= 똑똑하다)
- Mi primo es muy orgulloso.
  내 사촌은 매우 자존심이 강하다.

2. Describir el aspecto de una persona 사람 외모 묘사하기

- Leo es alto. Mide 1,90. 레오는 키가 크다. 1미터 90이다.
- José es moreno. (de piel, de pelo)
  호세는 갈색 피부/머리이다. (피부, 머리카락)
- Ana es delgada. 아나는 날씬하다.
- Antonio se parece a su padre.
  안토니오는 자신의 아버지를 닮았다.

3. Describir el estado físico o anímico
신체나 심리 상태 묘사하기

- Luisa está mala. (= está enferma)
  루이사는 상태가 안 좋다. (= 아프다)
- José está triste. (en este momento)
  호세는 슬프다. (그 순간)
- Juan está listo para el examen. (= está preparado) 후안은 시험 볼 준비가 되어 있다.
- Mi primo está muy orgulloso de su hijo.
  내 사촌은 그의 아들을 매우 자랑스러워한다.

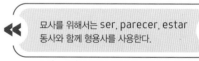

« 묘사를 위해서는 ser, parecer, estar 동사와 함께 형용사를 사용한다. »

4. Describir subjetivamente 주관적으로 묘사하기

- Pablo tiene tres años y ya mide más de un metro: está muy alto para la edad que tiene.
  파블로는 3살이고, 키가 벌써 1m 이상이다. 그 나이치고는 상당히 키가 큰 편이다.

5. Describir el aspecto temporal
일시적인 상태 묘사하기

- Cuando vuelve de vacaciones, José está moreno. (por el sol)
  호세는 휴가에서 돌아오면 까무잡잡하다. (태양 때문에)
- Ana está delgada porque desde hace seis meses solo come fruta y verdura y hace deporte a diario.
  아나는 6개월 전부터 과일과 채소만 먹고 매일 운동했기 때문에 날씬하다.

2 ASÍ ES GRAMÁTICA 문법

El uso de los verbos *ser* y *estar*
ser 동사와 estar 동사의 용법

pág. 124

Ser se usa para expresar...
ser 동사를 사용하여 묘사할 때

- 본질적 특징 (성격, 국적, 직업, 형태, 묘사, 재료, 색깔)
  Pili es simpática y optimista. Es chilena y es periodista.
  필라르는 친절하고 낙관적이다. 그녀는 칠레 사람이고 기자이다.
  La mesa es redonda, grande, bonita, de madera y marrón. 테이블은 둥글고, 크고, 예쁘며, 나무로 되어 있고, 밤색이다.
- 시간
  Hoy es martes. 오늘은 화요일이다.
  Ahora es invierno. 지금은 겨울이다.
  Son las dos. 2시이다.
  Es tarde/temprano. 늦었다/이르다.
- 소유
  Estos zapatos son de Juan. 이 구두는 후안의 것이다.
- 수량
  Somos 4 hermanos. 우리는 4형제이다.
  Son 20 euros. 20유로이다.
- 사건이 일어나는 장소 또는 시간
  La fiesta es en casa de Juan. 파티는 후안의 집에서 있다.
  El examen es el próximo lunes. 시험은 다음 주 월요일이다.

Estar se usa para expresar...
estar 동사를 사용하여 묘사할 때

- 상태
  Ana está enferma. 아나는 아프다.
  La puerta está cerrada. 문이 닫혀 있다.
  Hoy el cielo está gris. 오늘은 하늘이 흐리다.
- 심리 상태
  Juan está triste. 후안은 슬프다.
- 위치
  Ana está en México. 아나는 멕시코에 있다.
  Madrid está en España. 마드리드는 스페인에 있다.
- 평가
  Está mal no respetar a los ancianos.
  노인을 존중하지 않는 것은 나쁘다.

estar 동사는 예외적으로 시간을 나타낼 때도 사용하는데, 이 경우에는 항상 1인칭 복수형 nosotros를 사용한다.
Estamos a lunes, 2 de mayo.
(오늘은) 5월 2일, 월요일이다.
Estamos en primavera. 봄이다.

3 CON ESTAS PALABRAS LÉXICO 어휘

La descripción de personas 인물 묘사

1. Carácter y personalidad 성격과 개성

- simpático/a 친절한 ≠ antipático/a 불친절한
- sincero/a 진실한 ≠ hipócrita 위선적인
- vago/a 게으른 ≠ trabajador/-a 근면한
- tranquilo/a 차분한 ≠ nervioso/a 불안한
- generoso/a 너그러운 ≠ egoísta 이기적인
- educado/a 예의 바른 ≠ maleducado/a 버릇없는
- (no) tener sentido del humor
  유머 감각이 있다 (없다)
- paciente ≠ impaciente
  참을성이 있는 조급한
- travieso/a 장난을 좋아하는
- conservador/-a 보수적인
- arrogante 거만한
- abierto/a 개방적인
- tímido/a 수줍은, 내성적인
- agradable ≠ desagradable
  유쾌한 불쾌한
- tener mal/buen carácter
  성격이 좋다/나쁘다
- introvertido/a ≠ extrovertido/a
  내향적인 외향적인
- seguro/a ≠ inseguro/a
  확실한, 안전한 불확실한, 불안전한
- optimista ≠ pesimista
  낙관적인 비관적인
- amable 친절한, 다정다감한
- reservado/a 조심스러운, 신중한
- tolerante ≠ intolerante
  관대한 편협한
- hablador/-a 수다스러운

2. Estados de ánimo 심리 상태

- aburrido/a 지루한
- asustado/a 놀란, 겁먹은
- estresado/a ≠ relajado/a
  스트레스를 받은 느긋한
- deprimido/a 우울한
- preocupado/a 걱정스러운
- tranquilo/a 차분한
- contento/a ≠ triste
  행복한, 만족한 슬픈
- enamorado/a 사랑에 빠진
- nervioso/a 불안한

3. Adjetivos que cambian de significado con *ser* y *estar* ser 동사와 estar 동사에 따라 의미가 달라지는 형용사

- ser abierto (tolerante) 열린 마음이다 (관대하다) – estar abierto (dispuesto a cambiar) 열려 있다 (바뀔 자세가 되어 있다)
- ser atento (amable) 예의 바르다 (친절하다) – estar atento (escuchando) 경청하다 (듣고 있다)
- ser despierto (listo) 빠릿빠릿하다 (영리하다) – estar despierto (no dormido) 깨어 있다 (잠들어 있지 않다)
- ser listo (inteligente) 똑똑하다 (현명하다) – estar listo (preparado) 준비되어 있다 (준비되어 있다)
- ser orgulloso (presumido) 자존심이 강하다 (자만하다) – estar orgulloso (contento) 자랑스러워하다 (만족하다)
- ser vivo (listo) 활기차다 (민첩하다) – estar vivo (con vida) 살아 있다 (생명이 붙어 있다)
- ser interesado (egocéntrico) 이해타산이 빠르다 (자기중심적이다) – estar interesado (tener interés) 관심이 있다 (관심을 두고 있다)
- ser malo (mala persona) 못됐다 (나쁜 사람이다) – estar malo (enfermo) 안 좋다 (아프다)
- ser aburrido (poco interesante) 따분하다 (흥미가 없다) – estar aburrido (sin alegría) 지루하다 (재미가 없다)

1 **Reconoce los adjetivos de carácter** 성격 형용사 확인하기

Escucha y completa con los adjetivos de cada persona. Luego, utiliza los adjetivos contrarios. 잘 듣고 각 인물의 성격을 나타내는 형용사와 그 반대 의미를 지닌 형용사로 빈칸을 채우세요.

PISTA 03

1. Silvia

a. Es ________ y ________
Tiene ________ .

b. No es ni ________ ni ________ .
No tiene ________ .

2. Eduardo

a. Es ________ y ________ .

b. No es ni ________ ni ________ .

3. Carlos

a. Es ________ , pero ________ .

b. No es ni ________ ni ________ .

4. Jorge

a. Es ________ e ________ , pero ________ .

b. No es ________ ni ________ ni tampoco ________ .

5. Marcia

a. Es ________ , ________ y ________ .

b. No es ni ________ ni ________ ni ________ .

Aciertos: ________ / 26

2 Recuerda los adjetivos 형용사 기억하기

Completa el crucigrama con las vocales que faltan. 낱말 퍼즐의 빈칸을 알맞은 모음으로 채우세요.

Aciertos: ______ / 43

EJERCICIOS

3 **Practica los adjetivos y los verbos *ser*, *estar* y *tener*** 형용사와 ser, estar, tener 동사 연습하기

Encuentra el adjetivo correspondiente y úsalo con *ser*, con *estar* o con *tener*, como en el ejemplo.

보기와 같이 주어진 문장을 표현하는 알맞은 형용사를 ser, estar 또는 tener 동사와 함께 사용하여 문장을 만드세요.

ej. *A Teresa no le gustan los cambios, ni en su vida privada ni en política.*

→ *Teresa es cerrada.*

1. Manuel no trabaja mucho, prefiere dormir o ver la tele.

   → Manuel ______________________

2. Mañana es su cumpleaños y Pablo sabe que va a recibir muchos regalos.

   → Pablo ______________________

3. A mis primos les gusta reírse y siempre están de buen humor.

   → Mis primos ______________________

4. El niño no quiere pasar porque le tiene miedo al perro.

   → El niño ______________________

5. Mi vecino nunca nos saluda.

   → Mi vecino ______________________

6. María nunca entiende las bromas ni el humor en general.

   → María no ______________________

7. Yo hago teatro, pero mis hermanas no quieren hablar en público.

   → Mis hermanas ______________________

Aciertos: ________ /7

4 **Practica la diferencia entre *ser* y *estar*** ser 동사와 estar 동사의 차이 연습하기

Completa las frases con el verbo adecuado. 알맞은 동사로 빈칸을 채우세요.

1. Celia ________ simpática, pero no ________ muy paciente.
2. Guadalupe ________ estresada porque los exámenes ________ mañana.
3. Este hombre ________ muy arrogante, pero también ________ muy trabajador y eficaz.
4. (Yo) ________ preocupada porque Miguel ________ deprimido.
5. • ¡Qué aburrido ________ Antonio!

   • No, hombre, no ________ aburrido, pero sí ________ muy introvertido.
6. Los alumnos ________ atentos a lo que dice el profesor.
7. Los niños ________ asustados porque hay mucha gente.
8. Guillermo ________ simpático, pero ________ un poco egoísta.
9. Hoy ________ a 2 de enero. ________ en invierno.
10. • ¿Por qué ________ tan contenta, Pili?

    • Es que ________ enamorada.

Aciertos: ________ /19

5 **Refuerza el contraste entre *ser* y *estar*** ser와 estar 동사의 대조 용법 강화하기

Practica la diferencia de significado según el uso de *ser* o *estar*.

ser 동사와 estar 동사의 사용에 따른 의미 차이를 연습하세요.

1. a. Ana vuelve de las vacaciones: ____________ muy morena.
   b. Juan tiene el pelo oscuro: ____________ moreno.
2. a. • Marta, ¿____________ lista?
   • Sí, me pongo los zapatos y ya ____________ lista.
   b. • José ____________ muy listo, ¿no?
   • Sí, y ____________ muy vivo también. Todos sus negocios le salen bien.
3. a. ¡Qué malo ____________ Antonio! Es muy desordenado.
   b. ¿Qué tal Antonio? ____________ malo, ¿no?
4. a. Este cómico no me gusta, ____________ muy aburrido.
   b. Ana no sabe qué hacer. ____________ aburrida.
5. a. Juan y José han engordado mucho últimamente: ____________ gordos.
   b. Elvira ____________ un poco gordita y, la verdad, es muy atractiva.
6. a. Macarena ____________ triste por la situación política y económica de su país.
   b. ____________ una situación muy triste.
7. a. Carlos ____________ muy guapo.
   b. Sandra, ¡qué guapa ____________! Te has puesto muy elegante para la fiesta.

Aciertos: ____________ / 16

TOTAL de aciertos: ____________ / 111

1 2 3 AHORA TÚ
PRODUCCIÓN FINAL 최종 연습

Un conocido tuyo 당신의 지인

Describe a una persona conocida tuya: ¿cómo es? ¿Cómo está últimamente?

당신의 지인을 묘사하세요. 성격은 어떤가요? 최근에 어떻게 지내나요?

____

____

____

____

____

____

B1 DELE

PREPARA TU EXAMEN 1
시험 준비하기 1

unidades 1 a 3
1과 ~ 3과

1 Relaciona cada frase con su imagen correspondiente. 주어진 문장을 알맞은 이미지에 연결하세요.

1. Es muy orgulloso, se cree muy importante.
2. Está muy delgado. ¡Cómo ha cambiado!
3. Es muy rico, pero no sé si es feliz.
4. ¡Qué aburrido es este libro!
5. Está muy orgulloso de su hijo. Es que es un chico muy bueno.
6. Es muy delgado, ¿no? Quizá demasiado delgado.
7. ¿Estáis listos, cada uno en su sitio? Preparados, listos… ¡ya!
8. ¡Qué aburrido estoy! Vaya día más largo.
9. Es muy lista, listísima, y muy inteligente.

2 Lee el texto. Después, elige la respuesta correcta. 글을 읽고 알맞은 답을 고르세요.

La gastronomía española es muy variada. En cada región se comen diferentes platos, pero hay algunos que son muy comunes en todo el país, por ejemplo, la tortilla de patatas. Es la especialidad española. Hecha de huevos y patatas, se come casi en cualquier momento del día: como aperitivo, como segundo plato de las comidas, como merienda o para cenar. Es muy fácil de preparar y está muy rica. Otros platos, aunque son originarios de regiones concretas, se suelen comer hoy en cualquier ciudad del país, como la paella, un plato de arroz muy popular. Es originaria de Valencia y hay muchos tipos: arroz con verduras, de verduras y pollo, de verduras, pescado y marisco o, quizá, la más popular, la paella mixta: de verduras, pollo y marisco. Es deliciosa. Es una muy buena opción para comer acompañada, por ejemplo, de ensalada.

1. Según el texto...
   - a. La gastronomía española es muy conocida.
   - b. Solo se come tortilla de patatas en España.
   - c. En cada región hay platos tradicionales propios.
2. En el texto se dice que la tortilla de patatas...
   - a. No es originaria de España, pero es muy popular.
   - b. No se sabe de dónde es realmente.
   - c. Es la gran especialidad española.
3. En el texto se dice que la tortilla...
   - a. Se suele tomar para desayunar.
   - b. No se suele tomar para desayunar.
   - c. No se suele tomar por la noche.
4. El autor del texto afirma que...
   - a. No es fácil preparar una tortilla.
   - b. La tortilla suele hacerse solo con dos ingredientes.
   - c. A muchas personas les gusta la tortilla.
5. El autor del texto dice que...
   - a. La paella es de Valencia.
   - b. En Valencia hay mucho arroz.
   - c. La paella solo se come en Valencia.
6. Según el texto...
   - a. Es muy importante no poner carne y pescado en el mismo plato.
   - b. La paella mixta tiene marisco y carne.
   - c. Solo hay un tipo de paella y está muy buena.

3 Escucha y relaciona con la imagen correspondiente. Luego, escribe el nombre de cada alimento. 잘 듣고 알맞은 이미지와 연결하세요. 그리고 음식의 이름을 쓰세요.

PISTA 04

a

☐ las ____________

b

☐ el ____________

c

☐ la ____________

d

☐ el ____________

e

☐ el ____________

UNIDAD 4
Describir las etapas de la vida 생애 주기 묘사하기

Estos son mis abuelos de jóvenes, cuando tenían dieciocho años. Eran de un pueblo pequeño. Entonces no había muchas comodidades y la vida era difícil, pero ellos eran felices. Todas las mañanas mi abuela salía de casa para ir a buscar agua a la fuente del pueblo. A menudo iba con sus amigas y cantaban canciones populares. Mi abuelo trabajaba en el campo. Cuando terminaba, se iba con mi abuela a pasear.

pág. 138

1 ASÍ SE HABLA
FUNCIONES 기능 — Situar en el pasado 과거에 위치하기

1. Situar temporalmente un periodo 과거의 상황, 사람, 사물 등을 묘사하기

- En aquel entonces, no existían aún los coches. 그 당시에는 아직 차들이 없었다.
- Cuando era pequeño, vivíamos en Toledo, pero ahora vivimos en Madrid.
  내가 어렸을 때, 우리는 톨레도에 살았지만, 지금은 마드리드에 산다.
- Antes era más tímida, ahora soy más extrovertida. 예전에 나는 훨씬 내성적이었지만, 지금은 훨씬 외향적이다.
- Antiguamente, mis padres vivían en Gijón. 옛날에 내 부모님은 히혼에 살았다.

2. Indicar que una situación continúa actualmente o en un momento preciso del pasado
과거 한 시점을 기준으로 현재까지 지속되거나 진행되는 동작 또는 상태 나타내기

- Ahora aún vivimos en Cádiz. 지금 우리는 아직 카디스에 산다. = Todavía vivimos en Cádiz. 우리는 아직 카디스에 산다.
- En 1995 mi abuela aún/todavía vivía en el pueblo. 1995년에 나의 할머니는 여전히 시골에서 사셨다.

3. Hablar de la frecuencia 자주 하는 행위 표현하기

- Antes iba muchas veces a Bilbao. 나는 예전에 빌바오에 많이 가곤 했다.
- De pequeño, íbamos muy a menudo a la playa, casi todos los fines de semana.
  내가 어렸을 때, 우리는 거의 매주 주말마다 바닷가에 매우 자주 가곤 했다.
- A veces íbamos al campo con el instituto, una o dos veces al año.
  가끔 우리는 학교에서 일 년에 한 번이나 두 번 야외로 나가곤 했다.
- De vez en cuando iba al gimnasio, una vez al mes, más o menos. 나는 대략 한 달에 한 번 정도 가끔 체육관에 갔었다.
- Mi primo y yo raras veces íbamos juntos al colegio. 내 사촌과 나는 학교에 거의 같이 다니지 않았다.
- De joven, no iba nunca a la piscina, no me gustaba. En cambio, ahora voy todas las semanas.
  나는 젊었을 때, 절대 수영장에 가지 않았다. 좋아하지 않았다. 반면, 지금은 매주 다닌다.
- Nunca llegaba tarde. 나는 절대 늦지 않았다. = Jamás llegaba tarde. 나는 결코 늦지 않았다.

4. Indicar cuándo se realiza una acción 습관적인 행위 표현하기

- Ana se levantaba pronto. Le gustaba llegar temprano a la escuela.
  아나는 일찍 일어났다. 그녀는 학교에 일찍 가는 걸 좋아했다.
- Juan, en cambio, era muy impuntual y llegaba tarde a clase. 반면, 후안은 시간을 잘 지키지 않았고 수업에 지각했다.

2 ASÍ ES
GRAMÁTICA 문법

El pretérito imperfecto 불완료 과거

pág. 125

	Verbos regulares 규칙 동사		
	CANTAR 노래하다	**COMER** 먹다	**VIVIR** 살다
yo	cantaba	comía	vivía
tú	cantabas	comías	vivías
él, ella, usted	cantaba	comía	vivía
nosotros, nosotras	cantábamos	comíamos	vivíamos
vosotros, vosotras	cantabais	comíais	vivíais
ellos, ellas, ustedes	cantaban	comían	vivían

Verbos irregulares 불규칙 동사		
IR 가다	**SER** …이다	**VER** 보다
iba	era	veía
ibas	eras	veías
iba	era	veía
íbamos	éramos	veíamos
ibais	erais	veíais
iban	eran	veían

Hay mucha gente en la plaza.
광장에 사람이 많이 있다.
→ Ayer había mucha gente.
어제 사람이 많았다.

Uso del pretérito imperfecto 불완료 과거 용법

1. 과거의 사람이나 사물을 묘사할 때:
   Yo antes era muy tímido. 나는 예전에 매우 내성적이었다.
2. 과거의 일상적이고 반복적인 습관이나 행동을 나타낼 때:
   Mi hermana era muy puntual, siempre llegaba pronto.
   나의 언니는 아주 시간을 잘 지켰고, 늘 일찍 도착했다.
   Me levantaba todas las mañanas a las 7:00. 나는 매일 아침 7시에 일어났다.
3. querer 동사로 정중하게 표현할 때:
   Por favor, quería un café con leche. 카페라테 한 잔 부탁합니다.

3 CON ESTAS PALABRAS
LÉXICO 어휘

Las etapas de la vida 생애 주기

1. Las etapas 생애 주기

el nacimiento 출생

el bebé 아기

la infancia/la niñez 유년기/어린 시절

el niño/la niña 소년/소녀

la adolescencia 청소년기

el/la adolescente 청소년

la juventud 청년기

el/la joven 청년

la madurez/la edad adulta 중장년기/성년기

el adulto/la persona adulta 성인/어른

la vejez/la tercera edad 노년기/노후

la persona mayor 노인

2. Los verbos 관련 동사들

- nacer 태어나다
- crecer 성장하다
- cumplir años 나이를 먹다
- madurar 원숙해지다
- envejecer 늙다
- morir 죽다

1 Reconoce las palabras 단어 확인하기

Busca en la sopa de letras las palabras y completa el cuadro. 낱말 퍼즐에서 단어를 찾아 빈칸을 채우세요.

M	A	D	U	R	E	Z	F	I	E	C	A	B	J	E
S	B	A	T	O	D	A	V	I	A	Ñ	Z	E	U	D
D	I	L	H	V	S	A	F	O	F	E	D	I	V	G
F	R	E	C	U	E	N	T	E	M	E	N	T	E	I
E	C	A	D	U	L	T	O	S	V	J	N	A	N	R
F	V	F	O	B	L	G	L	H	T	E	D	A	T	E
O	E	J	V	T	E	C	I	P	B	O	S	D	U	S
Y	J	J	I	E	Ñ	R	N	U	N	I	V	A	D	E
V	E	V	J	S	D	M	J	A	V	A	C	U	T	E
C	Z	T	C	O	J	D	I	F	C	A	J	E	S	P
J	A	M	A	S	E	C	P	R	O	N	T	O	Z	C
N	C	A	M	O	N	A	C	E	R	C	I	R	T	S
M	A	R	T	A	R	D	E	M	B	E	R	Ñ	G	E
S	E	U	Z	R	S	I	E	M	P	R	E	C	E	E
S	V	A	B	E	N	U	P	E	R	J	A	G	O	Z

El contrario de...

a. temprano ≠ ____________

b. nunca ≠ ____________

c. morir ≠ ____________

d. vejez ≠ ____________

Un sinónimo de...

1. temprano = ____________
2. nunca = ____________
3. aún = ____________
4. a menudo = ____________
5. infancia = ____________
6. tercera edad = ____________
7. persona mayor = ____________
8. persona adulta = ____________
9. la edad adulta = ____________

Aciertos: ______ / 13

2 Recuerda los nombres 명사형 기억하기

Relaciona cada frase con la imagen correspondiente y escribe quién es.
문장을 알맞은 이미지와 짝 짓고 누구인지 쓰세요.

1. Puedo ser hijo y padre al mismo tiempo. No me considero viejo, pero mis hijos dicen que lo soy.
2. Estoy jubilado, ya no tengo que ir a trabajar. Tengo mucho tiempo libre, pero no siempre estoy en buena forma física.
3. He nacido hace poco tiempo, apenas unos meses.
4. Ya no soy un bebé, pero aún no soy un adolescente.
5. Mis padres aún me consideran como un niño, pero hace mucho tiempo que ya no soy un niño.
6. Tengo mucha energía y muchas ganas de hacer cosas. Estoy preparándome para mi futuro profesional y ya he tenido alguna pareja.

a.  ____________

b.  ____________

c.  ____________

d.  ____________

e.  ____________

f.  ____________

Aciertos: ______ / 6

3 Recuerda los adverbios 부사 기억하기

Relaciona las formas equivalentes. 동일한 의미끼리 연결하세요.

1. jamás	a. frecuentemente
2. temprano	b. pronto
3. todavía	c. pocas veces
4. a menudo	d. aún
5. entonces	e. en aquella época
6. raras veces	f. nunca

Aciertos: ________ / 6

4 Practica el vocabulario 어휘 연습하기

Completa el texto con las siguientes palabras. 다음 중 알맞은 단어로 빈칸을 채우세요.

infancia (x2) - adultos - tercera edad - jóvenes - envejecemos - adolescencia - niños - edad adulta - adolescentes - nacimiento - maduramos - nacemos

Cada etapa de la vida corresponde a diferentes cambios físicos y mentales. La manera de razonar y los centros de interés varían a medida que vamos creciendo. Cuando (1) ________, entramos en la primera etapa: la (2) ________. Esta empieza con el (3) ________ y acaba alrededor de los 12 años. Cuando somos (4) ________, lo que más nos interesa es jugar. Es un periodo en el que aprendemos mucho. Luego, viene la (5) ________: es una transición entre la (6) ________ y la (7) ________. Cuando somos (8) ________, buscamos una mayor independencia. Poco a poco evolucionamos, (9) ________ y llegamos a ser (10) ________. Entonces empieza un periodo en el que se tienen muchas responsabilidades personales y sociales, y se busca el éxito profesional. Y poco a poco (11) ________ y nos acercamos a la (12) ________. Ya no somos tan (13) ________, pero tenemos experiencia sobre lo que pasó en cada etapa.

Aciertos: ________ / 13

5 Practica el vocabulario y el uso del pretérito imperfecto 어휘 및 불완료 과거의 용법 연습하기

Lee y completa el texto con las siguientes palabras y con los verbos en la forma correcta.
다음을 읽고 알맞은 단어와 동사형으로 빈칸을 채우세요.

adolescencia - adulto - anciano - Envejecer - época - infancia - joven - jóvenes - mayor - niño

Cuando (1) (ser, yo) ________ (2) ________, me (3) (gustar) ________ mucho ir al parque. Allí (4) (jugar) ________ con mis amigos al fútbol, (5) (montar) ________ en mi triciclo o (6) (perseguir) ________ a las palomas. Recuerdo mi (7) ________ como una (8) ________ muy feliz.

La (9) ________ es una etapa de la vida muy complicada. Sigues siendo un niño, pero te sientes como un (10) ________. Yo no (11) (ser) ________ muy rebelde: (12) (ir) ________ siempre a clase, (13) (estudiar) ________ mucho y me (14) (portar) ________ bien, pero me (15) (sentir) ________ diferente, raro. Me (16) (pasar) ________ muchas horas solo en casa. Pronto aprendí que los amigos son importantes.

En la universidad, (17) (vivir, nosotros) ________ en una residencia de estudiantes. Como (18) (ser) ________ (19) ________ y no (20) (tener) ________ grandes preocupaciones, excepto los exámenes, (21) (ir) ________ siempre de fiesta, (22) (ver, yo) ________ todos los días a mis amigos y lo (23) (pasar, nosotros) ________ muy bien. Eso sí, al final del curso, nos (24) (encerrar, nosotros) ________ en nuestras habitaciones o (25) (ir) ________ a la biblioteca para prepararnos para los exámenes. (26) (Estudiar) ________ horas y horas.

(27) ________ es un proceso que una persona debe vivir asumiendo que es algo natural. Yo ya soy muy (28) ________, tengo casi 90 años. Antes (29) (ser) ________ (30) ________, fuerte..., pero ahora sigo siendo la misma persona, quizá más sensato. Cuando (31) (ser) ________ joven y (32) (tener) ________ toda una vida por delante, (33) (tener) ________ prisa por todo. Ahora que soy un (34) ________, soy más paciente, más tranquilo. Le doy tiempo al tiempo.

Aciertos: ________ / 34

6 Reproduce la información 들은 내용 재구성하기

Escucha y escribe qué hacían cuando eran estudiantes.
잘 듣고 인물들이 학생 시절에 한 일을 쓰세요.

PISTA 05

1. Mateo: ________
2. Andrés y Eva: ________
3. Carmen: ________
4. Pedro: ________

Aciertos: ________ / 4

7 **Refuerza los adverbios** 부사 강화하기
Subraya la opción correcta. 알맞은 답을 고르세요.

1. A Ana le gusta merendar *enseguida/dentro de poco/antes de* salir a jugar.
2. Estábamos paseando y, *cuanto antes/de repente/todavía*, empezó a llover.
3. Pablo dijo que volvía *enseguida/antaño/poco tiempo*, pero lo sigo esperando.
4. Juan no sabe *cuando/cuándo/ya* vuelve su hijo del fútbol.
5. *Cuanto antes/En aquel entonces/Ahora*, cuando mis abuelos eran niños, no existían las autopistas.
6. Hasta ahora, *jamás/tarde/de repente* he perdido un avión.
7. A los jóvenes les encanta viajar *todavía/mucho tiempo/a menudo*.
8. Tengo que acabar este trabajo *tarde/entonces/cuanto antes*.
9. Cuando éramos niños, íbamos *frecuentemente/enseguida/entonces* a pasear por el bosque.
10. *Ya/Pronto/Dentro de poco* he ido a la biblioteca de la escuela a buscar el libro.

Aciertos: ______ / 10

TOTAL de aciertos: ______ / 86

1 2 3 AHORA TÚ
PRODUCCIÓN FINAL 최종 연습

Un periodo de tu vida
당신 인생의 한 순간

Piensa en un periodo pasado de tu vida (real o no) y descríbelo, situándolo temporalmente y explicando tus costumbres.
당신 인생의 지난 시절(실제 또는 허구)을 묘사하고, 그때로 잠시 돌아가 그 시절 당신의 습관들을 이야기해 보세요.

____
____
____
____
____
____

UNIDAD 5
Pasar una entrevista de trabajo 취업 인터뷰하기

Terminé mis estudios hace 10 años. Entonces quise tomarme un año de descanso y dedicarme a perfeccionar los idiomas. Hice varios cursos. Después, volví y pude participar en una selección de personal y me eligieron para un puesto en el Departamento de Administración.

pág. 138

1 ASÍ SE HABLA — FUNCIONES 기능
Situar temporalmente un acontecimiento
과거 사건에 일시적으로 위치하기

Indicar cuándo sucede una cosa 일어난 시점 명시하기

- Después de la universidad, empecé a trabajar en una empresa. 나는 대학 졸업 후 회사에서 일하기 시작했다.
- Hace tres años me eligieron para un puesto de control de gestión. 3년 전에 나는 경영 관리직에 배정되었다.
- En 1998 hice un curso de idiomas. 1998년에 나는 언어 코스를 수강했다.
- El martes pasado envié mi currículum. 나는 지난주 화요일에 이력서를 보냈다.
- Recibí una respuesta la semana pasada. 나는 지난주에 답장을 받았다.
- El año pasado viajé a Argentina. 작년에 나는 아르헨티나를 여행했다.

2 ASÍ ES — GRAMÁTICA 문법
El pretérito perfecto simple regular y los verbos de cambio vocálico 단순 과거 규칙형과 어간 모음 불규칙 동사

pág. 125

Verbos regulares 규칙 동사

	VIAJAR 여행하다	VOLVER 돌아오다	SALIR 나가다
yo	viajé	volví	salí
tú	viajaste	volviste	saliste
él, ella, usted	viajó	volvió	salió
nosotros, nosotras	viajamos	volvimos	salimos
vosotros, vosotras	viajasteis	volvisteis	salisteis
ellos, ellas, ustedes	viajaron	volvieron	salieron

Verbos de cambio ortográfico (yo)
1인칭 단수형(yo)의 철자가 바뀌는 동사

- -gar 동사:
  llegar 도착하다 → llegué 도착했다
- -zar 동사:
  empezar 시작하다 → empecé 시작했다
- -car 동사
  explicar 설명하다 → expliqué 설명했다

Verbos que cambian *vocal* → i en todas las formas
모음이 i로 바뀌는 동사들

	HACER 하다	QUERER 원하다	VENIR 오다
yo	hice	quise	vine
tú	hiciste	quisiste	viniste
él, ella, usted	hizo	quiso	vino
nosotros, nosotras	hicimos	quisimos	vinimos
vosotros, vosotras	hicisteis	quisisteis	vinisteis
ellos, ellas, ustedes	hicieron	quisieron	vinieron

단순 과거 불규칙 동사 대부분은 3인칭 단수형 -o에 강세가 없다.

Verbos que cambian *e* → *i* en las 3.as personas
3인칭 단·복수에서 e가 i로 바뀌는 동사들

	ELEGIR 선택하다	MEDIR 재다	PEDIR 요구하다	SEGUIR 계속하다
yo	elegí	medí	pedí	seguí
tú	elegiste	mediste	pediste	seguiste
él, ella, usted	elijó	midió	pidió	siguió
nosotros, nosotras	elegimos	medimos	pedimos	seguimos
vosotros, vosotras	elegisteis	medisteis	pedisteis	seguisteis
ellos, ellas, ustedes	eligieron	midieron	pidieron	siguieron

Verbos que cambian *o* → *u* en las 3.as personas
3인칭 단·복수에서 o가 u로 바뀌는 동사들

	DORMIR 자다	MORIR 죽다
yo	dormí	morí
tú	dormiste	moriiste
él, ella, usted	durmió	murió
nosotros, nosotras	dormimos	morimos
vosotros, vosotras	dormisteis	moristeis
ellos, ellas, ustedes	durmieron	murieron

다음의 6개 동사는 예외로, 3인칭 단수형에 강세가 있다.
eligió, midió, pidió, siguió, durmió, murió

3 CON ESTAS PALABRAS
LÉXICO 어휘

Los departamentos de una empresa 회사의 부서들

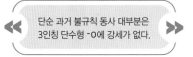

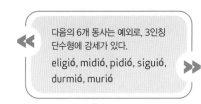

1 Reconoce las formas verbales 동사 변화형 확인하기

Separa las formas verbales y escribe la conjugación de los 7 verbos. Luego, escribe el infinitivo.
다음에서 동사 변화형을 분리하여 적고 7개 동사의 동사 원형을 쓰세요.

medespedíservimossiguieronservíimpidiótedespedistesevistieronsedespidiósiguiónosdespedimosimpedimosimpedisteisosreísteisimpedísteserieronsirvieronseguimosservisteseguisteservisteismevestítevestistesevistiónosvestimosseguisteisosvestisteisosdespedisteissirviósedespidieronimpedímpidieronrepetírepitiórepetistererepetimosrepetisteismereírepitierontereísteseriónosreímosseguí

Infinitivo							
yo							
tú							
él, ella, usted							
nosotros, nosotras							
vosotros, vosotras							
ellos, ellas, ustedes							

Aciertos: ______ / 49

2 Recuerda las formas verbales 동사 변화형 기억하기

Conjuga los verbos en pretérito perfecto simple. 주어진 동사의 단순 과거형으로 빈칸을 채우세요.

1. El director (querer) ______ organizar una reunión.
2. La secretaria (hacer) ______ las fotocopias de los documentos.
3. (Corregir, vosotros) ______ vuestros datos personales.
4. El programador (pedir) ______ un ordenador nuevo.
5. La ingeniera (medir) ______ los planos de la construcción.
6. No todos los empleados (venir) ______ a la reunión.
7. El día de la conferencia, (dormir, nosotros) ______ en un hotel.
8. Antes de salir, me (despedir, yo) ______ de mis compañeros.
9. El presidente (repetir) ______ su deseo de mejorar las condiciones de trabajo.
10. (Vestirse, ustedes) ______ correctamente para la cena con sus clientes.

Aciertos: ______ / 10

3 Recuerda las formas en singular y en plural 동사의 단·복수형 기억하기

Completa con la forma correcta del pretérito perfecto simple. Luego, pon las frases en plural. 알맞은 단순 과거형으로 빈칸을 채우고, 문장을 복수형으로 만드세요.

1. (Querer, él) ______________ trabajar en una empresa internacional.
   → ______________
2. (Elegir, yo) ______________ un puesto interesante.
   → ______________
3. Te (despedir, tú) ______________ de tus compañeros.
   → ______________
4. Me (reír, yo) ______________ durante la reunión.
   → ______________
5. ¿Le (servir) ______________ a usted la fotocopia?
   → ______________

Aciertos: ________ / 10

4 Practica los verbos con los pronombres 동사와 대명사 사용 연습하기

Responde sin repetir el objeto directo. 직접 목적 대명사를 사용하여 답하세요.

1. ¿Quién hizo las fotocopias? (yo) ______________
2. ¿Quién corrigió este documento? (el secretario) ______________
3. ¿Quisisteis dirigir el Departamento de Compras? (no) ______________
4. ¿Le hiciste el favor a tu compañero? (sí) ______________
5. ¿Quisieron prolongar la reunión? (no) ______________
6. ¿Quién te sirvió el café? (mi compañero) ______________
7. ¿Quiénes eligieron esta publicidad? (los socios) ______________
8. ¿A quién le repetiste la pregunta? (al cliente) ______________
9. ¿Le pedisteis una entrevista a vuestro jefe? (sí) ______________
10. ¿Cuándo midieron los arquitectos el puente? (ayer) ______________

Aciertos: ________ / 10

5 Reproduce la información 들은 내용 재구성하기

Escucha y completa qué hizo Juan ayer. 잘 듣고 어제 후안이 한 일로 빈칸을 채우세요.

PISTA 06

Ayer, Juan (1) ______________ muchas cosas. Como era un día muy importante, (2) ______________ ponerse elegante para la reunión.

(3) ______________ a la oficina más temprano y le (4) ______________ a su secretaria unos documentos. (5) ______________ por segunda vez los planos, (6) ______________ un error e (7) ______________ unas fotocopias. (8) ______________ hablar con el contable. Luego (9) ______________ a un cliente.

Aciertos: ________ / 9

EJERCICIOS

EJERCICIOS

6 **Reproduce una conversación** 대화 재구성하기

Completa la conversación con los verbos en la forma correcta. Luego, resume la trayectoria profesional de Ricardo. 알맞은 동사 변화형으로 대화의 빈칸을 채우고, 리카르도의 경력을 요약하세요.

- Buenos días. Veo por su currículum que, desde que terminó la carrera hasta solicitar este puesto, ha trabajado en varios lugares.
- Sí, es verdad, he hecho muchas cosas. Antes de venir aquí, (1) (trabajar) ________ en varias empresas y en diferentes puestos. Cuando (2) (salir, yo) ________ de la universidad, primero (3) (viajar) ________ a Estados Unidos y (4) (aprender) ________ inglés. Allí, una empresa (5) (querer) ________ contratarme, pero yo no (6) (querer) ________ quedarme allí. Así que me (7) (venir) ________ a España y rápidamente me (8) (proponer, ellos) ________ un puesto en el Departamento de Compras. Pero un día, (9) (pedir, yo) ________ un aumento de sueldo y, como no (10) (querer, ellos) ________ dármelo, me (11) (ir, yo) ________ de la empresa. Como tenía ganas de viajar, (12) (decidir, yo) ________ trabajar en un Departamento de Exportación. Mi experiencia en el extranjero me (13) (servir) ________ mucho, pero hay que decirlo todo, también (14) (tener, yo) ________ mucha suerte.

¿Qué hizo Ricardo después de la universidad?

Después de la universidad, Ricardo ________

Aciertos: ________ / 28

7 **Refuerza las expresiones temporales** 시간 표현 강화하기

Subraya la opción correcta. 알맞은 답을 고르세요.

1. En 2012 terminé la carrera. Dos años *después/hace/pasados*, empecé a trabajar en esta empresa.
2. *Después/Hace/En* cinco meses envié mi currículum y todavía no he recibido una respuesta.
3. El año *después/hace/pasado* conseguí una beca y así terminé mi doctorado.
4. *Después/Hace/En* 2017 me nombraron jefe de departamento.
5. Hice unas prácticas en un laboratorio *después/hace/en* tres años.
6. *Después de/Hace/Pasado* la universidad, decidí aprender bien inglés.
7. *Después/Hace/En* septiembre firmé mi primer contrato.

Aciertos: ________ / 7

8 Refuerza tus habilidades lingüísticas 언어 능력 강화하기

Completa las respuestas con los verbos en la forma correcta. Luego, escribe las preguntas correspondientes a las palabras marcadas, como en el ejemplo.

알맞은 동사형으로 빈칸을 채워 답을 완성한 후, 보기와 같이 답변의 진한 글씨에 어울리는 질문을 만드세요.

ej. • *¿A quién despidió la directora de Recursos Humanos?*

• *La directora de Recursos Humanos (despedir) despidió a dos empleados.*

1. • ¿ ________________ ?
   • Rubén no (venir) ________ a la reunión **porque su jefe le (pedir)** ________ **un informe**.
2. • ¿ ________________ ?
   • Nos (reír, nosotros) ________ **durante el coloquio**.
3. • ¿ ________________ ?
   • **Una huelga** nos (impedir) ________ llegar al aeropuerto.
4. • ¿ ________________ ?
   • Los sindicatos (elegir) ________ **a los nuevos representantes**.
5. • ¿ ________________ ?
   • **La secretaria** (llamar) ________ al candidato para la entrevista.
6. • ¿ ________________ ?
   • Los comerciales (reunir) ________ a sus clientes **en las oficinas centrales**.

Aciertos: ________ / 13

TOTAL de aciertos: ________ / 136

1 2 3 AHORA TÚ
PRODUCCIÓN FINAL 최종 연습

Tu experiencia laboral
당신의 직업 경력

Piensa en tu trayectoria laboral (real o no) y descríbela.
당신의 경력(실제 또는 허구)에 대해 생각하여 묘사해 보세요.

UNIDAD 6
Contar un viaje en coche
자동차 여행에 대해 이야기하기

- ¿Qué tal la cena anoche?
- No sé, no pudimos ir.
- ¿Por qué? ¿Qué os pasó?
- Pues como ayer era fiesta y no teníamos que trabajar, estuvimos todo el día en Toledo y, al volver, como Anabel estaba cansada, conduje yo, pero me distraje y tuvimos un accidente. No nos pasó nada, pero tuvimos que llevar el coche al taller y ya se nos hizo tarde para ir a la fiesta.
- Vaya, ¡qué mala suerte! Lo siento.

1 ASÍ SE HABLA
FUNCIONES 기능

Preguntar y reaccionar sobre un viaje
여행에 대해 질문하고 반응하기

pág. 138~139

1. Preguntar sobre un viaje 여행에 대해 질문하기

- ¿Qué tal fue el viaje? 여행은 어땠어?
- ¿Qué pasó durante el viaje? 여행 중 무슨 일이 있었어?
- ¿Por qué no fuiste en coche? 너는 왜 차로 가지 않았니?

2. Reaccionar 반응하기

- ¡Qué mala suerte! 운이 나빴네!
- Vaya, lo siento. 저런, 유감이야.
- ¡Qué bien! 좋겠다!
- Me alegro. 잘됐네.

3. Situar temporalmente un acontecimiento 과거 사건에 일시적으로 위치하기

- ¿Cuándo tuviste el accidente? 너 언제 사고가 났니?
- Cuando volvíamos de Pamplona. (durante el viaje) 우리가 팜플로나에서 돌아올 때. (여행 도중)
- Cuando volvimos de Pamplona, al llegar a casa. (el final del viaje) 우리가 팜플로나에서 돌아와서 집에 도착할 때. (여행이 끝난 후)

4. Indicar que un acontecimiento ocurre de forma imprevista 뜻밖의 사건을 말하기

- De repente, salió una moto y nos chocamos. 갑자기, 오토바이 한 대가 튀어나와 우리에게 부딪혔어.

2 ASÍ ES
GRAMÁTICA 문법

El pretérito perfecto simple irregular y el contraste entre el perfecto y el imperfecto
단순 과거 불규칙형, 단순 과거와 불완료 과거 비교

pág. 126~127

Verbos irregulares (1) 불규칙 동사(1)

	DAR 주다	SER/IR …이다/가다	PODER 할 수 있다	PONER 놓다	SABER 알다
yo	di	fui	pude	puse	supe
tú	diste	fuiste	pudiste	pusiste	supiste
él, ella, usted	dio	fue	pudo	puso	supo
nosotros, nosotras	dimos	fuimos	pudimos	pusimos	supimos
vosotros, vosotras	disteis	fuisteis	pudisteis	pusisteis	supisteis
ellos, ellas, ustedes	dieron	fueron	pudieron	pusieron	supieron

이 불규칙 동사들은 단순 과거의 3인칭 단수에 강세가 없다. dio, fue, pudo, puso, supo, anduvo, estuvo…

어미가 -poner로 끝나는 동사들도 동일하게 동사 변화한다.
posponer 뒤로 미루다, proponer 제안하다

Verbos irregulares (2): verbos con -uv-
불규칙 동사(2): -uv-로 바뀌는 동사들

	ANDAR 걷다	ESTAR …이다	TENER 가지다
yo	anduve	estuve	tuve
tú	anduviste	estuviste	tuviste
él, ella, usted	anduvo	estuvo	tuvo
nosotros, nosotras	anduvimos	estuvimos	tuvimos
vosotros, vosotras	anduvisteis	estuvisteis	tuvisteis
ellos, ellas, ustedes	anduvieron	estuvieron	tuvieron

haber 동사의 3인칭 단수형 hay의 단순 과거는 hubo이다.
Hay un problema.
문제가 있다.
Ayer hubo un problema.
어제 문제가 있었다.

어미가 -tener로 끝나는 동사들도 동일하게 동사 변화한다.
obtener 획득하다, contener 포함하다

Verbos irregulares (3): verbos con -j-
불규칙 동사(3): -j-로 바뀌는 동사들

	CONDUCIR 운전하다	TRAER 가져오다	DECIR 말하다
yo	conduje	traje	dije
tú	condujiste	trajiste	dijiste
él, ella, usted	condujo	trajo	dijo
nosotros, nosotras	condujimos	trajimos	dijimos
vosotros, vosotras	condujisteis	trajisteis	dijisteis
ellos, ellas, ustedes	condujeron	trajeron	dijeron

-duje로 동사 변화하는 동사들과 traer, decir 동사는 3인칭 복수형에서 i가 사라진다.

어미가 -ducir와 -decir로 끝나는 동사들도 동일하게 동사 변화한다.
inducir 유인하다, contradecir 반론하다

Contraste entre el pretérito perfecto simple y el pretérito imperfecto 단순 과거와 불완료 과거 비교

pretérito perfecto simple 단순 과거

- 과거에 이미 끝난 행동이나 사건, 상태를 말할 때 사용한다. (어제, 지난주 등…)

  Ayer tuvimos un accidente. 어제 우리는 사고가 있었다.

  Fue horrible, lo pasamos fatal. 끔찍했어, 우리 정말 힘들었어.

pretérito imperfecto 불완료 과거

- 어떤 행동 또는 순간을 묘사할 때 사용한다.

  Llovía mucho. (descripción) 비가 많이 내렸다. (묘사)
- 진행 중인 행동을 가리킬 때 사용한다.

  Cuando volvíamos a casa nos encontramos con Pepe. (acción interrumpida)

  우리는 돌아오다가 페페를 만났다. (끝나지 않은 행동)

3 CON ESTAS PALABRAS
LÉXICO 어휘

Los viajes en coche 자동차 여행

el maletero
트렁크

la carretera
도로

la autopista
고속도로

la rueda / el pinchazo
타이어 / 펑크

el atasco
교통 체증

el accidente
사고

llenar el depósito de gasolina
연료 탱크 채우기

el taller mecánico
정비소

1 Reconoce las formas irregulares del pretérito perfecto simple 단순 과거 불규칙 동사형 확인하기

Escribe el infinitivo de estos verbos irregulares y el pronombre personal.
다음 불규칙 동사들의 동사 원형과 알맞은 주격 인칭 대명사를 쓰세요.

anduvo hubo estuviste redujiste supiste tradujo dijisteis tuvimos supe reproduje pude puse trajo

1. ______ ______
2. ______ ______
3. ______ ______
4. ______ ______
5. ______ ______
6. ______ ______
7. ______ ______
8. ______ ______
9. ______ ______
10. ______ ______
11. ______ ______
12. ______ ______
13. ______ ______

Aciertos: ______ / 13

2 Recuerda las formas del pretérito perfecto simple 단순 과거형 기억하기

Completa las frases con los verbos en la forma correcta. 동사를 알맞게 변형하여 빈칸을 채우세요.

1. Ayer Paco me (dar) ______ un mapa nuevo de las carreteras de España.
2. Elena (conducir) ______ hasta Alicante, después (continuar) ______ yo.
3. Mis padres (tener) ______ un accidente, pero no les (pasar) ______ nada.
4. Los automovilistas (reducir) ______ la velocidad al salir de la autopista.
5. Juana (traducir) ______ lo que (decir) ______ el policía alemán.
6. Los niños y yo (andar) ______ por el bosque.
7. (Ir, yo) ______ al mecánico porque el coche estaba averiado.
8. (Tener, nosotros) ______ que frenar porque había un atasco.
9. Ayer (poner, nosotros) ______ gasolina en el coche.
10. Lorenzo (ir) ______ a Inglaterra en autobús.

Aciertos: ______ / 13

3 Recuerda las formas del pretérito perfecto simple 단순 과거형 기억하기

Pon las frases en pretérito perfecto simple. 단순 과거를 사용하여 문장을 만드세요.

1. Hay un accidente en la carretera. ______
2. Pongo las maletas en el maletero. ______
3. Felipe introduce la llave. ______
4. Traigo el carné de conducir. ______
5. No saben cambiar la rueda. ______

Aciertos: ______ / 5

4 Practica el uso del pretérito perfecto simple 단순 과거의 용법 연습하기

Responde a las preguntas. 질문에 답하세요.

1. ¿Quién condujo hasta Madrid? (yo) ______
2. ¿Por qué estuvo cortada la carretera? (por obras) ______
3. ¿Hubo mucho tráfico? (no) ______
4. ¿Te pusiste el cinturón de seguridad? (sí) ______
5. ¿Le dieron el carné de conducir a Ana? (no) ______

Aciertos: ______ / 5

5 Practica la diferencia entre el pretérito perfecto simple y el pretérito imperfecto

단순 과거와 불완료 과거의 차이 연습하기

Elige el verbo adecuado y conjúgalo en el tiempo correcto.

알맞은 동사를 골라 알맞은 시제로 변형하여 빈칸을 채우세요.

corresponder - ser - acabar - estar - encontrar - aceptar - tener

Yo (1) ______ la carrera en 2010. (2) ______ 25 años. Como no (3) ______ trabajo, (4) ______ un puesto que no (5) ______ a mi nivel de estudios. Al principio, (6) ______ muy deprimido. El trabajo (7) ______ bastante aburrido.

ser (x2) - ayudar - dar - permitir - querer - proponer

Pero luego me (8) ______ cuenta de que (9) ______ una experiencia interesante porque me (10) ______ conocer el funcionamiento global de una empresa. Esto me (11) ______ mucho después. En efecto, dos años más tarde, el director de Recursos Humanos me (12) ______ un puesto en su departamento. ¡(13) ______ exactamente lo que yo (14) ______ hacer!

decidir - entender - jubilarse - montar - nombrar - llevar - ir - quedarse

Me (15) ______ muy bien con los empleados porque gracias a mi primera experiencia, (16) ______ muy bien sus deseos y necesidades. Unos años más tarde, cuando (17) ______ mi predecesor, me (18) ______ director de Recursos Humanos. (19) ______ en este puesto varios años. Pero un día (20) ______ cambiar de vida. (21) ______ un negocio gracias a Internet y me (22) ______ a vivir al campo.

Aciertos: ______ / 22

6 Reproduce la información y contrasta los dos tiempos del pasado

들은 내용 재구성과 두 과거 시제 비교하기

Escucha las preguntas y completa, como en el ejemplo. 잘 듣고 보기와 같이 빈칸을 채우세요.

PISTA 07

ej. • *¿Cómo era el coche que te dio tu padre?*

• *El coche que me dio mi padre era muy viejo.*

1. ______________ a Granada la semana pasada.
2. Primero ______________ yo, y luego ______________ mi mujer.
3. No, no ______________ llegar a Granada.
4. No ______________ un accidente, pero se nos acabó la gasolina.
5. ¡Claro que lo ______________!
6. Sí, nos ______________ que el depósito estaba perforado.

Aciertos: ______ / 6

7 Refuerza el léxico de los viajes 여행 관련 어휘 강화하기

Completa con el verbo adecuado en pretérito perfecto simple y con una de estas palabras.

다음 동사들의 알맞은 단순 과거 시제와 단어로 빈칸을 채우세요.

tener - pararse - dar - estar - ir

atasco
gasolinera
taller
un accidente
pinchazo

1. La carretera ______________ cortada por ______________ .
2. Juan se ______________ la vuelta porque había un ______________ muy grande.
3. (Nosotros) ______________ a la ______________ para llenar el depósito.
4. (Yo) ______________ porque la rueda tenía un ______________ .
5. Ana ______________ que ir al ______________ porque el coche no arranca.

Aciertos: ______ / 10

8 Refuerza con las preguntas y respuestas 질문하고 답하는 능력 강화하기

Completa las respuestas con los verbos en la forma correcta. Luego, escribe las preguntas.

알맞은 동사형을 채워 대답을 완성하고 어울리는 질문을 쓰세요.

1. • ¿______________________________?
   • No, no (poder, yo) ______________ cambiar la rueda.
2. • ¿______________________________?
   • (Frenar, nosotros) ______________ porque había un accidente.
3. • ¿______________________________?
   • (Conducir) ______________ Pablo, porque yo estaba enfermo.
4. • ¿______________________________?
   • Un accidente (producir) ______________ el atasco.
5. • ¿______________________________?
   • (Ir, yo) ______________ al taller porque el coche iba mal.

Aciertos: ______ / 10

9 Refuerza el léxico de los vehículos 차량 관련 어휘 강화하기

Adivina de qué parte del coche se trata. 읽고 알맞은 자동차 관련 어휘를 쓰세요.

1. En los coches, soy el lugar destinado para las maletas. ______
2. Cada coche tiene cuatro. En cambio, las bicis y las motos solo tienen dos. ______
3. Ten cuidado para no tener uno con otro coche. ______
4. Siempre hay uno cuando hay muchos coches en la carretera. ______
5. Si tienes uno, tienes que cambiar la rueda. ______
6. Soy muy útil para tener el coche bien. ______
7. Es necesario ponerme en el depósito de vez en cuando. ______
8. Soy más importante que una carretera. ______
9. Hay que utilizar una de contacto para poner en marcha el coche. ______
10. Se va a ella para poner gasolina. ______

Aciertos: ______ / 10

TOTAL de aciertos: ______ / 94

1 2 3 AHORA TÚ

PRODUCCIÓN FINAL 최종 연습

Tu relato 당신의 이야기

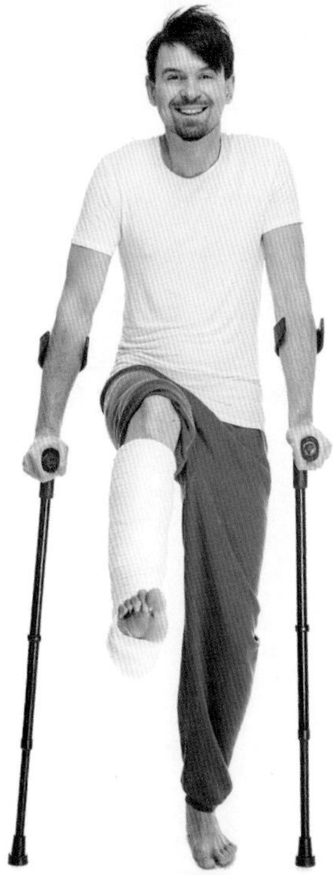

Cuenta un relato de algo que te pasó (real o no) y escríbelo.
당신에게 일어난 일(실제 또는 허구)을 이야기하고 써 보세요.

______
______
______
______
______
______

EJERCICIOS

B1 DELE

PREPARA TU EXAMEN 2
시험 준비하기 2

unidades 4 a 6
4과 ~ 6과

1 Escucha el diálogo y relaciona las imágenes con las personas. ¿Qué actividades hacía Ana (A) cuando era niña y estudiante? ¿Y Juan (J)? Hay una actividad que no debes seleccionar.
대화를 듣고 주어진 활동 이미지를 알맞은 사람과 연결하세요. 아나는 어렸을 때와 학생이었을 때 어떤 활동들을 했나요? 후안은요?
이 중 한 가지 활동은 정답에서 제외됩니다.

PISTA 08

☐

☐

☐

☐

☐

☐

☐

☐

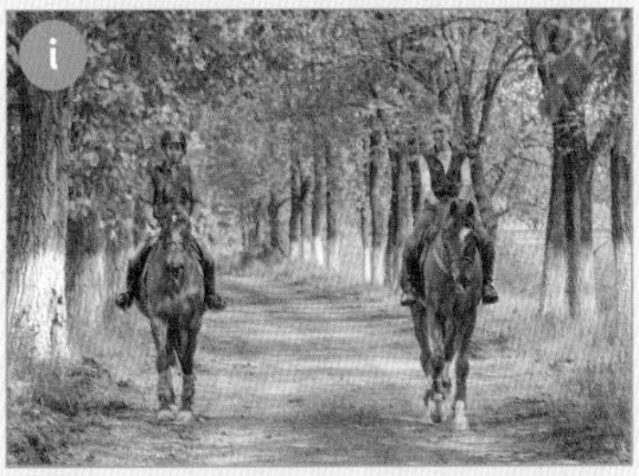

☐

Escribe las cuatro actividades que hacían Ana y Juan cuando eran niños y estudiantes.
아나와 후안이 어렸을 때와 학생이었을 때 했던 활동 네 가지를 쓰세요.

Cuando Ana era niña...
1. ______________________
2. ______________________

Cuando Juan era niño...
1. ______________________
2. ______________________

Cuando Ana era estudiante...
1. ______________________
2. ______________________

Cuando Juan era estudiante...
1. ______________________
2. ______________________

2 Relaciona para formar frases y complétalas con los verbos en la forma correcta del pretérito perfecto simple o del imperfecto. 알맞은 것끼리 연결하고 동사를 단순 과거형 또는 불완료 과거형으로 알맞게 변형하세요.

1. Cuando yo (ser) ______________
2. Yo (ser) ______________
3. (Llegar, nosotros) ______________ tarde porque en
4. Juan (tardar) ______________ mucho en el camino. Es que no (poder) ______________ adelantar
5. (Frenar, yo) ______________ porque (ver) ______________ que
6. Ayer (conducir, ellos) ______________ muy

A. la carretera
B. niño
C. el semáforo
D. un camión
E. abuelo
F. despacio

a. (haber) ______________ un atasco.
b. porque (estar) ______________ prohibido.
c. mis padres me (regalar) ______________ un triciclo.
d. porque (haber) ______________ mucha niebla.
e. (estar) ______________ en rojo.
f. a los 60 años.

3 Observa detenidamente esta foto y descríbela. 주어진 이미지를 잘 보고 묘사하세요.

Describe detalladamente (1 o 2 minutos) lo que ves y lo que imaginas que ha pasado y que está pasando. Para prepararte bien, haz primero una redacción por escrito. Puedes comentar:

- Quiénes son las tres personas de la foto, qué relación hay entre ellas.
- Dónde están y qué están haciendo.
- Qué ha pasado antes.
- Qué crees que va a pasar.

____

____

____

____

____

____

____

Amplía y cuenta tu experiencia respondiendo a estas preguntas por escrito.

- ¿Has tenido algún problema en un viaje? ¿Qué ocurrió?
- ¿Pediste ayuda a alguien? ¿Te ayudó? ¿Por qué?
- Si no has tenido una experiencia así, imagina tu reacción en una situación similar.

____

____

____

____

____

UNIDAD 7
Describir un trabajo o una tarea 업무나 과제 묘사하기

Uf, estoy muy cansada. Tengo que redactar para mañana este informe y debo hacerlo bien, porque es importante. Así que he estado todo el día corrigiendo y revisando el documento. Ha sido un trabajo creativo e interesante, pero agotador. Bueno, al final ha ido bien y creo que a la jefa le va a gustar.

pág. 139

1 ASÍ SE HABLA
FUNCIONES 기능

Valorar el resultado de una actividad 행동의 결과 평가하기

Hablar de actividades realizadas 실현된 일에 대해 말하기

- ¿Qué tal te ha ido en el trabajo? 너 직장에서 어땠니?
- Me ha ido muy bien, he hecho muchas cosas. 아주 좋았어. 나는 많은 일을 했어.
- Ha sido un día agotador, pero ha sido muy interesante. 힘든 날이었지만, 상당히 흥미로웠어.

2 ASÍ ES
GRAMÁTICA 문법

El pretérito perfecto compuesto, el participio y las expresiones de obligación
현재 완료와 과거 분사, 의무 표현

pág. 127, 128, 133

***HABER* + participio** haber + 과거 분사

yo	he	
tú	has	viajado (-ar 동사)
él, ella, usted	ha	comido (-er 동사)
nosotros, nosotras	hemos	vivido (-ir 동사)
vosotros, vosotras	habéis	
ellos, ellas, ustedes	han	

과거 분사는 주어의 성·수와 일치하지 않는다.
Ana ha ido a la playa y Manuel y José han estado en la montaña.
아나는 바닷가에 갔고, 마누엘과 호세는 산에 있었다.

Los participios irregulares 불규칙 과거 분사

- hacer 하다 → hecho
- poner 놓다 → puesto
- resolver 해결하다 → resuelto
- romper 부수다 → roto
- ver 보다 → visto
- volver 돌아가다 → vuelto
- abrir 열다 → abierto
- cubrir 덮다 → cubierto
- decir 말하다 → dicho
- descubrir 발견하다 → descubierto
- escribir 쓰다 → escrito
- morir 죽다 → muerto

-ar 동사의 과거 분사는 규칙형이다.

El participio (con valor de adjetivo) 항상 명사의 성·수에 일치하는 과거 분사의 형용사적 용법

He cerrado el coche. 나는 차를 닫았다. → El coche está cerrado. 차가 닫혀 있다.
He abierto la puerta. 나는 문을 열었다. → La puerta está abierta. 문이 열려 있다.
Has cerrado los bolsos. 너는 핸드백들을 닫았다. → Los bolsos están cerrados. 핸드백들이 닫혀 있다.
José ha cerrado las ventanas. 호세는 창문들을 닫았다. → Las ventanas están cerradas. 창문들이 닫혀 있다.

ESTAR + gerundio (= idea de duración) estar + 현재 분사 (현재 완료 진행형)

yo	he estado	
tú	has estado	trabajando 일하고 있었다
él, ella, usted	ha estado	leyendo 읽고 있었다
nosotros, nosotras	hemos estado	viviendo 살고 있었다
vosotros, vosotras	habéis estado	
ellos, ellas, ustedes	han estado	

목적 대명사는 estar 동사 앞 또는 현재 분사 바로 뒤에 붙어 하나의 낱말을 형성한다.

Expresiones de obligación 의무 표현

	도덕적 의무 (deber + 동사 원형) …해야만 한다	개인적 의무 (tener que + 동사 원형) …해야만 한다	일반적 의무 (haber que + 동사 원형) …해야만 한다
yo	debo	tengo	
tú	debes	tienes	
él, ella, usted	debe	tiene	hay que
nosotros, nosotras	debemos	tenemos	
vosotros, vosotras	debéis	tenéis	
ellos, ellas, ustedes	deben	tienen	

목적 대명사는 deber 동사와 tener 동사의 앞이나 동사 원형 바로 뒤에 온다.

3 CON ESTAS PALABRAS
LÉXICO 어휘
Las características de un trabajo y de las personas 업무와 사람들의 특징

1. Es un trabajo/una profesión... …한 일/직업이다.

- aburrido/a 지겨운
- agradable 유쾌한
- apasionante 열정적인
- creativo/a 창조적인
- desagradable 불쾌한
- difícil 어려운
- divertido/a 재미있는
- fácil 쉬운
- interesante 흥미로운
- mecánico/a 기계적인
- monótono/a 단조로운
- peligroso/a 위험한
- repetitivo/a 반복적인
- rutinario/a 틀에 박힌
- seguro/a 안전한
- variado/a 다채로운

2. Es un trabajador/una trabajadora... …한 노동자(직원)이다.

- ambicioso/a 야망이 있는
- creativo/a 창조적인
- dinámico/a 활발한
- flexible 융통성 있는
- leal 충직한
- minucioso/a 꼼꼼한
- motivado/a 동기 부여된
- organizado/a 일을 조리 있게 잘하는
- paciente 참을성 있는
- puntual 정확한, 시간을 엄수하는
- serio/a 진지한

3. Es un trabajo/una profesión que requiere... …이/가 필요한 일/직업이다.

- ambición 야망
- creatividad 창조성
- dinamismo 활력
- disponibilidad 가용성
- don de gentes 사람을 끄는 능력
- flexibilidad 융통성
- iniciativa 자발성
- lealtad 충성심
- liderazgo 리더십
- minuciosidad 세심함
- motivación 동기 부여
- organización 조직화
- paciencia 인내심
- puntualidad 정확성, 시간 엄수
- responsabilidad 책임감
- seriedad 진지함

1 Reconoce los participios irregulares 과거 분사 불규칙형 확인하기

Escribe el infinitivo de estos participios irregulares. 다음 과거 분사의 동사 원형을 쓰세요.

expuesto devuelto compuesto resuelto abierto hecho opuesto roto impuesto cubierto pospuesto vuelto visto deshecho previsto propuesto puesto dispuesto compuesto envuelto descompuesto satisfecho

1. ______	12. ______
2. ______	13. ______
3. ______	14. ______
4. ______	15. ______
5. ______	16. ______
6. ______	17. ______
7. ______	18. ______
8. ______	19. ______
9. ______	20. ______
10. ______	21. ______
11. ______	22. ______

Aciertos: ______ / 22

2 Recuerda el pretérito perfecto compuesto y los participios 현재 완료와 과거 분사 확인하기

Completa las frases con el verbo en la forma correcta del pretérito perfecto compuesto. Luego, transforma las frases, como en el ejemplo. 알맞은 현재 완료형으로 빈칸을 채우고, 보기와 같이 문장을 바꾸세요.

ej. *La empresa (comprar) ha comprado los ordenadores.* — *Los ordenadores están comprados.*

1. (Preparar, yo) ______ la reunión. ______
2. (Hacer, tú) ______ los ejercicios. ______
3. (Cerrar, ellos) ______ el presupuesto. ______
4. (Abrir, vosotros) ______ la puerta. ______
5. (Controlar, ellos) ______ los documentos. ______
6. (Tomar, nosotros) ______ decisiones. ______
7. (Poner, yo) ______ la cámara. ______
8. (Escribir, ella) ______ el informe. ______
9. (Reservar, tú) ______ las habitaciones. ______
10. (Resolver, usted) ______ el problema. ______
11. (Romper, yo) ______ la impresora. ______
12. (Envolver, ellos) ______ los paquetes. ______
13. (Deshacer, vosotros) ______ las maletas. ______
14. (Componer, nosotros) ______ una canción. ______
15. (Ver, tú) ______ los papeles. ______

Aciertos: ______ / 30

3 Recuerda la forma del pretérito perfecto compuesto y de la expresión *tener que*
현재 완료와 tener que 표현 기억하기

Completa las frases con los verbos en la forma correcta y transforma, como en el ejemplo.
알맞은 현재 완료형으로 빈칸을 채우고, 보기와 같이 문장을 만드세요.

ej. *Aún no (leer, yo) he leído el documento. Tengo que leerlo esta tarde.*

1. No (preparar, yo) ________ la reunión de esta tarde. ________ ahora mismo.
2. Usted no (contestar) ________ los correos de los clientes. ________ hoy.
3. Aún no (llamar, vosotros) ________ a vuestro jefe. ________ esta tarde sin falta.
4. Ustedes no (poner) ________ la fecha en el documento. ________ enseguida.
5. Todavía no (discutir, nosotros) ________ el presupuesto. ________ cuanto antes.
6. Aún no (publicar, ellos) ________ el informe anual. ________ esta semana.

Aciertos: ________ / 12

4 Reconoce el tipo de obligación 의무 표현의 유형 확인하기

¿Obligación moral (M), personal (P) o impersonal (IM)? Marca el tipo de obligación de cada frase.
도덕적 의무(M), 개인적 의무(P), 일반적 의무(IM) 중 어떤 의무 표현인가요? 문장의 의무 유형을 골라 표시하세요.

	M	P	IM
1. Tienes que vestirte bien para ir a la entrevista.	☐	☐	☐
2. La reunión ha empezado tarde. Hay que ser puntual.	☐	☐	☐
3. Si tu jefe no está contento con tu trabajo, debes trabajar más.	☐	☐	☐
4. Cuando hace frío, hay que poner la calefacción en los despachos.	☐	☐	☐
5. Ha cometido varios errores. Tiene que concentrarse más.	☐	☐	☐
6. Hemos recibido un pedido urgente. Debéis hacer un esfuerzo extra.	☐	☐	☐

Aciertos: ________ / 6

5 Practica las expresiones de obligación 의무 표현 연습하기

Responde a las preguntas sin repetir el objeto directo, como en el ejemplo.
보기와 같이 목적 대명사를 사용하여 질문에 답하세요.

ej. *¿Cuándo tienes que enviar el correo? (lunes)* — *Tengo que enviarlo el lunes. / Lo tengo que enviar el lunes.*

1. ¿Cómo tengo que envolver el regalo? (así) ________
2. ¿Debe usted entregar el informe hoy? (no, mañana) ________
3. ¿Cuándo tenéis que dar la respuesta? (hoy) ________
4. ¿Tienes que acabar este trabajo esta semana? (no, hoy) ________
5. ¿Para cuándo debo leer esto? (mañana) ________

Aciertos: ________ / 10

6 Practica *estar* + gerundio en pretérito perfecto compuesto 현재 완료 진행형 연습하기

Transforma las frases, como en el ejemplo. 보기와 같이 문장을 만드세요.

ej. *Hoy como con mi jefa en un restaurante.* — *Hoy he estado comiendo con mi jefa en un restaurante.*

1. Hoy organizo una reunión. ____________
2. Esta tarde has hablado con tu jefe. ____________
3. Esta semana José trabaja mucho. ____________
4. Se reúnen a diario. ____________
5. Ana escribe su tesis este mes. ____________
6. Preparamos el informe para nuestros clientes. ____________
7. Discuten toda la tarde. ____________

Aciertos: ________ / 7

7 Reproduce la información y contesta 정보 재구성하고 질문에 답하기

Responde a las preguntas utilizando *estar* + gerundio. 현재 진행형을 사용하여 질문에 답하세요.

1. • ¿Qué has estado haciendo hoy? (preparar una reunión)
   • ____________
2. • ¿Qué ha estado haciendo Ana toda la semana? (redactar un informe profesional)
   • ____________
3. • ¿Qué habéis estado haciendo en la reunión? (discutir los presupuestos)
   • ____________
4. • ¿Qué ha estado haciendo usted esta tarde? (contestar los correos electrónicos)
   • ____________
5. • ¿Qué han estado haciendo ustedes después de la conferencia? (cenar en un restaurante)
   • ____________

Aciertos: ________ / 5

8 Reproduce los motivos 행동의 동기 재구성하기

Escucha y contesta a las preguntas. 잘 듣고 질문에 답하세요.

PISTA 09

1. a. ¿Por qué va María a la librería? ____________
   b. ¿Por qué va José al gimnasio? ____________
2. ¿Qué hay que hacer si llueve? ____________
3. ¿Por qué llama a Luis? ____________
4. ¿Por qué no pueden dar un paseo? ____________

Aciertos: ________ / 5

9 Refuerza el vocabulario 어휘력 강화하기
Marca la opción correcta. 알맞은 답을 고르세요.

1. **Para ser jefe se necesita:**
   a. lealtad
   b. minuciosidad
   c. liderazgo
2. **Para ser relojero se necesita:**
   a. don de gentes
   b. minuciosidad
   c. ambición
3. **Para ser profesor de deporte es preciso ser:**
   a. dinámico
   b. ambicioso
   c. leal
4. **Para crear joyas se necesita:**
   a. don de gentes
   b. creatividad
   c. lealtad
5. **Para ser secretario se requiere:**
   a. organización
   b. liderazgo
   c. pedagogía
6. **Para ser profesor es necesario ser:**
   a. pedagogo
   b. paciente
   c. ambicioso

Aciertos: ______ / 6

10 Refuerza la comunicación 의사소통 능력 강화하기
Relaciona. 알맞은 것끼리 연결하세요.

1. Para ser enfermero o enfermera hay que ser...
2. Ser bombero es...
3. Si eres buen jardinero, es porque eres...
4. El trabajo de cajero puede ser...
5. Para algunos, ser reportero de guerra es...

a. creativo.
b. meticuloso.
c. rutinario.
d. un trabajo apasionante.
e. una profesión peligrosa.

Aciertos: ______ / 5

TOTAL de aciertos: ______ / 108

1 2 3 AHORA TÚ
PRODUCCIÓN FINAL 최종 연습

Tu actividad laboral favorita
당신이 좋아하는 업무 활동

Piensa en una actividad laboral (real o no) y descríbela.
당신의 업무 활동(실제 또는 허구)을 생각하여 묘사해 보세요.

UNIDAD 8
Pedir algo 요청하기

¿Puedes darme el informe para leerlo?

Sí, claro. Mira, ahora mismo iba a dártelo. Ya lo he corregido. Me lo ha enviado por correo el contable.

¿Y se lo has mandado al cliente?

No, prefiero no mandárselo todavía. Mejor te lo doy a ti y, después de revisarlo tú, se lo envío.

pág. 139

1 ASÍ SE HABLA
FUNCIONES 기능

Pedir algo 요청하기

1. Pedir un favor 부탁하기
- ¿Puedes hacerme un favor? 내 부탁 들어줄 수 있어?
- ¿Me haces un favor? 내 부탁 들어줄래?

2. Pedir objetos 물건 빌리기
- ¿Me dejas/das un/una...? 나에게 …을/를 빌려줄래/ 줄래?
- ¿Me prestas ... euros/dólares? 나에게 …유로/달러를 빌려줄래?

3. Pedir una acción 행동 요구하기
- ¿Puedes + infinitivo? 너는 …할 수 있니?

2 ASÍ ES
GRAMÁTICA 문법

Los pronombres reflexivos, de objeto directo (OD) e indirecto (OI)
재귀 대명사, 직접 목적 대명사(OD), 간접 목적 대명사(OI)

pág. 134~135

	Reflexivos 재귀 대명사	Objeto directo 직접 목적 대명사	Objeto indirecto 간접 목적 대명사
yo	me	me	me
tú	te	te	te
él, ella, usted	se	lo/la	le → se
nosotros, nosotras	nos	nos	nos
vosotros, vosotras	os	os	os
ellos, ellas, ustedes	se	los/las	les → se

Posición de los pronombres 대명사의 위치

1. 재귀 대명사와 직접 목적 대명사, 간접 목적 대명사:

재귀 대명사 + 직·목(OD) + 동사	Me lavé las manos. → Me las lavé. 나는 손을 닦았다. 나는 그것들을 닦았다.
간·목(OI) + 직·목(OD) + 동사	Le mandaba los documentos al cliente. → Se los mandaba. 나는 서류들을 고객에게 보냈다. 나는 그에게 그것들을 보냈다.

3인칭 간접 목적 대명사와 직접 목적 대명사가 함께 올 경우 간접 목적 대명사는 se로 바뀐다.

2. 동사 원형이나 현재 분사가 동사와 함께 올 경우, 대명사는 동사 앞이나 뒤에 올 수 있다. 동사 뒤로 올 때는 현재 분사나 동사 원형 뒤에 바로 붙여 하나의 단어를 형성한다.

Estar + 현재 분사	• Me estoy lavando las manos. 나는 손을 닦고 있다. Me las estoy lavando. = Estoy lavándomelas. 나는 그것들을 닦고 있다. • Les está mandando el presupuesto a los clientes. 그는 고객들에게 견적을 보내고 있다. Se lo está mandando. = Está mandándoselo. 그는 고객들에게 그것을 보내고 있다. • Le he estado explicando la situación a María. 나는 마리아에게 상황을 설명하고 있었다. Se la he estado explicando. = He estado explicándosela*. 나는 마리아에게 그것을 설명하고 있었다.
Ir a + 동사 원형	• Voy a lavarme las manos. 나는 손을 닦을 것이다. Me las voy a lavar. = Voy a lavármelas. 나는 그것들을 닦을 것이다. • Vas a mandarle la documentación a tu compañero. 너는 네 동료에게 증명서를 보낼 것이다. Se la vas a mandar. = Vas a mandársela. 너는 그에게 그것을 보낼 것이다.
Tener que + 동사 원형	• Tenías que darle el documento a Ana. 너는 아나에게 서류를 줘야 했다. Se lo tenías que dar. = Tenías que dárselo. 너는 그녀에게 그것을 줘야 했다.

강세 주의:
Quiero darte el libro.
나는 너에게 책을 주고 싶다.
→ Quiero dártelo.
나는 너에게 그것을 주고 싶다.

* 동사구일 때 대명사는 동사구 앞이나 뒤에 오게 되며, 뒤에 올 때는 한 단어처럼 붙여서 사용한다.

3 CON ESTAS PALABRAS — LÉXICO 어휘

El mundo laboral 직업 세계

1. Sunstantivo 명사

- un expediente 관계 문서
- un correo electrónico 전자 메일
- una respuesta 답장
- un catálogo 카탈로그
- la mercancía 상품
- un documento 서류
- la firma 서명
- un empleado 고용인
- un empleador 고용주
- el sueldo 급여
- un socio 동업자
- la nómina 명부, 급여 명세서

2. Verbos 동사

- recibir 받다
- enviar 보내다
- mandar 보내다
- entregar 건네다
- escribir 쓰다
- pedir 요구하다
- encargar 맡기다
- facturar 송장 작성하다
- firmar 서명하다

EJERCICIOS

1 Reconoce las palabras del mundo laboral 직업 세계 어휘 확인하기

Busca en la sopa de letras 11 sustantivos y 8 verbos del mundo laboral.

낱말 퍼즐에서 직업 세계 관련 명사 11개와 동사 8개를 찾으세요.

P	E	D	I	R	E	S	C	R	I	M	B	I	R	D
A	E	X	P	E	D	I	E	N	T	E	U	N	M	E
M	E	R	C	S	A	D	E	E	R	R	I	A	A	N
E	M	P	R	P	E	S	A	N	S	C	A	L	N	C
A	D	O	C	U	M	E	N	T	O	A	R	I	D	A
D	S	I	N	E	E	M	R	R	E	N	V	I	A	R
O	O	S	O	S	C	P	I	E	A	C	L	I	R	G
S	C	C	A	T	A	L	O	G	O	I	T	A	S	A
F	I	R	M	A	D	E	O	A	C	A	R	T	A	R
I	O	N	T	O	S	A	A	R	E	C	I	B	I	R
R	S	A	L	A	R	D	I	A	D	O	S	E	N	E
M	S	U	E	L	D	O	F	A	C	T	U	R	A	R
A	S	P	A	Ñ	T	E	R	O	N	G	L	I	B	E
R	R	T	A	D	P	A	P	E	L	E	S	P	U	N

Sustantivos:

1. ______
2. ______
3. ______
4. ______
5. ______
6. ______
7. ______
8. ______
9. ______
10. ______
11. ______

Verbos:

1. ______
2. ______
3. ______
4. ______
5. ______
6. ______
7. ______
8. ______

Aciertos: ______ / 19

2 Reconoce los pronombres 목적 대명사 확인하기

Observa y relaciona las frases con sus referentes. 알맞은 것끼리 연결하세요.

1. Me la manda por fax.
2. Se la doy por teléfono.
3. ¿Nos lo dejas?
4. Te la doy.
5. Se lo pido.
6. Se los firmáis.

a. El catálogo, al empleado.
b. El expediente, a nosotros.
c. La carta, a mí.
d. La respuesta, a él.
e. Los documentos, a ellos.
f. Mi opinión, a ti.

Aciertos: ______ / 6

3 Recuerda los pronombres 목적 대명사 기억하기

Transforma, como en el ejemplo. 보기와 같이 목적 대명사로 바꾸세요.

ej. *Le doy el documento a Asun.* — *Se lo doy.*

1. Le mandamos el catálogo al cliente. ______
2. Les escribes un correo a tus compañeros. ______
3. Le facturo la mercancía al cliente. ______
4. Les pides un favor a Marta y a Juan. ______
5. Les mandas las nóminas a los empleados. ______
6. Le das la respuesta a Luis. ______
7. Le explicas los trámites administrativos a Ana. ______
8. El empleador le propone un contrato a José. ______
9. Le pido su opinión a mi socio. ______
10. Les entregas la factura a tus clientes. ______

Aciertos: ______ / 10

4 Practica los pronombres 목적 대명사 연습하기
Responde, como en el ejemplo. 보기와 같이 질문에 답하세요.

ej. *¿Le das a Eva el documento?* *Sí, le doy el documento.* *Sí, se lo doy.*
No, no le doy el documento. *No, no se lo doy.*

1. ¿Le habéis dado un consejo a Miguel? Sí, ______

2. ¿Siempre le mandabais los informes al cliente? No, ______

3. ¿Te has puesto la corbata? Sí, ______

4. ¿Le enviaron el correo a Lucas ayer? No, ______

5. ¿Nos han facturado ustedes los productos? Sí, ______

6. ¿Le has dado a tu jefe el expediente? No, ______

7. ¿Os dio el contable los documentos? Sí, ______

8. ¿Te he mandado el catálogo? No, ______

9. ¿Les pagaron a ustedes la mercancía? Sí, ______

10. ¿Te pidieron el documento? No, ______

Aciertos: ______ / 20

5 Practica los usos 용법 연습하기
Responde a las preguntas de dos maneras diferentes, si es posible (según el tiempo utilizado).
주어진 시제에 따라 두 가지 방법으로 질문에 답하세요.

1. ¿Le estás explicando el trabajo a ella? Sí, ______

2. ¿Le has dado la respuesta al cliente? No, ______

3. ¿Vas a darle las gracias a Marcos? Sí, ______

4. ¿Te dieron un aumento de sueldo? No, ______

5. ¿Le escribías una carta a diario a José? Sí, ______

6. ¿Le habéis mandado la factura a Andrés? No, ______

7. ¿Os entregaron los clientes los resultados? Sí, ______

8. ¿Nos devolvió Raúl los documentos? No, ______

9. ¿Siempre te dan una explicación? Sí, ______

10. ¿Le están diciendo la verdad a Carlos? No, ______

Aciertos: ______ / 20

6 Reproduce la información 들은 내용 재구성하기

Escucha y responde a las preguntas. 잘 듣고 질문에 답하세요.

PISTA 10

1. ¿Ya le ha mandado Juan un correo a Andrés? ______
2. ¿No le mandó un correo ayer? ______
3. ¿Qué tenía que hacer Andrés ayer? ______
4. ¿Se lo ha mandado ya? ______
5. ¿Cuándo le va a hacer una copia Juan a Marta? ______

Aciertos: ______ / 5

7 Reproduce la comunicación 의사소통 재구성하기

Transforma las frases usando los pronombres. 목적 대명사를 사용하여 문장을 만드세요.

1. Le estoy dando la solución a José. ______
2. Juan está entregando el contrato al cliente. ______
3. Voy a darte la respuesta. ______
4. Le han estado explicando la situación a Juan. ______
5. Nos van a dar la respuesta. ______

Aciertos: ______ / 5

8 Refuerza el aprendizaje 학습 내용 강화하기

Responde a las preguntas, como en el ejemplo. 보기와 같이 질문에 답하세요.

ej. • *¿A quién le has dado el documento? (Miguel)*
• *Se lo he dado a Miguel.*

1. • ¿A quién le vas a dar este paquete? (A ellos)
 • ____________________
2. • ¿Quién le ha pagado el viaje a César? (La empresa)
 • ____________________
3. • ¿Te compras el billete ahora? (Sí)
 • ____________________
4. • ¿A quién le dieron la respuesta? (A mí)
 • ____________________
5. • ¿Le vas a decir la verdad a Sara? (Sí)
 • ____________________
6. • ¿A quién van a mandar la factura? (A ti)
 • ____________________
7. • ¿Cuándo nos van a subir el sueldo? (Hoy)
 • ____________________
8. • ¿A quién le pidieron el informe? (A nosotros)
 • ____________________
9. • ¿Quién le está explicando su error a Jesús? (Ana)
 • ____________________
10. • ¿Tengo que mandarte la conclusión? (Sí)
 • ____________________

Aciertos: ______ / 10

TOTAL de aciertos: ______ / 95

1 2 3 AHORA TÚ
PRODUCCIÓN FINAL 최종 연습

Tus favores 당신의 부탁

Imagina y escribe un diálogo entre dos personas que se piden cosas.
두 사람이 서로 뭔가를 요구하는 상황을 상상하여 대화를 써 보세요.

____
____
____
____
____
____

UNIDAD 9
Hablar de espectáculos
공연에 대해 말하기

¿Qué tal el concierto de anoche?

Pues, al final, no pude entrar.

¿Y eso?

Ya había aparcado el coche cuando me di cuenta de que había olvidado las entradas en casa. Así que tuve que volver para buscarlas y, cuando iba por el centro de la ciudad, me quedé parada por un enorme atasco por unas obras. Total que, cuando llegué, el concierto ya había empezado y no me dejaron entrar.

1 ASÍ SE HABLA
FUNCIONES 기능

Valorar un espectáculo 공연 평가하기

pág. 139

Preguntar por espectáculos y valorarlos 공연에 대해 질문하고 평가하기

- ¿Qué tal el concierto? 콘서트는 어땠어?
- Me ha gustado mucho. 나는 정말 좋았어.
- Ha sido muy bueno. 매우 훌륭했어.
- No me ha gustado tanto como esperaba/me había imaginado. 기대/상상했던 것만큼 좋지는 않았어.

2 ASÍ ES
GRAMÁTICA 문법

El pretérito pluscuamperfecto y las preposiciones *por y para* 과거 완료와 전치사 por와 para

pág. 128

Imperfecto de *HABER* + participio
haber의 불완료 과거 + 과거 분사

yo	había	
tú	habías	trabajado (-ar 동사)
él, ella, usted	había	comido (-er 동사)
nosotros, nosotras	habíamos	vivido (-ir 동사)
vosotros, vosotras	habíais	
ellos, ellas, ustedes	habían	

불규칙 과거 분사 기억하기
hacer 하다 → hecho, poner 놓다 → puesto
resolver 해결하다 → resuelto,
romper 부수다 → roto, ver 보다 → visto,
volver 돌아오다 → vuelto,
abrir 열다 → abierto, cubirir 덮다 → cubierto,
decir 말하다 → dicho,
decubrir 발견하다 → descubierto,
escribir 쓰다 → escrito, morir 죽다 → muerto

Uso del pretérito pluscuamperfecto 과거 완료 용법

1. 어떤 사건이나 행위, 동작이 과거의 한 시점을 기준으로 그 이전에 완료되었을 때:
   Cuando llegué, el concierto ya había empezado. 내가 도착했을 때, 콘서트는 이미 시작했다.
   A la una ya había terminado la representación. 1시에 공연은 이미 끝났다.
2. 어떤 행위가 말하는 시점에서 처음임을 나타낼 때:
   Nunca había estado en un concierto en directo y me ha gustado. 나는 한 번도 실황 콘서트를 가 본 적이 없어서 마음에 들었다.
3. 다른 모든 복합 동사 시제와 마찬가지로 과거 완료 또한 대명사의 위치는 항상 haber 동사 앞에 위치한다.
   ¿El trabajo? Juan ya lo había empezado cuando llegamos a la oficina.
   일? 우리가 사무실에 도착했을 때 후안은 이미 그것을 시작했다.

***Para* se usa para expresar...** 전치사 para 용법

목적

Ya tengo las entradas para el concierto.
나는 이미 콘서트를 위한 입장권을 가지고 있다.

의견

Para mí, es el mejor actor.
나에게는 그가 최고의 배우이다.

비교

Es buen actor para ser su primera obra.
그의 첫 작품인 것을 감안하면 그는 훌륭한 배우이다.

방향, 목적지

La compañía teatral sale para Brasil.
극단은 브라질을 향해 출발한다.

제한된 미래 시제

El estreno está previsto para Navidad.
개봉은 크리스마스로 예정되어 있다.

가까운 미래의 행위

La función está para empezar. ¿Entramos?
공연이 시작하려고 해. 들어갈까?

***Por* se usa para expresar...** 전치사 por 용법

이유

Cancelaron la representación por el mal tiempo.
기상 악화로 공연을 취소했다.

가까운 장소

El teatro está por aquí, en una de estas calles.
공연장은 이 거리들 중 한 곳에, 여기 근처에 있다.

가까운 날짜

El estreno es, más o menos, por Semana Santa (un poco antes o después). 개봉은 대략 부활절 즈음이다. (조금 전이나 후)

수단

Compramos las entradas por Internet.
우리는 인터넷으로 입장권을 구매했다.

수동 구문의 행위자

Esta novela fue escrita por Manuel Puig.
이 소설은 마누엘 푸익에 의해 쓰였다.

가격

He pagado 20 euros por este libro. 나는 이 책에 20유로를 지불했다.

교체

Cambiaron el actor por otro con más experiencia.
그들은 좀 더 경험이 많은 다른 사람으로 배우를 교체했다.

≪En nombre de …의 이름으로≫

Si opinas así, habla por ti, no por el grupo.
네가 그런 의견이라면, 단체가 아닌 네 이름으로 말해.

CON ESTAS PALABRAS

LÉXICO 어휘

El arte y los artistas 예술과 예술가들

1. Las artes 예술

la música
음악

el *ballet*
발레

la pintura
회화

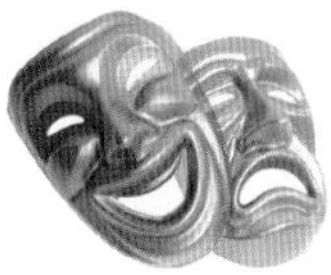
el teatro
연극

la escultura
조각

el cine
영화

la fotografía
사진

2. Los artistas 예술가들

el director/la directora de orquesta
오케스트라 지휘자

el/la cantante
가수

el/la músico/a
연주자

el bailarín/la bailarina
무용수

el profesor/la profesora de baile/coreógrafo
춤/안무 선생님

el actor/la actriz
배우

el espectador/la espectadora
관객

el escultor/la escultora
조각가

el fotógrafo/la fotógrafa 사진작가
el/la modelo 모델

el pintor/la pintora
화가

1 Reconoce las profesiones 직업명 확인하기

Separa las palabras y reconoce 8 profesiones. 단어 소용돌이에서 단어들을 분리하여 직업명 8개를 고르세요.

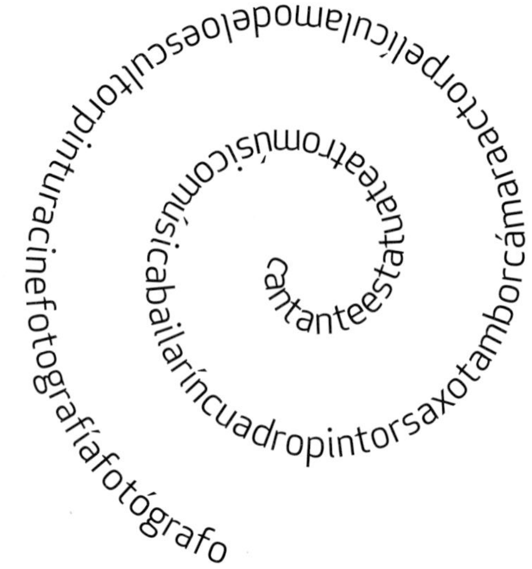

1. ______
2. ______
3. ______
4. ______
5. ______
6. ______
7. ______
8. ______

Aciertos: ______ / 8

2 Recuerda las palabras 단어 기억하기

Completa el crucigrama con el nombre de la profesión que se describe.
다음에서 묘사하는 직업명으로 퍼즐을 완성하세요.

Horizontal:

a. Ella baila.
b. Él dirige una orquesta.
c. Es hombre y actúa en películas.
d. Ella hace esculturas.
e. Él o ella canta.
f. Él saca fotos.

Vertical:

1. Crea la coreografía de un *ballet*.
2. Él o ella toca la flauta.
3. Él baila.
4. Él pinta cuadros.
5. Él toca música.
6. Es mujer y actúa en una película.

Aciertos: ______ / 12

3 **Recuerda la forma del pretérito pluscuamperfecto** 과거 완료형 기억하기
Responde a las preguntas, como en el ejemplo. 보기와 같이 질문에 답하세요.

ej. *¿(Escribir, tú) Habías escrito ya la carta?* — *Sí, ya la había escrito. / No, aún no la había escrito.*

1. ¿Ayer ya (mandar, tú) ________ el paquete? — Sí, ________
2. ¿(Comprar, vosotros) ________ antes las entradas? — No, ________
3. ¿(Hacer, usted) ________ la reserva? — Sí, ________
4. ¿Ya (ir, tú) ________ a ver esta obra de arte? — No, ________
5. ¿(Escuchar, ustedes) ________ ya esta ópera? — Sí, ________
6. ¿Ya (aprender, vosotros) ________ la coreografía? — No, ________

Aciertos: ________ /12

4 **Practica los usos del pretérito pluscuamperfecto** 과거 완료 용법 연습하기
Completa con el verbo en la forma correcta del pretérito pluscuamperfecto.
알맞은 과거 완료형으로 빈칸을 채우세요.

1. Cuando salimos del cine, (dejar) ________ de llover y pudimos volver andando.
2. Ayer fui al Museo de Arte Moderno. Nunca (ir, yo) ________ y me encantó.
3. Cuando me llamaste, ya (terminar) ________ la película.
4. No fuimos al teatro con ellos porque ya (ver, nosotros) ________ esta obra.
5. Cuando llegamos a la sala de exposiciones, ya (cerrar, ellos) ________ .
6. Llegué tarde porque Ana me (decir) ________ que empezaba después.
7. Cuando escribieron este libro, aún no (descubrir, ellos) ________ a este pintor.
8. En 2013 el Museo de Arte Contemporáneo de la ciudad aún no (abrir) ________ .
9. Salió la novela, pero el autor todavía no (escribir) ________ el segundo tomo.

Aciertos: ________ /9

5 **Practica los usos de *por* y *para*** 전치사 por와 para 용법 연습하기
Completa con la preposición correcta. 알맞은 전치사로 빈칸을 채우세요.

1. Un pintor tiene que mezclar pinturas ________ obtener nuevos colores.
2. • ¿________ cuándo tienes que tener listas las fotos?
   • ________ la próxima semana. La exposición se inaugura el 20 de marzo.
3. Mañana va a ser un día complicado. ________ la mañana, tenemos que ir a la ópera ________ ver si todo está listo ________ el concierto. Los técnicos tienen que venir ________ instalar el piano. ________ la tarde, llegan los músicos ________ ensayar. ________ la noche, dan la primera representación de *Otelo*.
4. Los Beatles aparecieron ________ primera vez en la tele en 1962.
5. • ¿Qué piensas de esta canción?
   • Pues no sé muy bien: ________ una parte me gusta la música, pero ________ otra parte, la letra me parece demasiado repetitiva.

6. • ¿Cómo has conocido a este grupo?

   • Lo oí ________ la radio el año pasado. Antes siempre ponía la radio ________ las mañanas, ________ no dormirme en el coche.

7. • ¡Este cuadro me parece horrible!

   • No exageres, hombre, ________ mí no es feo.

8. • ¿Por qué estás tan nervioso?

   • Es que Paco dijo que iba a comprar las entradas ________ la obra de teatro de esta noche. Ahora no las encuentra ________ ninguna parte y, ________ eso, no podemos ir.

9. No conozco a este pianista, pero, ________ lo que he leído, es muy famoso. Voy a comprar uno de sus discos ________ Ana. Mañana es su cumpleaños.

Aciertos: ________ / 22

6 **Reproduce la información** 들은 내용 재구성하기

Escucha y marca verdadero o falso. 잘 듣고 참・거짓을 고르세요.

PISTA 11

	V	F
1. Cuando Carlos y María llegaron al teatro, pensaron que sus amigos no iban a ir.	☐	☐
2. En realidad, sus amigos ya habían entrado y los esperaban dentro.	☐	☐
3. La acomodadora lo dejó salir porque estaba preocupado.	☐	☐
4. Felipe e Isabel habían llegado antes y estaban tomando un refresco.	☐	☐
5. Felipe le había dejado un mensaje en su móvil para decirle que habían tenido un accidente.	☐	☐
6. Felipe e Isabel no pudieron entrar porque ya había empezado el espectáculo.	☐	☐

Aciertos: ________ / 6

7 **Refuerza la gramática** 문법 강화하기

Subraya la opción correcta. 알맞은 답을 고르세요.

1. *Por/Para* ser bailarín profesional hay que empezar el *ballet* desde niño.
2. La ópera está *por/para* el centro.
3. Los espectáculos de ópera suelen tener lugar *por/para* la noche.
4. Compramos las entradas de cine *por/para* Internet *por/para* no hacer cola.
5. Los actores van a clase *por/para* aprender a utilizar la voz.
6. Escuchar música *por/para* la noche es bueno *por/para* relajarse antes de dormir.
7. El catálogo de la exposición tiene que estar listo *por/para* el 12 de diciembre.
8. *Por/Para* Anabel, el instrumento más difícil es el piano, pero *por/para* mí es el violín.
9. Lo contrataron *por/para* ser el mejor músico.
10. Han ensayado mucho *por/para* aprenderse bien sus papeles.

Aciertos: ________ / 13

8 Refuerza los usos de las preposiciones y conoce nuevas expresiones
전치사 용법 강화하고 새로운 표현 배우기

Subraya la opción correcta y completa las frases con las siguientes expresiones.
문장에 알맞은 전치사를 고르고 다음 표현을 사용하여 문장을 완성하세요.

Por lo tanto - Por un lado - por primera vez - por lo menos - Por lo general - Por fin - por si acaso - no es para tanto - Por lo visto - por casualidad - por otro - para colmo

1. Ya no queda café *por/para* el desayuno. ______, voy a tomar un té.
2. Ayer *por/para* la mañana, me encontré ______ con Juan.
3. Dicen que va a llover *por/para* la tarde, pero ahora hace sol. Bueno, me llevo el paraguas ______.
4. • ¡Otra vez estamos perdidos! Seguro que llegamos tarde al cine. Y, ______, Juan y Lola nos esperan desde las 21:00. Odio llegar tarde a una cita.
   • Hombre, ______. Solo son las 21:10. Seguro que el cine está *por/para* este barrio.
5. Voy a viajar *por/para* Europa ______ en mi vida. ¡Qué ilusión!
6. No sé qué hacer. ______, quiero ir al cine, pero, ______, si quiero ver esta obra de teatro, es la última representación y hoy es el último día *por/para* comprar las entradas.
7. ______, siempre llegamos con antelación a la ópera, pero ayer, no pudimos tomar el coche *por/para* ir y llegamos tarde.
8. He ido a Madrid *por/para* visitar los museos, pero no he podido ver todos los que quería. Bueno, ______, he visitado el Prado.
9. ¡______ llegas a casa! Te he llamado *por/para* saber dónde estabas, pero no has contestado. ______, no has leído los mensajes que dejé en tu móvil.

Aciertos: ______ / 21

TOTAL de aciertos: ______ / 103

1 2 3 AHORA TÚ
PRODUCCIÓN FINAL 최종 연습

Tu espectáculo favorito
당신이 가장 좋아하는 공연

Piensa en un espectáculo (real o no) y descríbelo.
공연(실제 또는 허구) 하나를 생각하여 묘사하세요.

______
______
______
______
______
______

B1 DELE

PREPARA TU EXAMEN 3
시험 준비하기 3

unidades 7 a 9
7과 ~ 9과

1 Observa y relaciona las preguntas con su foto. Hay una foto que no debes seleccionar. Luego, responde a las preguntas. 알맞은 문장과 이미지를 연결하세요. 이 중 1개의 이미지는 정답에서 제외됩니다. 그리고 질문에 답하세요.

1. ¿Te los ha entregado ya el secretario? Sí, ______________________
2. ¿Se lo han enviado ya? No, ______________________
3. ¿Las conoces a las tres? No, ______________________
4. ¿Nos la firmáis cuanto antes? Sí, ______________________
5. ¿Lo compró durante su estancia en Asturias? No, ______________________

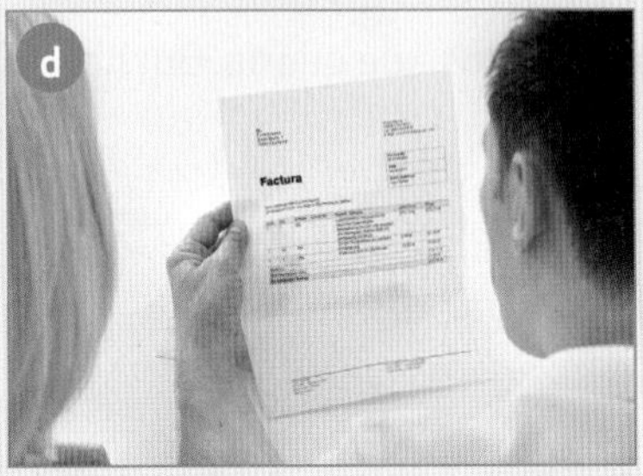

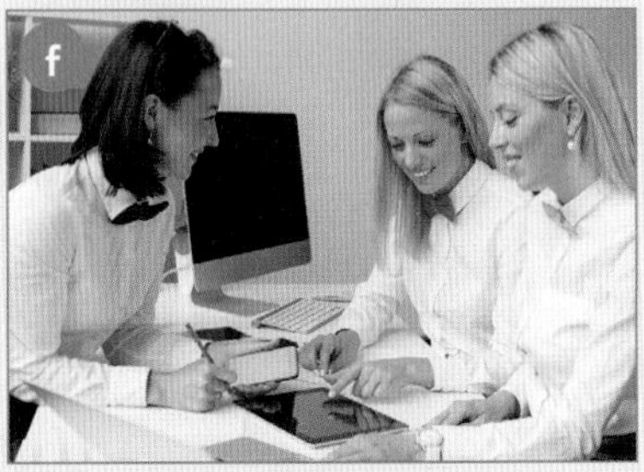

2 Lee los textos en los que tres personas cuentan lo que hacen en su tiempo libre. Después, relaciona las siguientes frases con las personas. 세 사람이 여가 때 하는 일에 대해 이야기하는 글을 읽고 각 문장에 알맞은 사람을 표시하세요.

	Carmen	Enrique	Rocío
1. Le gusta estar solo o sola.	☐	☐	☐
2. Cree que su actividad favorita debe hacerse con amigos.	☐	☐	☐
3. De pequeña soñó con tener una profesión que no tiene.	☐	☐	☐
4. Va al teatro muy a menudo.	☐	☐	☐
5. Le gustan las historias felices.	☐	☐	☐
6. No hace deporte, pero le gusta verlo.	☐	☐	☐

Carmen

A mí me encanta el teatro. De pequeña soñé con ser actriz. Siempre que puedo, voy al teatro, una vez al mes como mínimo. Me gusta el teatro clásico, el teatro experimental. Cuando hay una obra nueva en la ciudad, voy a la primera sesión y, si me gusta, vuelvo a ir antes de que se acabe la obra.

Enrique

Mi afición favorita, como la de muchos españoles, creo, es el fútbol. Veo todos los partidos que ponen en la televisión los fines de semana y, el día que juega mi equipo en mi ciudad, voy al estadio con mis amigos. Siempre veo los partidos con mis amigos. Para mí es una actividad para compartirla.

Rocío

Yo soy comercial y siempre estoy con gente. Por eso, en mi tiempo libre, lo que me gusta es estar tranquila, sola, descansando. Leo mucho y veo muchas películas en la tele. Me gustan las historias románticas, de final feliz. La vida es ya muy complicada y por eso no quiero leer o ver historias que te hacen llorar.

3 Escucha y relaciona con la profesión correspondiente. Hay 6 imágenes que no debes seleccionar. Escribe las características de cada profesión.

잘 듣고 알맞은 직업과 연결하세요. 이 중 6개의 이미지는 정답에서 제외됩니다. 그리고 각 직업의 특징을 쓰세요.

PISTA 12

☐ ______________________

☐ ______________________

☐ ______________________

☐ ______________________

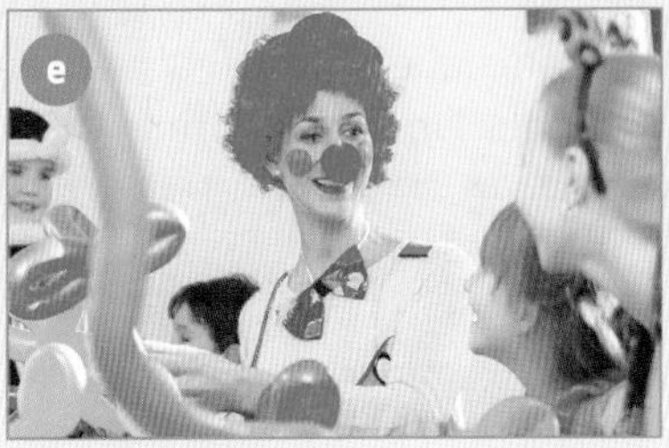

☐ ______________________

☐ ______________________

☐ ______________________

☐ ______________________

☐ ______________________

☐ ______________________

☐ ______________________

☐ ______________________

UNIDAD 10
Tener cita en el médico
병원 진료 예약하기

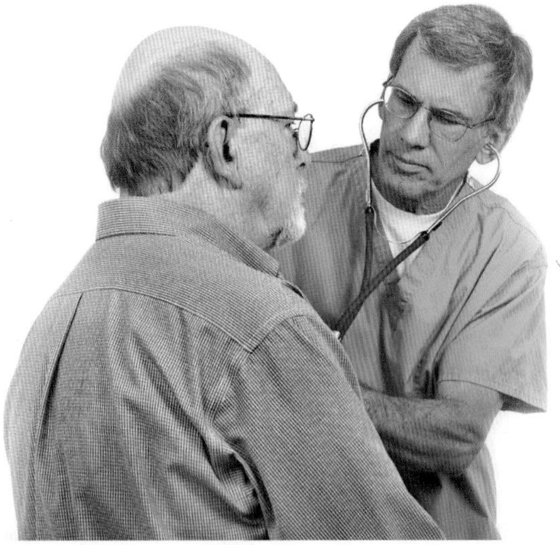

Le voy a tomar la tensión. Respire hondo. No se preocupe, esté tranquilo, solo es una revisión rutinaria. A ver, respire. Muy bien. Quítese la camisa, por favor, y túmbese.

pág. 139

1 ASÍ SE HABLA
FUNCIONES 기능

Hablar con el médico 의사와 이야기하기

Explicar los síntomas 증상 설명하기

- Buenos días. Siéntese y dígame qué le pasa. 안녕하세요. 앉으세요, 그리고 당신의 증상을 말씀하세요.
- Pues resulta que me duele aquí. No puedo dormir. Cuando hago ejercicio, me duele... Por las mañanas toso mucho. 그게, 여기가 아픕니다. 잠을 잘 수가 없습니다. 운동하면 아픕니다. 아침에는 기침을 많이 합니다.
- A ver, quítese la camisa y túmbese aquí. 자, 셔츠를 벗고 여기 누우세요.
- ¿Es grave, doctor? 심각한가요, 선생님?
- No, no se preocupe. Vamos a examinarlo, pero no parece nada grave. 아닙니다. 걱정하지 마세요. 검사해 봅시다. 하지만 전혀 심각해 보이지는 않습니다.

2 ASÍ ES
GRAMÁTICA 문법

El imperativo afirmativo y negativo
긍정 명령과 부정 명령

pág. 129

Verbos regulares 규칙 동사

	TOMAR 잡다, 타다		BEBER 마시다		SUBIR 오르다	
tú	toma	no tomes	bebe	no bebas	sube	no subas
usted	tome	no tomas	beba	no beba	suba	no suba
vosotros/as	tomad	no toméis	bebed	no bebáis	subid	no subáis
ustedes	tomen	no tomen	beban	no beban	suban	no suban

usted과 ustedes의 긍정 명령과 부정 명령의 경우 동사 변화형이 동일하고 부정 명령의 앞에 no가 붙는다.

Verbos irregulares (1): cambio vocálico 불규칙 동사(1): 모음 변화

CERRAR 닫다 e → ie		VOLVER 돌아가다 o → ue		SEGUIR 계속하다 e → i	
cierra	no cierres	vuelve	no vuelvas	sigue	no sigas
cierre	no cierre	vuelva	no vuelva	siga	no siga
cerrad	no cerréis	volved	no volváis	seguid	no sigáis
cierren	no cierren	vuelvan	no vuelvan	sigan	no sigan

현재형에서 모음이 변화하는 모든 동사는 명령형에서도 그 불규칙성을 유지한다.

Verbos irregulares (2) 불규칙 동사(2)

DECIR 말하다 (yo digo)		HACER 하다 (yo hago)		IR 가다 (yo voy)		OÍR 듣다 (yo oigo)		SALIR 나가다 (yo salgo)	
di	no digas	haz	no hagas	ve	no vayas	oye	no oigas	sal	no salgas
diga	no diga	haga	no haga	vaya	no vaya	oiga	no oiga	salga	no salga
decid	no digáis	haced	no hagáis	id	no vayáis	oíd	no oigáis	salid	no salgáis
diga	no digan	hagan	no hagan	vayan	no vayan	oigan	no oigan	salgan	no salgan

PONER 놓다 (yo pongo)		TENER 가지다 (yo tengo)	
pon	no pongas	ten	no tengas
ponga	no ponga	tenga	no tenga
poned	no pongáis	tened	no tengáis
pongan	no pongan	tengan	no tengan

OBEDECER 복종하다 (yo obedezco)		TRADUCIR 번역하다 (yo traduzco)	
obedece	no obedezcas	traduce	no traduzcas
obedezca	no obedezca	traduzca	no traduzca
obedeced	no obedezcáis	traducid	no traduzcáis
obedezcan	no obedezcan	traduzcan	no traduzcan

Verbos con cambios ortográficos 철자가 바뀌는 동사들

	-car	c → qu	-zar	z → c	-gar	g → gu	-ger/-gir	g → j
tú	saca	no saques	avanza	no avances	apaga	no apagues	recoge	no recojas
usted	saque	no saque	avance	no avance	apague	no apague	recoja	no recoja
vosotros/as	sacad	no saquéis	avanzad	no avancéis	apagad	no apaguéis	recoged	no recojáis
ustedes	saquen	no saquen	avancen	no avancen	apaguen	no apaguen	recojan	no recojan

El imperativo con pronombres 명령문에서 대명사의 위치

- 직접 목적어
  Saca la lengua. 혀를 내밀어. → Sácala. 그것을 내밀어. / No la saques. 그것을 내밀지 마.
  Cierra los ojos. 눈을 감아. → Ciérralos. 그것들을 감아. / No los cierres. 그것들을 감지 마.
- 재귀 대명사
  Siéntate. 앉아. / No te sientes. 앉지마.
  Quítate la camisa. 셔츠를 벗어. → Quítatela. 그것을 벗어. / No te la quites. 그것을 벗지 마.

vosotros/as의 긍정 명령형에서 재귀 대명사가 오면 d는 사라진다.
peinad + os
→ peinaos

3 CON ESTAS PALABRAS

LÉXICO 어휘

La consulta médica 병원 진료

Siéntese y dígame qué le pasa. 앉으세요. 그리고 당신의 증상을 말씀하세요.

Quítese la chaqueta. 재킷을 벗으세요.

Abra la boca y saque la lengua. 입을 벌리고 혀를 내미세요.

Respire hondo. 숨을 깊게 내쉬세요.

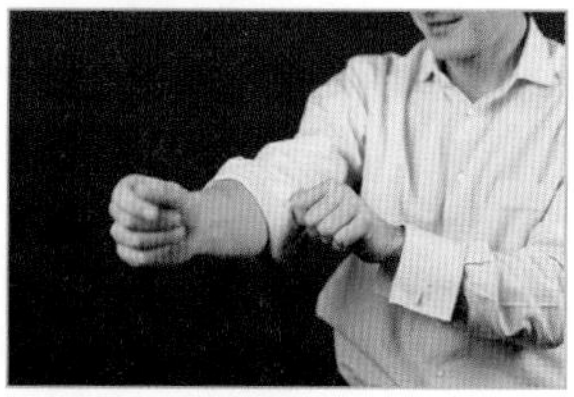
Súbase la manga. 소매를 올리세요.

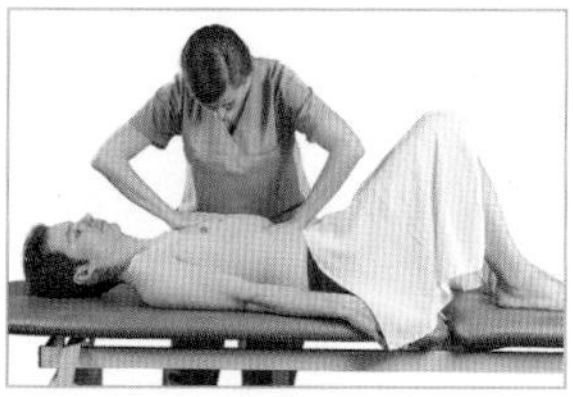
Túmbese y relájese. 누워서 긴장을 푸세요.

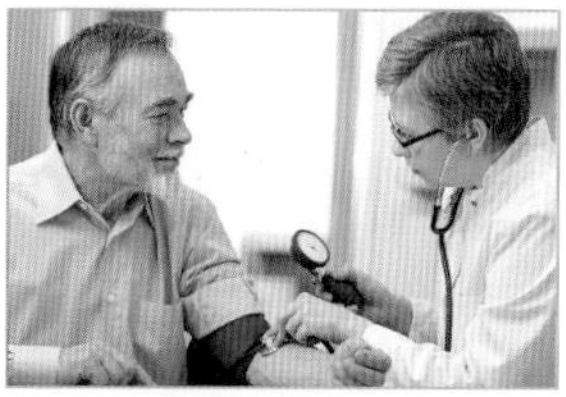
Esté tranquilo, voy a tomarle la tensión. 편안하게 계세요. 제가 당신의 혈압을 재겠습니다.

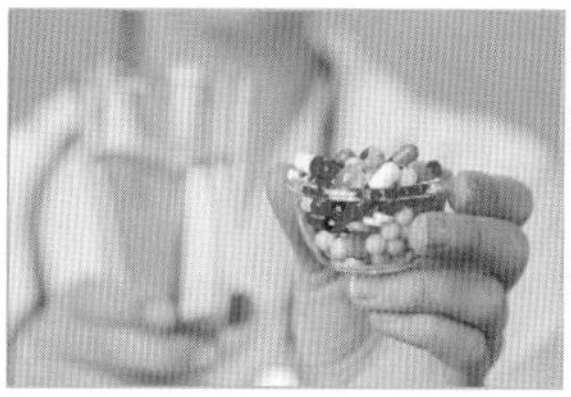
Tómese estas pastillas. 이 알약들을 드세요.

EJERCICIOS

1 Reconoce las formas y las personas 인칭에 따른 명령형 확인하기

Relaciona estos imperativos con la persona. 주어진 명령형을 알맞은 인칭과 연결하세요.

1. Toma
2. No vengan
3. Diga
4. Id
5. No vuelvan
6. Haz
7. No hagas
8. Pase
9. Escribid

a. tú
b. usted
c. vosotros/vosotras
d. ustedes

Aciertos: ________ / 9

2 Recuerda la forma del imperativo irregular 불규칙 명령형 기억하기

Completa con las formas indicadas. 알맞은 동사형으로 빈칸을 채우세요.

Infinitivo	Presente de indicativo	Imperativo afirmativo	Imperativo negativo
1. Pensar	Yo ________	(tú) ________	No ________
2. Acostarse	Yo ________	(vosotros) ________	No ________
3. Tener	Yo ________	(usted) ________	No ________
4. Pedir	Yo ________	(tú) ________	No ________
5. Hacer	Yo ________	(ustedes) ________	No ________
6. Empezar	Yo ________	(vosotros) ________	No ________
7. Repetir	Yo ________	(usted) ________	No ________
8. Comenzar	Yo ________	(tú) ________	No ________
9. Seguir	Yo ________	(usted) ________	No ________
10. Oír	Yo ________	(vosotros) ________	No ________
11. Salir	Yo ________	(tú) ________	No ________
12. Poner	Yo ________	(tú) ________	No ________
13. Venir	Yo ________	(ustedes) ________	No ________
14. Sacar	Yo ________	(vosotros) ________	No ________
15. Traducir	Yo ________	(usted) ________	No ________

Aciertos: ________ / 45

3 Recuerda las formas del imperativo con los pronombres 명령형에서 대명사 위치 기억하기

Completa, como en el ejemplo. 보기와 같이 빈칸을 채우세요.

ej. *Súbete la manga.*	*Súbetela.*	*No te la subas.*
1. Dame las pastillas.	________	No ________
2. Comience el tratamiento.	________	No ________

3. Sacad la lengua. ______________ No ______________

4. Pongan las manos en la mesa. ______________ No ______________

5. Lavaos los dientes. ______________ No ______________

6. Compra la medicina a Juan. ______________ No ______________

7. Pide una receta al médico. ______________ No ______________

8. Explica el problema al doctor. ______________ No ______________

9. Dime la verdad. ______________ No ______________

10. Repite la pregunta a la enfermera. ______________ No ______________

Aciertos: ________ / 20

4 **Practica los imperativos** 명령형 연습하기

Completa las frases con el verbo en imperativo y pon las frases en forma negativa.

긍정 명령형으로 빈칸을 채우고, 부정 명령형을 만드세요.

1. (Tomar, tú) ______________ un vaso de agua. No ______________
2. (Beber, usted) ______________ más. No ______________
3. (Subir, vosotros) ______________ las escaleras. No ______________
4. (Toser, tú) ______________ . No ______________
5. (Comer, vosotros) ______________ rápidamente. No ______________
6. (Escribir, ustedes) ______________ un texto. No ______________
7. (Respirar, tú) ______________ hondo. No ______________
8. (Tomar, usted) ______________ asiento. No ______________
9. (Leer, vosotros) ______________ este artículo. No ______________
10. (Ir, usted) ______________ de vacaciones. No ______________

Aciertos: ________ / 20

5 **Practica los imperativos con pronombre** 명령형에서 대명사 위치 연습하기

Completa las frases con el verbo en imperativo y, luego, transfórmalas, como en el ejemplo.

긍정 명령형으로 빈칸을 채우고, 보기와 같이 부정 명령형을 만드세요.

ej. *(Leer, usted) Lea este artículo.* *No lo lea.*

1. (Tomar, tú) ______________ estas pastillas. No ______________
2. (Abrir, ustedes) ______________ la ventana. No ______________
3. (Apuntar, vosotros) ______________ mi teléfono. No ______________
4. (Recoger, usted) ______________ sus cosas. No ______________
5. (Escribir, tú) ______________ la receta. No ______________

Aciertos: ________ / 10

EJERCICIOS

EJERCICIOS

6 **Reproduce la información** 들은 내용 재구성하기

Escucha y transforma en órdenes lo que el médico le dice a José. Luego, ponlo en forma negativa. 잘 듣고 의사가 호세에게 말하는 내용을 명령형으로 바꾸세요. 그리고 그 문장을 부정 명령형으로 만드세요.

PISTA 13

1. ______ No ______
2. ______ No ______
3. ______ No ______
4. ______ No ______
5. ______ No ______
6. ______ No ______
7. ______ No ______
8. ______ No ______
9. ______ No ______
10. ______ No ______
11. ______ No ______

Aciertos: ______ / 22

7 **Refuerza los imperativos afirmativos** 긍정 명령형 강화하기

Transforma las frases, como en el ejemplo. 보기와 같이 문장을 바꾸세요.

ej. *¿Por qué no le abres la puerta a José?* *Ábresela.*

1. ¿Por qué no te lavas las manos? ______
2. ¿Por qué no llama usted al médico? ______
3. ¿Por qué no os subís la manga? ______
4. ¿Por qué no se quita la camisa? ______
5. ¿Por qué no se toman las pastillas? ______

Aciertos: ______ / 5

8 **Refuerza las órdenes** 명령법 강화하기

Completa, como en el ejemplo. 보기와 같이 문장을 만드세요.

ej. *Tienes que comprar la medicina.* *Cómprala.*

1. Tienes que secarte las manos. ______
2. Tenéis que leer la receta médica. ______
3. Tienen que comprarle la medicina al niño. ______
4. Tienes que decirle al médico dónde te duele. ______
5. Tenéis que pedir una cita cuanto antes. ______

Aciertos: ______ / 5

9 Refuerza las órdenes negativas 부정 명령법 강화하기

Completa, como en el ejemplo. 보기와 같이 문장을 만드세요.

ej. No tienes que ir al médico. — *No vayas al médico.*

1. No tienes que hacer dieta. ____________________
2. No tiene que hablarme en ese tono. ____________________
3. No tenéis que poneros los zapatos. ____________________
4. No tenéis que esperar más a Juan. ____________________
5. No tienen que quitarse la camisa. ____________________

Aciertos: ______ / 5

10 Refuerza las instrucciones del médico 의사의 지시 해석 능력 강화하기

Observa las imágenes y escribe frases en imperativo. 이미지를 보고 명령형 문장을 만드세요.

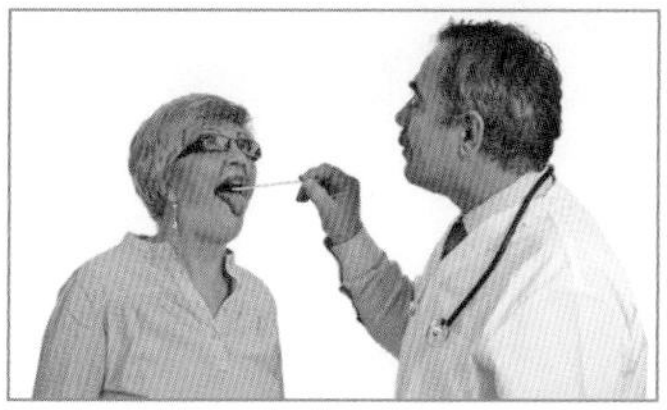

1. ____________________

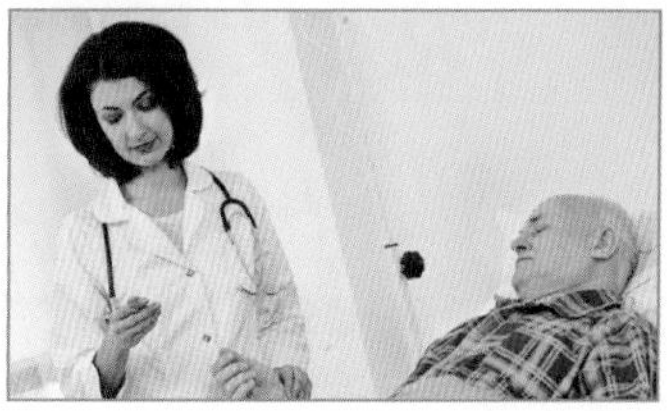

2. ____________________

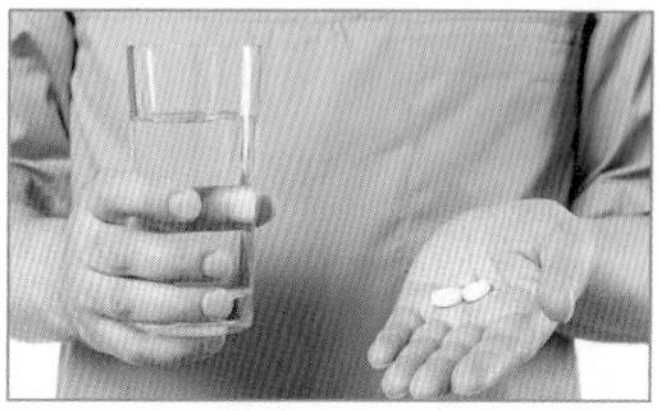

3. ____________________

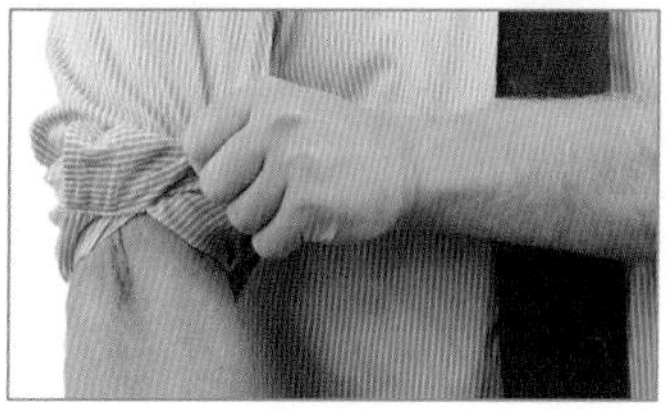

4. ____________________

5. ____________________

6. ____________________

Aciertos: ______ / 6

TOTAL de aciertos: ______ / 147

AHORA TÚ
PRODUCCIÓN FINAL 최종 연습

Tus consejos de salud
당신의 건강 조언

Piensa en algunas recomendaciones para tener una vida sana y escribe tus consejos.
건강한 삶을 위한 몇몇 권고 사항들을 생각하며 당신의 조언을 써 보세요.

UNIDAD 11
Expresar una hipótesis o un deseo 추측이나 소망 표현하기

Querido Paco:
Te escribo para decirte que quizá Ana y yo vayamos a Sevilla este verano. Todavía no es seguro, pero es bastante probable que vayamos a primeros de julio. Tal vez nos podamos ver. Queremos organizar una cena de antiguos compañeros y esperamos que vengáis también vosotros. Ojalá puedas tomarte unos días de vacaciones.

pág. 140

1 ASÍ SE HABLA — FUNCIONES 기능
Expresar deseos e hipótesis
소망과 추측 표현하기

1. Expresar un deseo 소망 표현하기

a. 주어가 같을 경우: verbo 동사 + infinitivo 동사 원형
- (Yo) Quiero ir de vacaciones a Andalucía. (나는) 안달루시아로 휴가를 가고 싶다.
- (Él) Espera llegar a tiempo. (그는) 제 시간에 도착하기를 바란다.

b. 주어가 다를 경우: verbo 동사 + que + subjuntivo 접속법
- ¿(Tú) Quieres que (ellos) vengan con nosotros? (너는) (그들이) 우리와 함께 오기를 원하니?
- (Él) Espera que no sea demasiado tarde. (그는) (어떤 행동 또는 상황이) 너무 늦지 않기를 바란다.

> **Ojalá + subjuntivo** 접속법
> Ojalá lleguemos a tiempo.
> 제발 우리가 제때 도착하기를.
> Ojalá apruebes el examen.
> 제발 네가 시험에 붙기를.

2. Expresar una hipótesis 추측 표현하기

- Quizá vaya a Madrid mañana. 어쩌면 내일 마드리드에 갈 수도 있다.
- Tal vez esté enfermo. 어쩌면 그가 아플 수도 있다.
- Puede que Juan viaje a Chile. 후안이 칠레로 여행할 수도 있다.
- Es posible que ya sea demasiado tarde.
  이미 지나치게 늦을 가능성이 있다.
- Es probable que perdamos el tren. 우리가 기차를 놓칠 가능성이 있다.

> 추측은 또한 다음과 같이 표현할 수 있다.
> - **A lo mejor + indicativo** 직설법
>   A lo mejor estás en casa.
>   어쩌면 네가 집에 있을 수도 있다.
> - **El futuro simple** 단순 미래형
>   Estará en casa.
>   그가 집에 있을 수도 있다.

2 ASÍ ES — GRAMÁTICA 문법
El presente de subjuntivo regular e irregular (1)
접속법 현재 규칙형과 불규칙형(1)

pág. 130

Verbos regulares 규칙 동사

	ESTUDIAR 공부하다	COMER 먹다	VIVIR 살다
yo	estudie	coma	viva
tú	estudies	comas	vivas
él, ella, usted	estudie	coma	viva
nosotros, nosotras	estudiemos	comamos	vivamos
vosotros, vosotras	estudiéis	comáis	viváis
ellos, ellas, ustedes	estudien	coman	vivan

> -ar 동사의 단순 과거 1인칭형 estudié와 접속법 현재형 estudie의 강세의 위치에 따른 발음을 주의해야 한다.

Verbos con cambio ortográfico 철자가 바뀌는 동사들

- -gar로 끝나는 동사: llegar 도착하다 → llegue
- -ger 또는 -gir로 끝나는 동사: recoger 줍다 → recoja
- -car로 끝나는 동사: sacar 꺼내다 → saque
- -zar로 끝나는 동사: utilizar 사용하다 → utilice
- -guir로 끝나는 동사: seguir 계속하다 → siga

Verbos irregulares (1) 불규칙 동사(1)

Presente de indicativo 직설법 현재형	DECIR 말하다 (yo digo)	HACER 하다 (yo hago)	SALIR 나가다 (yo salgo)	TENER 가지다 (yo tengo)	VENIR 오다 (yo vengo)
yo	diga	haga	salga	tenga	venga
tú	digas	hagas	salgas	tengas	vengas
él, ella, usted	diga	haga	salga	tenga	venga
nosotros, nosotras	digamos	hagamos	salgamos	tengamos	vengamos
vosotros, vosotras	digáis	hagáis	salgáis	tengáis	vengáis
ellos, ellas, ustedes	digan	hagan	salgan	tengan	vengan

Casos particulares 예외 경우

ir 가다 (yo voy) → vaya, vayas, vaya, vayamos, vayáis, vayan
saber 알다 (yo sé) → sepa, sepas, sepa, sepamos, sapáis, sapan
ser …이다 (yo soy) → sea, seas, sea, seamos, seáis, sean

3 CON ESTAS PALABRAS
LÉXICO 어휘

Las expresiones para escribir una carta o un correo 편지나 이메일 작성을 위한 표현들

Informal 비격식체 / Formal 격식체

1. El saludo 인사말

Informal:
- Querido Paco: 사랑하는 파코에게
- Querida María: 사랑하는 마리아에게
- Mi querido amigo: 나의 사랑하는 친구에게
- ¡Hola, Pepe! ¿Qué tal? 안녕, 페페! 어떻게 지내?

Formal:
- Señor/Señora: …씨/부인에게
- Estimado señor/Estimada señora: 존경하는 …씨/부인에게
- Estimados señores: 존경하는 분들에게

2. La despedida 작별 인사

Informal:
- Con (mucho) cariño, (많은) 애정을 담아,
- Un beso, 안부를 전하며,
- Un (fuerte) abrazo, (강하게) 포옹하며,
- Besos y abrazos, 안부와 포옹을 전하며,
- Te mando un abrazo. 너에게 포옹을 전하며,
- Hasta pronto, 곧 만나.
- Hasta la próxima, 다음에 봐.

Formal:
- Atentamente, 삼가 아룁니다.
- Le saluda cordialmente, 정중하게 인사드립니다.
- Un cordial saludo, 정중한 인사를 보냅니다.
- Esperando su respuesta, le saluda, 당신의 답장을 기다리며 인사드립니다.
- A la espera de recibir sus noticias, le saluda, 당신의 소식을 기다리며 인사드립니다.
- Sin otro particular, se despide atentamente, 다른 특이 사항 없이, 정중하게 작별 인사를 드립니다.

1 **Reconoce las formas del subjuntivo** 접속법 형태 확인하기
Localiza en cada grupo de palabras la forma del subjuntivo. Luego, indica el pronombre sujeto y el verbo en infinitivo. 단어군에서 접속법 형태를 찾아 그 동사형의 주격 인칭 대명사와 동사 원형을 쓰세요.

comías comes comiste comiendo comas

1. ____________

hablamos hablando hablasteis hablemos hablaban hablado

2. ____________

iba fui ido voy vaya

3. ____________

leyeron leen leían lean

4. ____________

sido fue era sea

5. ____________

vengáis vinisteis veníais venís

6. ____________

Aciertos: ________ / 6

2 **Recuerda la forma del subjuntivo regular e irregular** 접속법 규칙형과 불규칙형 기억하기
Completa con las formas indicadas. 알맞은 동사형으로 빈칸을 채우세요.

Infinitivo	Presente de indicativo	Presente de subjuntivo
1. Hablar	Yo ________	(usted) ________
2. Comer	Yo ________	(tú) ________
3. Vivir	Yo ________	(yo) ________
4. Escribir	Yo ________	(vosotros) ________
5. Beber	Yo ________	(nosotros) ________
6. Cantar	Yo ________	(tú) ________
7. Salir	Yo ________	(nosotros) ________
8. Hacer	Yo ________	(ellos) ________
9. Venir	Yo ________	(tú) ________
10. Decir	Yo ________	(ustedes) ________
11. Tener	Yo ________	(nosotros) ________

Aciertos: ________ / 22

3 **Practica la forma del presente de subjuntivo con expresiones de hipótesis**
추측 표현에서 접속법 현재형 연습하기

Completa, como en el ejemplo. 보기와 같이 빈칸을 채우세요.

ej. *Juan no estudia hoy.* — *Quizá estudie mañana.*

1. No voy a ir a la biblioteca hoy. — Quizá ______ mañana.
2. No podemos ir al cine hoy. — Tal vez ______ la semana próxima.
3. No comen pollo. — Quizá no ______ carne.
4. No me ha llamado Juan. — Es posible que me ______ más tarde.
5. Aún no han llegado. — Es probable que ______ tarde.
6. No sé dónde están los niños. — Quizá ______ en el jardín.
7. Ana no sube por el ascensor. — Es posible que ______ por las escaleras.
8. No voy a Quito esta semana. — Es probable que ______ dentro de dos semanas.

Aciertos: ______ / 8

4 **Practica la expresión de deseo** 소망 표현 연습하기

Completa los deseos, como en el ejemplo. 보기와 같이 소망 표현으로 빈칸을 채우세요.

ej. *Viene a visitarnos el mes próximo.* — *Ojalá nos visite antes.*

1. El cielo está nublado. — Ojalá ______ el día de la boda.
2. No hace buen tiempo. — Esperamos que ______ mañana.
3. El coche de Felipe no es rápido. — Su mujer quiere que ______ .
4. Estos tomates no están maduros. — Espero que ______ baratos.
5. El autobús aún no ha llegado. — Ojalá ______ pronto.
6. Mi hermano no me ha escrito todavía. — Espero que ______ hoy.
7. No sé a qué hora llegan los invitados. — Deseo que ______ dentro de poco.
8. No sé qué vestido ponerme. — Quiero que te ______ rojo.

Aciertos: ______ / 8

5 **Reproduce la información** 들은 내용 재구성하기

Escucha y marca las cuatro cosas que quiere Juan. Luego, resume sus deseos.
잘 듣고 후안이 원하는 것 네 가지를 고르세요. 그리고 그가 바라는 내용을 요약하세요.

PISTA 14

1. Sea un piso grande y luminoso. ☐
2. Tenga jardín. ☐
3. Esté en el centro de la ciudad. ☐
4. Esté bien comunicada, cerca de una estación de tren. ☐
5. Tenga solo dos habitaciones. ☐
6. Tenga tres habitaciones. ☐
7. Tengan piscina y garaje. ☐
8. Tenga un garaje. ☐

Juan quiere ____

____

Aciertos: ______ / 4

6 Refuerza las expresiones de deseo e hipótesis 소망이나 추측 표현 강화하기

Responde a las preguntas, como en el ejemplo. 보기와 같이 질문에 답하세요.

ej. • *¿Vas a leer este libro?*
• *Quizá lo lea este verano.*

1. • ¿Te han llamado tus amigos hoy?
   • No, es probable que ______ mañana.
2. • ¿Le habéis dado la carta a Luis?
   • No, quizá ______ esta noche.
3. • ¿Ya le han comprado el regalo a Sara?
   • No, tal vez ______ en la feria de artesanía.
4. • ¿Os han dicho la hora de la cita?
   • No, quizá ______ ahora.
5. • ¿Nos van a tener el coche listo para mañana?
   • Sí, es posible que ______ mañana.
6. • ¿Van a traducirte el texto?
   • Es probable que ______ .
7. • ¿Le haces el favor a tu vecino?
   • Sí, tal vez ______ .
8. • ¿Os han enseñado los resultados?
   • Aún no. Quizá ______ esta tarde.
9. • ¿Le van ustedes a construir una caseta al perro?
   • Es posible que ______ .
10. • ¿Le va usted a poner la bufanda al niño?
    • Sí, quizá ______ .

Aciertos: ______ / 10

7 Refuerza la gramática 문법 강화하기

Forma frases, como en el ejemplo. 보기와 같이 문장을 만드세요.

ej. *María - pedir - a Ana - comprar el periódico* — *María le pide a Ana que compre el periódico.*

1. yo – desear – tú – ayudarme ______
2. ellos – esperar – Carmen y María – venir ______
3. el profesor – desear – los niños – aprobar ______
4. yo – querer – vosotros – hacer las camas ______
5. nosotros – esperar – ustedes – mandar los documentos ______
6. la policía – no querer – la gente – pasar por esa calle ______
7. el niño – no querer – su madre – lavarle la cabeza ______
8. Alicia – esperar – nosotros – ir a ver la exposición ______

Aciertos: ______ / 8

8

Refuerza la comunicación 의사소통 능력 강화하기

Completa el correo electrónico con los verbos adecuados en la forma correcta.

알맞은 동사형을 사용하여 이메일을 완성하세요.

Hola, Pepe:

Te escribo para decirte que es posible que Marta y yo (1) (viajar) ____________ a España la semana próxima. Es posible que su hermano (2) (venir) ____________ con nosotros. Primero vamos a ir a Madrid. Tenemos muchas cosas que hacer. Ojalá (3) (poder) ____________ visitar todos los museos y los lugares que nos has recomendado. Marta quiere que (4) (ir) ____________ también a Toledo. A ver si tenemos tiempo. Yo quiero ir directamente a Málaga, prefiero que nos (5) (quedar) ____________ unos días allí y (6) (visitar) ____________ la ciudad tranquilamente. ¿Nos puedes aconsejar algún hotel? Queremos que (7) (estar) ____________ cerca del centro, pero que no (8) (ser) ____________ demasiado caro.

Espero que (9) (estar, tú) ____________ bien y que nos (10) (ver) ____________ pronto.

Un abrazo,

Felipe

Aciertos: ________ / 10

TOTAL de aciertos: ________ / 76

1 2 3

AHORA TÚ

PRODUCCIÓN FINAL 최종 연습

Tus planes de vacaciones

당신의 휴가 계획

Imagina que vas a pasar las vacaciones en el país o la ciudad en la que vive un amigo que no ves desde hace tiempo. Escríbele un correo, cuéntale tus planes y expresa tus deseos.

오랫동안 만나지 못한 친구가 사는 나라나 도시에서 당신이 휴가를 보낼 거라고 상상하세요. 그 친구에게 당신의 계획과 희망 사항을 전하는 이메일을 작성해 보세요.

____

____

____

____

____

____

UNIDAD 12
Expresar la opinión
의견 표현하기

La periodista: Ciertas personas piensan que las clases de Historia no son útiles hoy en día. Usted, ¿qué opina?

El entrevistado: Pues a mí me parecen importantísimas. En mi opinión es fundamental que todos sepamos lo que pasó y lo que causó las guerras. Es indispensable para entender el mundo actual y para evitar que nuestros hijos reproduzcan los mismos errores. No creo que sea una buena idea suprimir esta asignatura.

pág. 140

1 ASÍ SE HABLA / FUNCIONES 기능 — Expresar la opinión 의견 표현하기

1. Con el verbo *parecer* parecer 동사로 표현
- A mí me parece que esto es justo. 내게는 이것이 정당한 것 같다.
- A ella no le parece que esto sea justo. 그녀에게는 이것이 정당하지 않은 것 같다.

2. Con la palabra *opinión* '의견' 단어로 표현
- En mi opinión, hay que estudiar Historia. 내 의견으로는, 우리는 역사를 공부해야 한다.
- En su opinión, no hay que estudiar tanta Historia. 그의 의견으로는, 우리가 그렇게 많이 역사를 공부할 필요가 없다.

3. Con *ser* + adjetivo ser + 형용사 표현
- Es bueno que leas mucho antes de opinar. 너는 의견을 제시하기 전에 독서를 많이 하는 게 좋다.
- No es importante que yo no esté de acuerdo contigo. 내가 너와 의견이 일치하지 않는다는 것은 중요하지 않다.

2 ASÍ ES / GRAMÁTICA 문법 — El presente de subjuntivo irregular (2) y la opinión
접속법 현재 불규칙형(2)와 의견 표현

pág. 130~131

Verbos de cambio vocálico 모음 변화 동사들

	PENSAR 생각하다 e → ie (yo pienso)	*CONTAR* 말하다 o → ue (yo cuento)
yo	piense	cuente
tú	pienses	cuentes
él, ella, usted	piense	cuente
nosotros, nosotras	pensemos	contemos
vosotros, vosotras	penséis	contéis
ellos, ellas, ustedes	piensen	cuenten

	ENTENDER 이해하다 e → ie (yo entiendo)	VOLVER 돌아오다 o → ue (yo vuelvo)
yo	entienda	vuelva
tú	entiendas	vuelvas
él, ella, usted	entienda	vuelva
nosotros, nosotras	entendamos	volvamos
vosotros, vosotras	entendáis	volváis
ellos, ellas, ustedes	entiendan	vuelvan

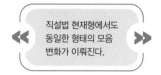

《 직설법 현재형에서도 동일한 형태의 모음 변화가 이뤄진다. 》

	PREFERIR 선호하다 e → ie (yo prefiero)	DORMIR 자다 o → ue (yo duermo)	PEDIR 요구하다 e → i (yo pido)
yo	prefiera	duerma	pida
tú	prefieras	duermas	pidas
él, ella, usted	prefiera	duerma	pida
nosotros, nosotras	prefiramos	durmamos	pidmos
vosotros, vosotras	prefiráis	durmáis	pidáis
ellos, ellas, ustedes	prefieran	duerman	pidan

	Verbos de opinión 의견을 표현하는 동사	Expresiones de certeza 확신의 표현
Indicativo 직설법	긍정형 Yo creo que es así. 나는 그렇다고 생각한다.	*ser* + verdad 사실, cierto 확실한, seguro 뚜렷한 등이 긍정형으로 사용될 때: Es verdad que debes estudiar más. 네가 더 공부해야만 한다는 것은 사실이다.
Subjuntivo 접속법	부정형 No creo que sea así. 나는 그렇다고 생각하지 않는다.	*ser* + verdad 사실, cierto 확실한, seguro 뚜렷한 등의 형용사가 부정형으로 사용될 때: No es verdad que debas estudiar más. 네가 더 공부해야만 한다는 것은 사실이 아니다. interesante 흥미로운, bueno 좋은, fantástico 환상적인 등의 형용사와 함께 사용할 때: Es bueno que vengas a verme. 네가 나를 만나러 오는 것이 좋다.

3 CON ESTAS PALABRAS
LÉXICO 어휘

Los verbos y los adjetivos para expresar la opinión 의견 표현을 위한 동사와 형용사

1. Verbos de opinión 의견을 표현하는 동사

- creer 믿다(생각하다)
- pensar 생각하다
- opinar 의견을 표하다
- decir 말하다

2. Adjetivos + que + subjuntivo 형용사 + que + 접속법

(No) Es interesante	+ que +	diga la verdad. 그가 진실을 말하는 것이 흥미롭다/흥미롭지 않다.
(No) Es lógico/ilógico		juegue con sus amigos. 그가 그의 친구들과 논다는 것은 논리적이다/비논리적이다.
(No) Es natural		te quedes en casa. 네가 집에 머무르는 것이 자연스럽다/자연스럽지 않다.
(No) Es necesario		desayunemos temprano. 우리가 아침을 일찍 식사하는 것은 필요하다/없다.
(No) Es normal/anormal		tengas razón. 네 말이 일리가 있다는 것이 정상적이다/비정상적이다.
(No) Es posible/imposible		llegue tarde. 내가 늦게 도착할 가능성이 있다/없다.
(No) Es probable/improbable		aprendas a hablar inglés. 네가 영어로 말하는 걸 배우는 것은 가능하다/불가능하다.
(No) Es increíble		deje de trabajar. 그가 일을 그만두는 것을 믿을 수 없다/있다.
(No) Es fantástico		estén tan contentos. 그들이 그렇게 행복하다는 것이 환상적이다/환상적이지 않다.

1 Reconoce las frases con indicativo y con subjuntivo 직설법과 접속법 문장 확인하기

Subraya la opción correcta. 알맞은 답을 고르세요.

1. Inés cree que *es/sea/está/esté* fácil aprender el español.
2. No pienso que Carlos *es/sea/está/esté* enfermo.
3. No estamos seguros de que *es/sea/está/esté* posible tomar un taxi.
4. Sara dice que no cree que *es/sea/está/esté* peligroso ir en bici.
5. ¿De verdad crees que no *es/sea/está/esté* bueno para la salud?
6. Yo creo que ese perro no *es/sea/está/esté* peligroso.
7. Ana piensa que el pueblo no *es/sea/está/esté* muy lejos de aquí.
8. Yo no creo que *es/sea/está/esté* bien hacer esto.

Aciertos: ______ / 8

2 Recuerda las formas del subjuntivo 접속법 형태 기억하기

Reacciona y completa las frases. 주어진 상황에 반응하여 문장을 완성하세요.

1. Hoy, los niños no meriendan.	No es grave que no ______.
2. ¿No repites el ejercicio?	Es importante que lo ______.
3. El vendedor envuelve el regalo.	Es normal que lo ______.
4. No pueden llegar a las 14:00.	Es lógico que no ______.
5. Juan nunca cierra las ventanas.	Es sorprendente que nunca las ______.
6. El espectáculo no comienza a la hora indicada.	Es increíble que no ______.
7. Me duele la cabeza.	No es sorprendente que me ______.
8. El perro defiende a su amo.	Es natural que lo ______.

Aciertos: ______ / 8

3 Recuerda el uso del subjuntivo con las expresiones de opinión negativas

부정적인 의견 표현과 접속법 용법 기억하기

Responde a las preguntas, como en el ejemplo. 보기와 같이 질문에 답하세요.

ej. • *Es una buena idea, ¿no te parece?*
• *No, a mí no me parece que sea una buena idea.*

1. • Jorge se acuesta muy temprano, ¿no os parece?
   • No, ______
2. • La película empieza muy temprano, ¿no te parece?
   • No, ______
3. • Este libro es muy divertido, ¿no le parece a usted?
   • No, ______
4. • Este niño duerme demasiado, ¿no te parece?
   • No, ______
5. • Llueve mucho este año, ¿no les parece a ustedes?
   • No, ______

Aciertos: ______ / 5

4 Recuerda los usos del indicativo y del subjuntivo 직설법과 접속법 용법 기억하기

Responde a las preguntas afirmativa y negativamente, como en el ejemplo.
보기와 같이 질문에 긍정형과 부정형으로 답하세요.

ej. *¿Está bien así? (decir, Iván)* — *Iván dice que está bien así.* / *Iván no dice que esté bien así.*

1. ¿Está nevando en los Alpes? (creer, yo) ______________ / ______________
2. ¿Va Juan aún a clase? (pensar, nosotros) ______________ / ______________
3. ¿La película empieza a las 20:00? (creer, yo) ______________ / ______________
4. ¿Tiene Ana razón? (estar seguros, nosotros) ______________ / ______________
5. ¿Es verdad que siempre hace sol en Cuba? (creer, yo) ______________ / ______________
6. ¿Crees que vendrá pronto? (es seguro) ______________ / ______________

Aciertos: ______ / 12

5 Practica las expresiones de opinión con indicativo o con subjuntivo

직설법 또는 접속법을 사용하는 의견 표현 연습하기

Completa con los verbos en presente de indicativo o de subjuntivo. 직설법 또는 접속법 현재로 빈칸을 채우세요.

1. (Creer, yo) ______ que el despertador de Alfonso (sonar) ______ a las 7:00.
2. Begoña (decir) ______ que (soñar) ______ con ir a Cuba.
3. No (pensar, yo) ______ que (ser) ______ necesario avisar a Ramón.
4. El chico dice que no (creer) ______ que sus padres le (permitir) ______ salir por la noche.
5. ¿(Ser) ______ verdad que Cristina le (pedir) ______ consejos a Manuel?
6. Yo no (creer) ______ que (ser) ______ verdad lo que dices.
7. En su correo electrónico, Mónica (decir) ______ que (estar) ______ de vacaciones en Colombia, pero no dice que (estar) ______ contenta.
8. • ¿(Creer, tú) ______ que los niños (despertarse) ______ solos?
   • No, no (pensar, yo) ______ que lo (hacer) ______ .
9. Yo creo que esta habitación (medir) ______ 15 m^2, pero Pablo dice que no (creer) ______ que (medir) ______ más de 13 m^2.

Aciertos: ______ / 22

EJERCICIOS

6 Practica las expresiones de opinión 의견 표현 연습하기

Completa con los verbos en presente de subjuntivo y con el adjetivo contrario, como en el ejemplo. 보기와 같이 접속법 현재형과 문장에 사용된 형용사의 반대 의미의 형용사를 사용하여 빈칸을 채우세요.

ej. *Es bueno que Andrea (leer) lea mucho, pero es malo que no estudie más.*

1. Es lógico que no nos (pedir, ellos) __________ un favor, pero es __________ que (negarse, ellos) __________ a hablarnos.
2. Es bueno que (comer, tú) __________ menos carne, pero es __________ que no (comer) __________ más verdura.
3. Es normal que los niños (soñar) __________ con tener más regalos en Navidad, pero es __________ que los (perder, ellos) __________ tan rápidamente.
4. Es probable que ese partido (gobernar) __________ el país, porque es __________ que la gente (votar) __________ por otro.
5. Es imposible que (volver, nosotros) __________ a casa antes de las 21:30, pero es __________ que (volver) __________ antes de las 23:00.
6. Es útil que (recordar, tú) __________ la letra de esta canción, pero es __________ que la (escribir) __________ .
7. Es correcto que la gente (ser) __________ respetuosa con el medioambiente, pero es __________ que se (olvidar) __________ cuando está de vacaciones fuera de su casa.

Aciertos: ______ / 21

7 Reproduce la información 들은 내용 재구성하기

Escucha y contesta a las preguntas, como en el ejemplo. 잘 듣고 보기와 같이 질문에 답하세요.

PISTA 15

ej. *No es grave si el niño no duerme la siesta, pero tiene que descansar, es importante.*
- *¿Es grave si el niño no duerme la siesta?*
- *No, no es grave que no duerma la siesta. Lo importante es que descanse.*

1. • ¿Es preocupante si estamos perdidos?
   • No, __________ que __________ , pero es __________ que __________ un mapa.
2. • ¿Le parece bien si los niños juegan en el parque?
   • __________ en el parque, pero dice que es __________ que otros __________ el día jugando en el garaje.
3. • ¿Cuándo dice que tienen que venir?
   • Dice que es mejor que __________ , pero que lo más importante es que no __________ __________ tarde.

Aciertos: ______ / 9

8 Refuerza las expresiones de opinión 의견 표현 강화하기

Completa y responde a las preguntas, como en el ejemplo. 보기와 같이 빈칸을 채우고 질문에 답하세요.

ej. • *A mí no me parece que (ser) sea justo. ¿Y a Inés qué le parece?*
• *Pues, en su opinión, sí que es justo.*

1. • No creo que este trabajo (estar) ______________ bien hecho. Y usted, ¿qué piensa?
   • Pues, en ______________, sí que ______________ bien hecho.
2. • Nosotros no pensamos que la situación (ser) ______________ cada vez mejor. Y vosotros, ¿qué pensáis?
   • Pues, en ______________, sí que ______________ mejor.
3. • Ellos no creen que la mayoría de la gente (preferir) ______________ ir al cine antes que ir al teatro. Y tú, ¿qué piensas?
   • Pues, en ______________, es verdad que la gente ______________ al cine antes que al teatro.
4. • Vosotros pensáis que es mejor que los niños no (comer) ______________ chocolate. Y el médico, ¿qué dice?
   • Pues, en ______________, no es grave que los niños (comer) ______________ chocolate de vez en cuando.
5. • Según Irene, los adolescentes (perder) ______________ mucho tiempo chateando con sus amigos y no (estudiar) ______________ lo suficiente. Y los psicólogos, ¿qué piensan?
   • Pues, ______________, es un problema que los adolescentes ______________ tanto tiempo chateando en Internet y no ______________ lo suficiente.

Aciertos: ________ / 17

TOTAL de aciertos: ________ / 102

AHORA TÚ
PRODUCCIÓN FINAL 최종 연습

Tu opinion 당신의 의견

Di cuál es tu tema favorito de conversación o tu asignatura preferida, cuál es el/la que menos te gusta. Explica por qué.
당신이 좋아하는 대화 주제나 과목은 무엇인지, 당신이 덜 좋아하는 대화 주제나 과목은 무엇인지 말해 보세요. 그리고 이유를 설명하세요.

B1 DELE

PREPARA TU EXAMEN 4
시험 준비하기 4

unidades 10 a 12
10과 ~ 12과

1 a. Escucha y relaciona cada orden con la imagen correspondiente. Hay dos fotos que no debes seleccionar. 잘 듣고 알맞은 것끼리 연결하세요. 2개의 이미지는 정답에서 제외됩니다.

PISTA 16

a. ☐

b. ☐

c. ☐

d. ☐

e. ☐

f. ☐

g. ☐

h. ☐

i. ☐

j. ☐

k. ☐

l. ☐

b. Escucha de nuevo las órdenes dadas y completa el cuadro siguiente, como en el ejemplo.
명령문을 다시 듣고 보기와 같이 빈칸을 채우세요.

Orden dada		Complemento relacionado		Orden contraria
1. *Ponlos en la mesa.*	→	*los platos*	■	*No los pongas.*
2. ______	→	______	■	______
3. ______	→	______	■	______
4. ______	→	______	■	______
5. ______	→	______	■	______
6. ______	→	______	■	______
7. ______	→	______	■	______
8. ______	→	______	■	______
9. ______	→	______	■	______
10. ______	→	______	■	______

2 Relaciona el problema con la solución. Completa los consejos con los verbos en el tiempo adecuado (presente de indicativo, imperativo o presente de subjuntivo).
문제와 해결 방안을 연결하세요. 그리고 알맞은 동사형으로 빈칸을 채워 조언들을 완성하세요. (직설법 현재, 명령형, 접속법 현재)

1. Siento mucha ansiedad, estoy nervioso, no puedo respirar. ☐
2. Me duele el estómago. ☐
3. No puedo dormir, estoy muy estresada. ☐
4. ¡Ay, qué dolor! Me duele la espalda. ☐
5. Siempre sacamos malas notas en inglés. ☐

a. No (cargar, tú) ______ con esa caja, que pesa mucho. (Dejar) ______, que la (llevar) ______ yo.

b. (Relajarse, tú) ______ y (respirar) ______ despacio.

c. Lo que (necesitar, tú) ______ es una vida más sana. (Hacer) ______ deporte, (intentar) ______ trabajar menos y (salir) ______ más con tus amigas.

d. Claro, ¡cómo vais a aprobar si nunca (estudiar, vosotros) ______! (Tener, vosotros) ______ que estudiar cada semana. (Aprenderse) ______ bien las lecciones y (hacer) ______ todos los ejercicios que os (dar, yo) ______.
Ah, y el verano próximo, yo creo que lo mejor es que no (ir) ______ a la playa y que (ir) ______ unos días a Inglaterra.

e. Yo creo que es mejor que (comer, usted) ______ más ligero y que (eliminar) ______ las grasas de su dieta.

UNIDAD 13
Expresar un sentimiento
감정 표현하기

Querido Paco:

Muchísimas gracias por tu carta. Me alegró mucho recibir noticias tuyas. ¡Hacía tanto tiempo! ¡Y qué noticias! ¡No me sorprende que estés tan contento! Me alegra que te cases con Elena.

Os agradezco vuestra invitación, pero desgraciadamente no voy a poder ir. Mi hija sigue en el hospital y me temo que no salga antes de vuestra boda. En todo caso, os deseo lo mejor y espero que se cumplan todos vuestros deseos.

Un abrazo,

Raquel

pág. 140

ASÍ SE HABLA
FUNCIONES 기능

Expresar sentimientos 감정 표현하기

1. Positivos 긍정적인 감정

- agradecer 고마워하다
- alegrar 기뻐하다
- dar envidia 질투를 유발하다
- divertir 즐기다
- encantar 좋아하다
- enorgullecer 자만하게 하다
- entusiasmar 열광하다
- esperar 바라다
- gustar 좋아하다
- hacer feliz 행복하게 하다
- hacer gracia 마음에 들다
- parecer bien 좋아 보이다
- poner de buen humor 기분이 좋아지다

2. Indiferentes 무관심한 감정

- dar igual 상관없다
- no importarle a alguien …에게 중요하지 않다

3. Negativos 부정적인 감정

- aburrir 지루하다
- aguantar 견디다
- angustiar 초조하게 하다
- asustar 놀라게 하다
- chocar 부딪히다
- dar asco 혐오감을 주다
- dar miedo 두려움을 주다
- dar pena 안타깝다
- dar rabia 화가 나다
- dar vergüenza 부끄럽게 하다
- decepcionar 실망시키다
- dudar 의심하다
- enloquecer 미치게 만들다
- entristecer 슬프게 하다
- extrañar 이상하다
- fastidiar 짜증나다
- lamentar 비탄하다
- molestar 귀찮게 하다
- odiar 미워하다
- parecer mal 나쁘게 보이다
- poner de mal humor 기분 나쁘게 하다
- poner enfermo/a 병에 걸리다
- poner nervioso/a 불안해지다
- preocupar 걱정시키다
- sentir 유감으로 생각하다
- soportar 참다
- sorprender 놀라게 하다
- temer 두려워하다

2 ASÍ ES — GRAMÁTICA 문법

Las expresiones de influencia y sentimiento con infinitivo o con subjuntivo
동사 원형이나 접속법을 사용하는 영향력과 감정 표현

pág. 131

Si solo hay un sujeto: verbo + infinitivo 주어가 하나인 경우: 동사 + 동사 원형	Si la frase lleva dos sujetos distintos: verbo + que + subjuntivo 문장에 각기 다른 주어 2개가 있는 경우: 동사 + que + 접속법
Me molesta (a mí) tener que repetir la frase (yo). 나는 문장을 반복해야 하는 게 귀찮다.	Me molesta (a mí) que (tú) no digas la verdad. 나는 네가 진실을 말하지 않아 언짢다.
(Yo) No consigo obtener (yo) la información. 나는 정보를 얻는 것을 성공하지 못했다.	(Yo) No consigo que (él) me dé la información. 나는 그가 나에게 정보를 주도록 만들지 못했다.
(Yo) Necesito organizar (yo) la boda. 나는 결혼식을 계획해야 한다.	(Yo) Necesito que (tú) organices la boda. 나는 네가 결혼식을 계획하는 것을 필요로 한다.

decir와 sentir와 같이 여러 의미를 지닌 동사는 경우에 따라 직설법이나 접속법을 사용할 수 있다.
Ana dice que va al teatro. → decir = 'comunicar 알리다, 전하다'의 의미로 통지를 나타내는 동사 (직설법)
아나는 극장에 간다고 알린다.
Te digo que no fumes. → decir = 'aconsejar 충고하다'의 의미로 영향력을 행사하는 동사 (접속법)
나는 너에게 담배를 피우지 말라고 충고한다.
Siento que va a pasar algo. → sentir = 'notar 알아차리다'의 의미로 인지를 나타내는 동사 (직설법)
뭔가 일어날 것 같은 느낌이다.
Siento que no puedas venir. → sentir = 'lamentar 한탄하다'의 의미로 유감을 나타내는 동사 (접속법)
네가 올 수 없다니 유감이다.

3 CON ESTAS PALABRAS — LÉXICO 어휘

Los momentos importantes en la vida
인생에서 중요한 순간들

el nacimiento 출생

el cumpleaños 생일

tener pareja 연인이 생기다/반려자를 맞이하다

la boda 결혼식

estar embarazada 임신하다

el divorcio 이혼

la muerte/el fallecimiento 죽음

el entierro 장례식

el cumpleaños (de una persona) (사람의) 생일
Hoy es el cumpleaños de Juan. 오늘은 후안의 생일이다.
≠
el aniversario (de un evento) (행사의) 기념일
El aniversario de su boda es el 2 de julio. 그들의 결혼기념일은 7월 2일이다.

Expresiones 표현들
Cumpleaños 생일 → ¡Felicidades! 축하해!
Boda 결혼식 → ¡Enhorabuena! 축하해!
Entierro 장례식 → ¡Mi más sentido pésame! 심심한 애도를 표하는 바입니다.

1 Reconoce las expresiones de sentimiento 감정 표현 확인하기

Busca en la sopa de letras las palabras que faltan y completa las frases.

낱말 퍼즐에서 알맞은 단어를 찾아 빈칸을 채우세요.

N	S	O	R	P	E	N	D	I	D	O	P
E	A	N	M	I	E	D	O	X	C	V	A
R	J	E	P	C	Y	N	C	D	B	G	C
V	E	R	T	A	F	T	A	V	S	R	I
O	C	V	E	R	G	Ü	E	N	Z	A	E
V	S	I	X	G	Y	C	N	Q	H	C	N
I	P	O	N	E	S	A	R	I	V	I	E
O	A	S	C	O	T	A	N	T	E	A	S
M	X	O	O	S	O	I	V	R	E	N	A

1. Me dan ______ los malos olores.
2. A Marisol le dan ______ las arañas.
3. A nosotros nos da mucha ______ que los niños pasen hambre.
4. Les da ______ hablar en público.
5. ¿A ti no te pone ______ esperar?
6. Les hace ______ que hable tan mal su lengua, se ríen de mis errores.

Aciertos: ______ / 6

2 Reconoce el verbo de las expresiones de sentimiento 감정 표현 동사 확인하기

Subraya la opción correcta. 알맞은 답을 고르세요.

1. Me *pone/hace/da* de mal humor que siempre lleguen tarde.
2. A Elena le *pone/hace/da* rabia no poder salir con sus amigas por la noche.
3. A Jaime le *pone/hace/da* feliz que su novia llegue esta tarde.
4. ¡Qué vergüenza me *pone/hace/da*!
5. José sale a correr cada mañana: le *pone/hace/da* igual si llueve o hace frío.
6. Me *pone/hace/da* mucha pena no poder visitarte el próximo fin de semana.
7. A Lola no le *pone/hace/da* gracia que sus amigos la critiquen.
8. Les *pone/hace/da* de mal humor que no los vuelvas a llamar.
9. José dice que le *pone/hace/da* nervioso tener que justificarse.
10. Se van mañana de vacaciones. ¡Qué envidia me *ponen/hacen/dan*!

Aciertos: ______ / 10

3 Practica los verbos de sentimiento y el subjuntivo 감정 동사와 접속법 연습하기

Responde a las preguntas, como en el ejemplo. 보기와 같이 질문에 답하세요.

ej. *¿De qué te alegras? (Pedro/casarse)* — *Me alegro de que Pedro se case.*

1. ¿Qué me aconsejas? (felicitar a José) ______
2. ¿Qué le agradece usted? (organizar la ceremonia) ______
3. ¿Qué temes? (el bebé/estar enfermo) ______
4. ¿Qué os sorprende? (ellos/divorciarse) ______
5. ¿Qué te molesta? (Pilar/no invitarme a su boda) ______

Aciertos: ______ / 5

4 Practica el uso del subjuntivo 접속법 용법 연습하기
Completa, como en el ejemplo. 보기와 같이 빈칸을 채우세요.

ej. *Pedro se casa. Me alegro de que se case.*

1. Organizamos el cumpleaños de Eva juntas. A mí me alegra que ______________.
2. Sergio se casa con la mejor amiga de su exnovia. A José le sorprende que ______________.
3. Felipe quiere preparar la boda solo. A Sonia le molesta que ______________.
4. Pablo y tú os divorciáis. Nos entristece que ______________.
5. Miguel y Belén no vienen a mi boda. Me sorprende que ______________.

Aciertos: ________ / 5

5 Practica los verbos de sentimiento y el uso del subjuntivo 감정 동사와 접속법 용법 연습하기
Completa con un verbo de sentimiento y con los verbos en la forma correcta.
감정 동사와 알맞은 동사형으로 빈칸을 채우세요.

1. • ¿Por qué estás triste?
   • Me ______________ que Santi (estar) ______________ enfermo.
2. • ¿Por qué estás tan alegre?
   • Me ______________ que (ser, tú) ______________ feliz.
3. • ¿Por qué está usted tan decepcionado?
   • Me ______________ que (llover) ______________ el día de mi boda.
4. • ¿Por qué están ustedes tan orgullosos?
   • Nos ______________ que nuestro nieto (casarse) ______________.
5. • ¿Por qué estáis tan angustiados?
   • Nos ______________ que nuestros padres (divorciarse) ______________.

Aciertos: ________ / 10

6 Practica las frases 문장 연습하기
Completa con los verbos en el tiempo y modo adecuados.
주어진 동사를 알맞은 시제와 법으로 활용하여 빈칸을 채우세요.

1. Te has equivocado de fecha. Te (recomendar, yo) ______________ que (verificar) ______________ la fecha antes de mandar las invitaciones.
2. En invierno hace mucho frío. Les (aconsejar, nosotros) ______________ que (casarse, ustedes) ______________ en primavera.
3. Ya hemos decidido el nombre del niño. Te (permitir, yo) ______________ que se lo (decir) ______________ a nuestros amigos.
4. Cristina está embarazada. Sabe si es niño o niña, pero le (prohibir) ______________ a su marido que nos lo (decir) ______________ antes del nacimiento.
5. David ya ha organizado el cumpleaños de Luis, pero no (querer) ______________ que él (saber) ______________ lo que vamos a hacer.

6. Quiero que nuestra boda sea perfecta. Le (rogar, a usted) ________ que (cuidar) ________ cada detalle.
7. Óscar tiene que hacer la lista de los invitados, pero no (conseguir, yo) ________ que me la (dar) ________ .
8. Te (suplicar, yo) ________ que no (avisar, tú) ________ a nadie de que nos vamos a casar. Es una sorpresa.
9. Juan (exigir) ________ que le (dar, ellos) ________ una fecha para la boda.
10. El alcalde (pedir) ________ que le (entregar, vosotros) ________ varios documentos antes de casaros.

Aciertos: ________ / 20

7 **Reproduce los sentimientos** 감정 재구성하기

Completa utilizando uno de los verbos indicados, como en el ejemplo.
주어진 동사를 활용하여 보기와 같이 빈칸을 채우세요.

parecer bien - odiar - entristecer - divertir

ej. • *¿Te entristece que Arturo y Nuria se casen?*
• *Al contrario, me alegro de que se casen.*

1. • ¿Te gusta que (organizar, ellos) ________ tu cumpleaños?
   • Al contrario, ________________ .
2. • ¿Os aburre que (celebrar, nosotros) ________ vuestros cumpleaños?
   • Al contrario, ________________ .
3. • ¿Le alegra a usted que su hija (divorciarse) ________ ?
   • Al contrario, ________________ .
4. • ¿Te parece mal que (casarse, ellos) ________ ?
   • Al contrario, ________________ .

Aciertos: ________ / 8

8 **Reproduce la información** 들은 내용 재구성하기

Escucha y responde a las preguntas. 잘 듣고 질문에 답하세요.

PISTA 17

1. ¿Qué celebra Roberto hoy?
   ____
2. ¿Hace mucho que se casaron Juanjo y Marga? ¿Qué quieren hacer ahora?
   ____
3. ¿Por qué está contenta Cristina?
   ____
4. ¿Qué iba a contarle a Lola? ¿Por qué no lo hizo? ¿Qué le dijo a Lola?
   ____
5. ¿Adónde no puede ir José? ¿Por qué?
   ____

Aciertos: ________ / 5

9 Refuerza los verbos 동사 강화하기

¿Qué haces en estas circunstancias? Marca la opción correcta.
주어진 상황에서 당신은 무엇을 하시겠습니까? 알맞은 답을 고르세요.

1. **Una amiga te dice que está embarazada.**
   a. La saludas.
   b. Le das el pésame.
   c. Le das la enhorabuena.

2. **Unos compañeros te anuncian que se casan.**
   a. Les das el pésame.
   b. Les das la enhorabuena.
   c. Los felicitas por su aniversario de boda.

3. **Alguien te anuncia que su padre ha fallecido.**
   a. Le das la enhorabuena.
   b. Le das el pésame.
   c. Le deseas un feliz cumpleaños.

4. **Hoy un amigo cumple 25 años.**
   a. Le das el pésame.
   b. Le deseas un feliz aniversario.
   c. Le deseas un feliz cumpleaños.

Aciertos: ______ / 4

10 Refuerza las expresiones 표현 강화하기

Relaciona. 알맞은 것끼리 연결하세요.

1. ¿Sabes qué? ¡Estoy embarazada!
2. Mi hermano ha muerto en un accidente.
3. Hoy es mi cumpleaños.
4. Luis se va a casar. Estamos organizando la boda.

a. ¡Felicidades!
b. ¡Qué divertido! ¿Qué vais a hacer?
c. ¡Mi más sentido pésame!
d. ¡Enhorabuena!

Aciertos: ______ / 4

TOTAL de aciertos: ______ / 77

1 2 3 AHORA TÚ
PRODUCCIÓN FINAL 최종 연습

Tu felicitación 당신의 축하

Acabas de enterarte de que una muy buena amiga tuya está embarazada. Escríbele una carta para felicitarla.
방금 전 당신은 당신의 친한 친구가 임신했다는 소식을 들었습니다. 친구에게 전하는 축하 편지를 써 보세요.

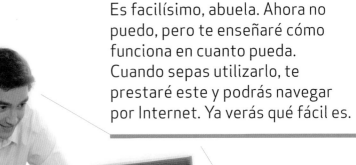

UNIDAD 14
Hablar de una acción futura
미래 행위에 대해 말하기

Nunca he utilizado un ordenador.

¿Tú crees que voy a aprender?

Es facilísimo, abuela. Ahora no puedo, pero te enseñaré cómo funciona en cuanto pueda. Cuando sepas utilizarlo, te prestaré este y podrás navegar por Internet. Ya verás qué fácil es.

¡Claro que vas a aprender!

pág. 140

1 ASÍ SE HABLA
FUNCIONES 기능

Hablar de una acción futura 미래 행위에 대해 말하기

1. Con expresiones de futuro 미래 표현의 사용

- Tengo que volver a casa cuanto antes.
  나는 가능한 한 빨리 집으로 돌아와야 한다.
- El autobús llega seguramente dentro de poco.
  조금 있으면 버스가 틀림없이 도착할 것이다.

2. Con ir a + infinitivo
가까운 미래와 미래의 의도를 표현하는 ir a + 동사 원형

- Primero te voy a enseñar cómo funciona un ordenador. 내가 우선 컴퓨터가 어떻게 작동하는지 너에게 설명할게.

3. Con el futuro simple 단순 미래

a. 미래 행위의 가능성을 표현할 때:
- Mañana iré a Madrid y compraré un nuevo ordenador.
  내일 나는 마드리드로 가서 새 컴퓨터를 살 것이다.

b. 현재나 미래와 관련하여 추측을 표현할 때:
- Mi ordenador no se enciende.
  내 컴퓨터가 켜지지 않는다.
  Estará estropeado. = Está seguramente estropeado. 고장 난 것 같다.

4. Con el presente de subjuntivo y expresiones como quizá (어쩌면)**, cuando** (…할 때)**, en cuanto** (…하자마자)**, tan pronto como** (…하자마자)**, esperar que** (…하기를 바라다)**, no creer que** (…라고 믿지 않다)**, ojalá** (제발)
나열된 표현과 함께 접속법 현재형의 사용

- ¿Has obtenido los datos? 너 자료를 구했니?
- Aún no, pero quizá los obtenga mañana.
  아직은 아니지만, 어쩌면 내일 구할 수 있을 거야.
- ¿Sabes a qué hora es la reunión?
  너는 회의가 몇 시인지 아니?
- Aún no lo sé, pero en cuanto lo sepa, te lo diré. 아직 모르지만, 알게 되면 바로 너에게 알려 줄게.
- ¿A qué hora llegará el cliente?
  고객이 몇 시에 도착할까?
- No lo sé, pero te llamaré en cuanto llegue.
  나도 모르겠어, 하지만 도착하면 바로 너에게 전화할게.
- ¿Tú crees que vendrá mañana?
  너는 그가 내일 올 거라고 믿니?
- ¡Ojalá venga! 제발 왔으면!

직·간접적으로 물을 때: Cuándo + 직설법
≠
정보를 줄 때: Cuando + 접속법
- ¿Cuándo vas a ir a Madrid? 너 언제 마드리드에 갈 거니?
- No sé cuándo voy a ir, pero cuando vaya, te avisaré.
  내가 언제 갈지 모르지만, 가게 되면 너에게 알려 줄게.

2 ASÍ ES
GRAMÁTICA 문법

El futuro simple 단순 미래

pág. 132

Verbos regulares 규칙 동사

	GRABAR 저장하다	MOVER 움직이다	REPRODUCIR 재현하다
yo	grabaré	moveré	reproduciré
tú	grabarás	moverás	reproducirás
él, ella, usted	grabará	moverá	reproducirá
nosotros, nosotras	grabaremos	moveremos	reproduciremos
vosotros, vosotras	grabaréis	moveréis	reproduciréis
ellos, ellas, ustedes	grabarán	moverán	reproducirán

Verbos irregulares 불규칙 동사

- caber 들어가다, 맞다 → cabr-
- decir 말하다 → dir-
- haber 있다 → habr-
- hacer 하다 → har-
- poder 할 수 있다 → podr-
- poner 넣다 → pondr-
- querer 원하다 → querr-
- saber 알다 → sabr-
- tener 가지다 → tendr-
- valer …의 가치가 있다 → valdr-
- venir 오다 → vendr-
- salir 나가다 → saldr-

\+ é / ás / á / emos / éis / án

어미가 동일한 동사들도 동일하게 동사 활용된다.
- deshacer 해체하다 → desharé, desharás...
- detener 멈추다 → detendré, detendrás...
- obtener 얻다 → obtendré, obtendrás...
- proponer 제안하다 → propondré, propondrás...

3 CON ESTAS PALABRAS
LÉXICO 어휘

La informática 컴퓨터 공학

1. El ordenador 컴퓨터

2. Los verbos 동사들

- abrir 열다
- aceptar 승인하다
- adjuntar 첨부하다
- almacenar 기억 장치에 보관하다
- bajarse = descargarse (데이터를) 내려받다
- borrar 지우다
- cancelar 취소하다
- cerrar 닫다
- chatear (el chat) 채팅하다 (채팅)
- conectar 연결하다
- configurar 설정하다
- convertir 전환하다
- copiar 복사하다
- grabar 저장하다
- guardar 보관하다
- hacer clic 클릭하다
- identificarse 본인 인증하다
- imprimir 프린트하다
- navegar 검색하다
- seleccionar 선택하다, 선별하다
- suscribirse 구독하다
- teclear 자판을 치다
- visualizar 시각화하다

1 **Reconoce las formas irregulares del futuro simple** 단순 미래 불규칙형 확인하기

Lee las frases, marca las formas del futuro simple e indica cuál es el infinitivo.
주어진 문장을 읽고 단순 미래형에 표시한 후 동사 원형을 쓰세요.

1. Yo creo que, cuando nos compremos el ordenador, habrá que instalar un antivirus.

   ____

2. Voy a intentar arreglarte el ordenador. Haré lo que pueda, pero no sé si voy a poder.

   ____

3. Ustedes no podrán conectarse a Internet con ese ordenador tan antiguo.

   ____

4. Por favor, cuando envíes ese correo, ¿me pondrás en copia a mí también?

   ____

5. No vayáis a la tienda, como veáis el nuevo modelo, querréis comprarlo, seguro.

   ____

6. ¿Tú crees que el técnico sabrá instalarnos el equipo informático?

   ____

7. No sé si nos cabrán todos los archivos en una sola memoria USB.

   ____

8. Me parece una impresora muy buena, pero valdrá mucho, ¿no?

   ____

9. Pregúntale a Tomás, él te dirá cuál es mejor.

   ____

10. Con este antivirus, si tienes un archivo infectado, te saldrá un aviso en la pantalla.

   ____

11. Algún día tendremos que cambiar los ordenadores viejos.

   ____

12. Imagino que el técnico vendrá mañana a revisar la impresora.

   ____

Aciertos: ________ / 12

2 **Recuerda las formas del futuro simple** 단순 미래형 기억하기

Completa con los verbos en futuro simple. 단순 미래형으로 빈칸을 채우세요.

1. Si me lo pides, te (añadir, yo) ____________ a mis contactos.
2. Mañana (bajar, nosotros) ____________ varias canciones de nuestros cantantes favoritos.
3. Seguro que después de cenar mis hijos (hacer) ____________ como siempre: (conectarse) ____________ a Internet, (llamar) ____________ a sus amigos y (chatear) ____________ durante horas.
4. La semana próxima (ir, yo) ____________ al centro y me (comprar) ____________ una tableta nueva.
5. Les (enseñar, vosotros) ____________ a los niños a utilizar el ordenador.

Aciertos: ________ / 9

3 Recuerda el léxico de la informática 컴퓨터 관련 어휘 기억하기

Encuentra la palabra correspondiente a cada imagen y completa el crucigrama.
주어진 이미지에 알맞은 단어를 찾아 낱말 퍼즐을 완성하세요.

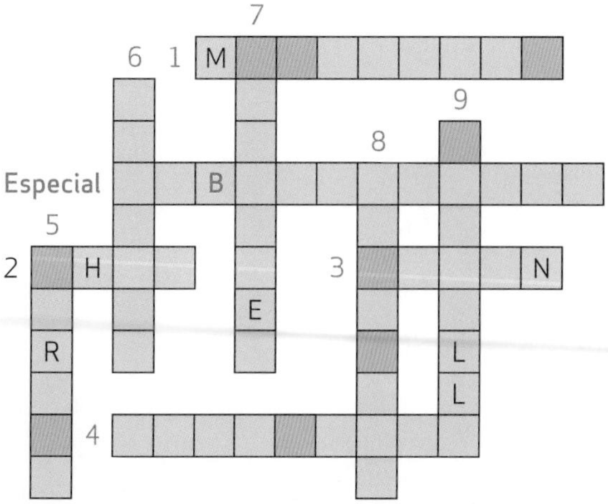

Horizontal:

Vertical:

Especial. Completa con las letras más oscuras y forma una palabra.

Aciertos: ______ / 10

4 Practica el léxico con las expresiones de futuro 미래 표현 어휘 연습하기

Responde a las preguntas, como en el ejemplo. 보기와 같이 질문에 답하세요.

ej. • *¿Qué vas a hacer esta tarde? (dormir la siesta, estudiar para el examen de Informática)*
• *Primero, voy a dormir la siesta y, luego, estudiaré para el examen de Informática.*

1. • ¿Qué piensas hacer hoy? (descargar unos datos, imprimirlos)
   • ______
2. • ¿Cómo va usted a grabar este documento? (seleccionarlo, hacer clic aquí)
   • ______
3. • ¿Qué vas a hacer después de comer? (conectarse, chatear con mi amigo brasileño)
   • ______
4. • ¿Cómo va usted a navegar en este sitio web? (identificarse, poder navegar)
   • ______
5. • ¿Qué vais a hacer con este documento? (configurarlo, grabarlo)
   • ______
6. • ¿Cómo le vas a enseñar a Ricardo a utilizar el ordenador? (explicar las bases, ir paso a paso)
   • ______
7. • ¿Cómo vas a formar parte de los contactos de Silvia? (pedir su dirección, añadirla a mis contactos)
   • ______
8. • ¿Qué vamos a hacer ahora? (crear un nuevo documento, guardarlo en un archivo)
   • ______

Aciertos: ______ / 8

5 Practica el futuro con los pronombres 미래형에서 대명사 위치 연습하기

Responde, como en el ejemplo. 보기와 같이 답하세요.

ej. *¿Vas a escribirle a Inés?* *Sí, le escribiré mañana.*

1. ¿Vas a bajar un antivirus? Sí, ______ mañana.
2. ¿Te vas a comprar una webcam? Sí, ______ el lunes.
3. ¿Van ustedes a corregir este documento ya? No, ______ más tarde.
4. ¿Le vas a configurar el ordenador a Alicia? Sí, ______ esta noche.
5. ¿Me puede usted instalar mi ordenador hoy? No, ______ mañana.
6. ¿Va usted a almacenar los datos en el disco duro? Sí, ______ todos.
7. ¿Vais a chatear con Manolo hoy? No, ______ otro día.

Aciertos: ______ / 7

6 Practica el subjuntivo con expresiones de futuro 미래 표현에서 접속법 연습하기

Contesta a las preguntas, como en el ejemplo. 보기와 같이 질문에 답하세요.

ej. • *¿Cuándo va a comprarse un ordenador? (tener dinero, él)*
• *Se lo comprará cuando tenga dinero.*

1. • ¿Cuándo me vas a enseñar a utilizar el ordenador? (tener tiempo, yo)
   • ______
2. • ¿Cuándo le vais a comprar una tableta a Manolito? (ser mayor, él)
   • ______
3. • ¿Cuándo van a acabar de imprimir los documentos? (comprar papel, ellos)
   • ______
4. • ¿Cuándo vas a mandarme el correo? (tener todos los datos útiles)
   • ______
5. • ¿Cuándo vamos a comprarnos una impresora? (necesitar, nosotros)
   • ______

Aciertos: ______ / 5

7 Reproduce la información 들은 내용 재구성하기

Escucha y responde a las preguntas. 잘 듣고 질문에 답하세요.

PISTA 18

1. ¿Qué quiere que le enseñe Manuel? ______
2. ¿Qué va a intentar hacer Rosa? ______
3. ¿Va a venir Rosa esta mañana? ______
4. ¿Qué hará Manuel si Rosa no lo consigue? ______
5. ¿Cuándo llamará Rosa? ______

Aciertos: ______ / 5

8 Refuerza el contraste entre el futuro simple y el presente de subjuntivo

단순 미래형과 접속법 현재형 비교 강화하기

Completa con los verbos en el tiempo adecuado. 알맞은 동사형으로 빈칸을 채우세요.

1. Quizá (chatear, yo) ______ un poco con Cristina después de clase.
2. Si tiene tiempo, Juan (ir) ______ a la tienda de informática esta tarde y (comprarse) ______ un ordenador nuevo.
3. El informático te (llamar, él) ______ en cuanto el ordenador (estar) ______ arreglado.
4. ¡Espero que (poder, ellos) ______ arreglarlo!
5. • ¿Crees que (costar) ______ mucho?
   • No, no creo que (ser) ______ muy caro.
6. Juan dice que nos (avisar) ______ en cuanto (saber) ______ si viene o no.
7. Mis padres me (regalar) ______ una tableta para mi cumpleaños. ¡Ojalá me (comprar) ______ el modelo que les enseñé!
8. • ¿Tú crees que (ser) ______ indispensable hacer una copia de seguridad?
   • No creo que (ser) ______ indispensable, pero sí creo que (ser) ______ mucho más prudente.
9. • ¿Cuándo (venir) ______ el informático?
   • No sé cuándo (venir) ______, pero espero que (ser) ______ rápidamente.
10. En cuanto (tener, yo) ______ una cuenta personal, te (dar) ______ mi nueva dirección y así (poder, tú) ______ mandarme tus fotos.

Aciertos: ______ / 21

TOTAL de aciertos: ______ / 77

1 2 3 AHORA TÚ
PRODUCCIÓN FINAL 최종 연습

Tus planes de trabajo 당신의 업무 계획

Tienes que hacer un trabajo en el ordenador. ¿Cómo lo vas a hacer? Explica cada etapa.
당신은 컴퓨터로 업무를 수행해야 합니다. 당신은 그것을 어떻게 할 건가요? 각 단계를 설명하세요.

______

______

______

______

______

______

EJERCICIOS

UNIDAD 15
Expresar la finalidad, la causa y la consecuencia
목적과 원인, 결과 표현하기

pág. 141

¡Qué tiempo! Antes hacía calor, ahora frío... Y, claro, me he resfriado. Es que tenía que sacar al perro y, como tenía prisa, he salido así. Y, como siempre lo dejo suelto para que corra, empezó a perseguir a un gato y tuve que correr detrás de él hasta que me ayudó un vecino. En fin, ahora en casa y con este jersey estoy bien.

1 ASÍ SE HABLA — FUNCIONES 기능
Expresar la finalidad, la causa y la consecuencia
목적과 원인, 결과 표현하기

1. Preguntar y expresar la finalidad 목적을 묻고 표현하기

- ¿Para qué tengo un perro? Para protegerme. 내가 무슨 목적으로 개를 키우냐고요? 나를 보호하기 위해서죠.
- Te lo digo para que lo sepas. 나는 네가 그것을 알도록 너에게 그것을 말한다.

2. Preguntar y expresar la causa 원인을 묻고 표현하기

- ¿Por qué no has salido hoy? 너는 오늘 왜 나가지 않았니?
- No me he llevado el paraguas porque no sabía que iba a llover. 나는 비가 내릴 것을 몰랐기 때문에 우산을 챙기지 않았거든.
- No puedo. Es que no tengo tiempo. 나는 못 해. 왜냐하면 시간이 없거든.
- Puesto que no sé si va a venir, no lo espero. 나는 그가 올지 안 올지 모르기 때문에, 그를 기다리지 않아.
- Ya que no ha llamado, supongo que no viene. 그가 전화하지 않은 것을 보면, 오지 않을 것 같아.
- Como llovía mucho, me he mojado. 비가 많이 내려서 나는 젖었다.
- Muchos animales mueren a causa de los pesticidas. 많은 동물들이 살충제 때문에 죽는다.
- No hemos jugado al fútbol por la lluvia. 우리는 비 때문에 축구 경기를 하지 않았다.
- Me he enterado de la situación gracias a este libro. 나는 이 책 덕분에 상황을 알게 되었다.
- Aparecen nuevas enfermedades debido a la contaminación. 오염으로 새로운 질병들이 나타난다.

3. Expresar la consecuencia de una acción 행위의 결과 표현하기

- No sabía que querías venir, por eso no te llamé. 나는 네가 오고 싶어 하는지 몰랐어. 그래서 너에게 전화하지 않았어.
- Pienso, luego existo. 나는 생각한다. 고로 존재한다.
- Hacía muy bueno, entonces, fuimos al parque. 날씨가 정말 좋아서 우리는 공원에 갔다.
- No me has llamado, así que no sabía si te interesaba. 네가 나에게 전화하지 않았어. 그래서 나는 네가 관심 있어 하는지 몰랐어.
- Hacía tanto calor que no podía dormir. 날씨가 너무 더워서 잘 수가 없었다.
- Lee tanto que le pican los ojos. 그는 책을 너무 많이 읽어서 눈이 따끔거린다.

2 ASÍ ES — GRAMÁTICA 문법
Para con infinitivo y con subjuntivo
동사 원형과 접속법을 사용하는 전치사 para

pág. 136

***Para* + infinitivo** para + 동사 원형

동사 2개의 주어가 동일인인 경우, para와 동사 원형을 사용한다.
Me había llevado (yo) un paraguas para protegerme (a mí mismo). (나는) (내 자신을) 보호하기 위해 우산을 가져갔다.

***Para que* + subjuntivo** para que + 접속법

동사의 주어가 다를 경우 para que와 접속법을 사용한다.
Te lo digo (yo) para que lo sepas (tú).
(네가) 그것을 알도록 (나는) 너에게 그것을 말한다.

Los animales y el medioambiente 동물과 자연환경

1. Las mascotas 반려동물

el gato 고양이

el perro 개

el hámster 햄스터

la tortuga 거북이

2. Los animales de la granja 가축

el pato 오리

el cerdo 돼지

la vaca 소

la oveja 양

el conejo 토끼

el caballo 말

el burro 당나귀

la gallina 암탉

3. Los animales salvajes 야생 동물

el lince 살쾡이

el zorro 여우

el lobo 늑대

el león 사자

la mariposa 나비

la rana 개구리

la araña 거미

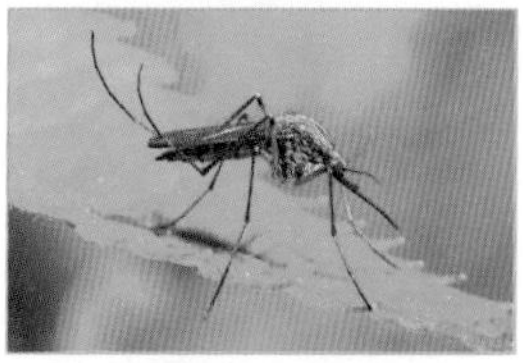
el mosquito 모기

el pájaro 새

el elefante 코끼리

el tigre 호랑이

la jirafa 기린

4. El medioambiente 자연환경

- la naturaleza 자연
- el reciclaje 재활용
- los pesticidas 살충제
- el planeta 지구
- la energía eólica 풍력 에너지
- la flora 식물군
- la biodiversidad 생물학적 다양성
- la energía solar 태양 에너지
- la contaminación 오염
- la fauna 동물군
- la energía nuclear 원자력 에너지
- la capa de ozono 오존층
- la protección del medioambiente 환경 보호

1 **Reconoce las expresiones** 표현 확인하기

Subraya la opción correcta. 알맞은 답을 고르세요.

1. He encontrado el camino de vuelta *para/es que/por eso/gracias/a causa* a mi perro.
2. Me he despertado temprano *para/es que/por eso/gracias/a causa* del ruido de la calle.
3. Tengo tres tortugas, *para/es que/por eso/gracias/a causa* compro tanta lechuga.
4. No quiero otro gato, *para/es que/por eso/gracias/a causa* ya tengo tres.
5. Ana quiere tener un caballo *para/es que/por eso/gracias/a causa* poder montarlo a diario.

Aciertos: ______ / 5

2 **Recuerda los nombres de los animales** 동물 명칭 기억하기

Completa el crucigrama con el nombre de los animales y encuentra el nombre de un animal con las letras marcadas. 동물 명칭으로 낱말 퍼즐을 완성하고, 보라색으로 표시된 칸의 글자로 이루어진 동물 명칭을 찾으세요.

Animal escondido: ☐ ☐ ☐ ☐ ☐ ☐

Aciertos: ______ / 23

3 Practica el léxico 어휘 연습하기

Completa las frases con estas palabras. 알맞은 단어를 사용하여 문장을 완성하세요.

energía eólica - fauna - pesticidas - salud - biodiversidad - medioambiente - flora - reciclaje - energía solar - contaminación - capa - ozono - planeta - naturaleza - protección

1. Es necesario limitar la utilización de los ______________ y proteger la ______________.
2. La ______________ es mala para la ______________ humana.
3. El agujero de la ______________ de ______________ está producido por los gases de efecto invernadero.
4. La protección del ______________ es indispensable.
5. Los biólogos estudian la ______________ y la ______________ del ______________.
6. La ______________ del medioambiente es una obligación para todos.
7. La ______________ es la producida por el viento.
8. Hay muchas empresas dedicadas al ______________ del cristal, el plástico, el papel...
9. En los países mediterráneos, que tienen muchas horas de sol, la ______________ es una buena solución.
10. Me preocupa que algunos animales salvajes, que viven en plena ______________, desaparezcan.

Aciertos: ________ / 15

4 Practica las expresiones de consecuencia con *tan* y *tanto* tan과 tanto로 결과 표현 연습하기

Completa con estas expresiones y con *que* cuando sea necesario.
알맞은 표현을 골라 문장을 완성하세요. 필요한 경우 que를 사용할 수 있습니다.

tan (x2) - tanta (x3) - tanto (x3) - tantas - tantos (x3)

1. Hoy en día hay muchos coches, ______________ las ciudades tienen problemas de atascos.
2. Ahora hay mucha contaminación, ______________ las fábricas tienen que tomar medidas.
3. Hay mucho tráfico. Hay ______________ es peligroso ir en bici.
4. Los agricultores utilizan muchos pesticidas. Utilizan ______________ contaminan la tierra.
5. El agua de este río está ______________ contaminada que no es buena para beber.
6. Llovió mucho. Llovió ______________ hubo inundaciones.
7. Hay mucha gente en esta calle. Hay ______________ no se puede pasear tranquilamente.
8. Para Juan la naturaleza es muy importante, ______________ quiere vivir en el monte.
9. Hay muchas flores en esta tienda. Hay ______________ no sé cuáles comprarle a mi madre.
10. El verano pasado la temperatura media fue muy alta, ______________ batió un nuevo récord.
11. Los pesticidas son ______________ peligrosos que hay que controlarlos.
12. Las causas de los problemas ecológicos son ______________ es difícil encontrar soluciones.

Aciertos: ________ / 8

5 Practica *para* con infinitivo o con subjuntivo para + 동사 원형 또는 접속법 연습하기

Forma frases con *para* o *para* que, como en el ejemplo. 보기와 같이 문장을 만드세요.

ej. *(Comprar, yo) electrodomésticos buenos - (consumir, ellos) poca energía*
Compro electrodomésticos buenos para que consuman poca energía.

1. (Ir, nosotros) al parque natural - (hacer, nosotros) muchas fotos

 ____

2. (Apagar, nosotros) la luz - (ahorrar, nosotros) energía

 ____

3. Te (dar, yo) a ti esta guía - (aprender, tú) a reciclar correctamente

 ____

4. No (comprar, ella) productos envasados - no (tirar, vosotros) mucho plástico a la basura

 ____

5. La energía solar y la eólica (ser) buenas - (preservar, ellas) el medioambiente

 ____

Aciertos: ______ / 5

6 Reproduce la conversación 의사소통 재구성하기

Escucha y marca verdadero o falso. 잘 듣고 참 · 거짓을 고르세요.

PISTA 19

	V	F
1. Luis pudo salir al monte a pesar de la lluvia.	☐	☐
2. Ya que se quedó en casa, ordenó sus fotos.	☐	☐
3. Tiene muchas fotos porque ve muchos animales.	☐	☐
4. El domingo pudo ir al parque de Doñana gracias a Juan.	☐	☐
5. Había muchas olas debido al viento.	☐	☐
6. Sacó fotos de las olas.	☐	☐

Aciertos: ______ / 6

7 Refuerza el léxico 어휘력 강화하기

Lee las descripciones y di de qué animal se trata. 주어진 묘사를 읽고 알맞은 동물을 고르세요.

1. Soy pequeño, tengo cuatro patas, una cola y me gusta cuando me acarician.
 ¿Quién soy? a. una gallina b. un gato c. un mosquito

2. No tengo pelo, sino plumas, pero no vuelo. Doy huevos.
 ¿Quién soy? a. un perro b. un tigre c. una gallina

3. No tengo ni pelo ni plumas y soy muy lenta.
 ¿Quién soy? a. una tortuga b. una mariposa c. una jirafa

4. Tengo unas orejas muy largas y me gustan las zanahorias.
 ¿Quién soy? a. un pato b. un cerdo c. un conejo

Aciertos: ______ / 4

8 Refuerza las palabras del medioambiente 자연환경 관련 어휘력 강화하기
Marca el intruso. 다음 중 어울리지 않는 단어를 고르세요.

1. contaminación - salud - gases - pesticidas
2. biodiversidad - pesticidas - naturaleza - fauna
3. contaminación - pesticidas - flora - problema ecológico
4. protección del medioambiente - gases - energía eólica - energía solar

Aciertos: ______ / 4

9 Refuerza las expresiones 표현 강화하기
Subraya la expresión adecuada. 알맞은 답을 고르세요.

1. Hay muchos árboles en este parque. *Por eso/Para eso/Pues* hay muchos pájaros.
2. Las abejas desaparecen *por/gracias a/porque* los pesticidas utilizados en la agricultura.
3. El archipiélago de las Galápagos es un lugar único, *así que/ya que/por eso* en sus islas viven especies animales únicas. *Gracias a/Ya que/Por eso* la dirección del parque establece de manera muy estricta la cantidad de turistas admitidos. *Luego/Por eso/Gracias a* estas normas, la fauna está protegida y se puede reproducir.
4. Yo creo que la energía solar es una buena alternativa, *como/ya que/puesto que* no contamina.
5. ¡Me encanta la naturaleza! *Así que/Por lo tanto/Debido a* quiero matricularme en Biología.
6. *Luego/Como/Porque* los pesticidas son malos para el medioambiente, debemos limitarlos.
7. Fuimos al bosque a observar los pájaros, pero no pudimos ver nada *porque/por/pues* la niebla.
8. Llovía demasiado para poder sacar fotos. *Por/Entonces/Por lo tanto* nos quedamos en casa.
9. El lince ibérico está en peligro de extinción, *ya que/por eso/luego* está prohibido cazarlo.
10. El planeta es frágil: *por eso/a causa/porque* hay que preservar la biodiversidad.

Aciertos: ______ / 12

TOTAL de aciertos: ______ / 86

1 2 3 AHORA TÚ
PRODUCCIÓN FINAL 최종 연습

Di tu opinión 당신의 의견

Y tú, ¿qué piensas? ¿Es importante preservar el medioambiente? ¿Por qué?
당신은 어떻게 생각하나요? 자연환경 보존이 중요한가요? 그 이유는 무엇인가요?

______
______
______
______
______
______

B1 DELE

PREPARA TU EXAMEN 5

unidades 13 a 15
시험 준비하기 5

13과 ~ 15과

1 Vas a escuchar a seis personas hablando de sus deseos. Después, selecciona el enunciado que corresponde a cada persona. Hay diez enunciados, pero debes seleccionar solo seis.
자신의 소망에 대해 이야기하는 6명의 이야기를 듣고, 알맞은 문장과 짝 지으세요. 10개의 문장 중 6개만 고를 수 있습니다.

PISTA 20

Persona	Enunciado
Persona 1	
Persona 2	
Persona 3	
Persona 4	
Persona 5	
Persona 6	

Enunciados

1. Le encanta la primavera, por las flores, los días de lluvia y sol, el fin del invierno.
2. Le pide a su compañera que le envíe algo por e-mail.
3. Es muy solidaria con los problemas de los pobres.
4. Le gusta que vengan sus amigos a ver un partido en la tele a su casa y prepararles algo para picar.
5. Le gusta trabajar en el jardín con su ordenador portátil.
6. Le molestan los impuntuales, porque él es muy puntual.
7. Le interesan mucho la informática, los ordenadores... Es un fan de las nuevas tecnologías.
8. Se va de vacaciones.
9. No le gustan las conversaciones intelectuales, de mucho pensar, prefiere ir a una fiesta.
10. Le gusta dormir después de comer y le molesta que le despierten.

2 Lee este guion de una conferencia sobre el medioambiente y complétalo con los verbos en la forma y el tiempo adecuados. Luego, responde a las preguntas.
자연환경에 대한 강연 대본을 읽고 알맞은 동사형으로 문장을 완성하세요. 그리고 질문에 답하세요.

Un futuro terrible espera al planeta por el cambio climático

Antes que nada, (1) (querer, yo) ________ agradecerles su presencia. Me (2) (alegrar, yo) ________ de que este tema (3) (interesar) ________ a tantas personas.

Como bien (4) (saber, ustedes) ________ , los científicos (5) (advertir) ________ que si no se (6) (tomar) ________ rápidamente medidas contra el cambio climático, la humanidad (7) (sufrir) ________ fenómenos catastróficos que (8) (ir) ________ desde la destrucción de ciudades costeras hasta olas de calor y sequías. Estas (9) (ser) ________ algunas de las consecuencias que (10) (observar, nosotros) ________ en los próximos años. Según los científicos, (11) (ser) ________ importante llegar a un acuerdo internacional que (12) (permitir) ________ limitar el calentamiento del planeta. En el caso contrario, las consecuencias (13) (ser) ________ múltiples. A continuación, (14) (ir, nosotros) ________ a analizar algunas de estas.

1) El aumento de temperatura

(15) (Ser) ______ probable que la temperatura de la Tierra (16) (aumentar) ______ varios grados de aquí a fin de siglo. Si las emisiones (17) (continuar) ______ al ritmo actual, el calentamiento del planeta (18) (producir) ______ impactos graves e irreversibles.

2) La elevación del nivel de los océanos

La desaparición de los glaciares (19) (ser) ______ una de las consecuencias del calentamiento global. Si no se (20) (tomar) ______ medidas para reducir las emisiones de gases de efecto invernadero y, si nada (21) (cambiar) ______ de aquí a 2100, el nivel de los océanos se (22) (elevar) ______ entre 26 y 82 centímetros con relación al del periodo 1986-2005. Además, el deshielo en Groenlandia y la Antártida se (23) (estar) ______ acelerando y los océanos se (24) (estar) ______ calentando y dilatándose. Si la temperatura mundial (25) (aumentar) ______ dos grados, las zonas en las que (26) (vivir) ______ actualmente 280 millones de personas (27) (quedar) ______ bajo el agua.

3) Fenómenos meteorológicos extremos

Las lluvias torrenciales, los huracanes, las olas de frío o de calor extremo (28) (volverse) ______ más frecuentes. El calentamiento (29) (provocar) ______ sequías e inundaciones devastadoras. Es probable que se (30) (destruir) ______ viviendas y cosechas y que la población (31) (tener) ______ que huir. Esta situación (32) (provocar) ______ una crisis humanitaria. No cabe duda de que la falta de agua (33) (provocar) ______ guerras o migraciones masivas. La población de las zonas más afectadas (34) (convertirse) ______ en refugiados climáticos.

Preguntas

1. ¿Por qué está satisfecho el conferenciante al empezar su conferencia?
2. ¿Son suficientes los esfuerzos que se han hecho hasta ahora para limitar el efecto invernadero?
3. ¿Son los científicos optimistas o pesimistas en cuanto al futuro del planeta? ¿Por qué?
4. ¿Por qué piensan los científicos que el calentamiento global puede provocar una crisis humanitaria?
5. ¿Por qué temen nuevas guerras en el futuro?

3 **Escribe ahora el guion de una presentación sobre un tema de interés. Calcula que tienes que hablar durante unos dos minutos.** 이제 당신이 관심이 있는 주제에 대해 약 2분 동안 말할 수 있는 분량으로 강연 대본을 쓰세요.

______

______

______

______

______

______

UNIDAD 16
Expresar el inicio, la continuidad o el final de una acción 행위의 시작과 지속, 끝을 표현하기

• Hola, Ana. ¿Sigues trabajando?

• No, ya he dejado de trabajar. Acabo de salir de la oficina y voy para allá. ¿Lleváis mucho tiempo esperando?

• No, no, yo solo llevo diez minutos y Carmen acaba de llegar, así que tranquila. Te esperamos.

pág. 141

1 ASÍ SE HABLA FUNCIONES 기능
Preguntar e informar sobre acciones
행위에 대해 질문하고 정보 제공하기

1. Indicar cuándo empieza y termina una acción 행위의 시작과 끝 말하기

- ¿Cuándo has llegado? 너 언제 도착했니?
- Acabo de llegar. 지금 막 도착했어.
- ¿Desde cuándo estudias español?
  너는 언제부터 스페인어를 공부했니?
- He empezado a estudiar español este año.
  나는 올해 스페인어를 공부하기 시작했어.
- Me puse a estudiar español cuando supe que me iba a Puerto Rico.
  나는 내가 푸에르토리코로 가게 될 거라는 걸 알았을 때 스페인어를 공부하기 시작했어.
- Llevo estudiando español un año.
  나는 1년째 스페인어 공부를 하고 있어.

2. Indicar la continuación y la repetición 지속과 반복 말하기

- ¿Sigues trabajando en la misma empresa que antes?
  너는 전과 같은 회사에서 계속 일하고 있니?
- Sí, sigo trabajando allí.
  응, 나는 그곳에서 계속 일하고 있어.
- No, dejé de trabajar allí hace un año.
  아니, 거기는 일 년 전에 그만뒀어.
- No, he vuelto a trabajar en la empresa de mis padres.
  아니, 나는 부모님 회사에서 다시 일하고 있어.

대명사는 절대 동사들 사이에 위치하지 않는다. 동사구 앞이나 뒤에 올 수 있으며, 뒤에 올 때는 동사 원형이나 현재 분사와 한 단어처럼 붙여서 사용한다. no는 항상 동사 앞에 위치한다.

2 ASÍ ES GRAMÁTICA 문법
Las expresiones verbales con infinitivo y gerundio 동사 원형과 현재 분사를 사용하는 동사 관용구

pág. 134

Funciones 기능

El inicio de una acción 행위의 시작	*empezar/comenzar a* + 동사 원형: 행위의 시작을 나타낸다.	He empezado a leer esta novela esta mañana. 오늘 아침 나는 이 소설을 읽기 시작했다.
	ponerse a + 동사 원형: 자발적인 행위의 시작을 나타낸다.	Cuando llegué a casa, me puse a estudiar para el examen. 나는 집에 도착했을 때 시험공부를 시작했다.
	echarse a + 동사 원형: 일반적으로 어떤 상황에 대한 반응과 같은 갑작스러운 행위의 시작을 나타낸다.	Cuando se escuchó el ruido, el niño se echó a llorar. 소음이 들렸을 때, 아이가 갑자기 울기 시작했다.

La repetición de una acción 행위의 반복	*volver a* + 동사 원형: 행위의 반복을 나타낸다.	Juan no está en casa, lo volveré a llamar mañana. 후안은 집에 없다. 나는 내일 그에게 다시 전화할 것이다.
La continuación de una acción 행위의 지속	*seguir* + 현재 분사: 오래전에 시작된 행위의 지속을 나타낸다. *llevar* + 현재 분사: 행위가 얼마나 오랫동안 지속되었는지 나타낸다. *quedarse* + 현재 분사: 행위의 지속 상태를 나타낸다. *ir* + 현재 분사: 점진적인 행위를 나타낸다.	Ha empezado esta mañana y sigue lloviendo. 오늘 아침 비가 내리기 시작해서 계속 내리고 있다. Ana lleva dos meses trabajando en este proyecto. 아나는 이 프로젝트에서 2달째 일하고 있다. Se quedó estudiando hasta las 22:00. 그는 밤 10시까지 공부하고 있었다. Mi abuelo se va haciendo mayor. 나의 할아버지는 점점 나이가 들어간다.
El final de una acción 행위의 끝	*acabar de* + 동사 원형: 조금 전 행위가 끝났음을 나타낸다. *dejar de* + 동사 원형: 행위가 끝나 이제 더 이상 실현되지 않음을 나타낸다.	Son las 8:00. Juan ha llegado a las 7:55. Juan acaba de llegar. 지금은 8시다. 후안이 7시 55분에 도착했다. 후안은 방금 도착했다. Antes viajábamos mucho. Pero ahora ya no. Dejamos de viajar cuando nacieron los gemelos. 전에 우리는 여행을 많이 다녔다. 하지만 지금은 아니다. 쌍둥이가 태어났을 때 우리는 여행을 그만두었다.

3

CON ESTAS PALABRAS

LÉXICO 어휘

Las expresiones verbales 동사 관용구

Son las 8:32 y nuestro avión acaba de despegar.
지금은 8시 32분이고 우리 비행기는 방금 이륙했다.

El sol se está poniendo: empieza a hacerse de noche.
해가 지고 있다. 어두워지기 시작한다.

Antes fumaba mucho, pero afortunadamente ha dejado de fumar.
전에는 담배를 많이 피웠지만, 다행히 담배를 끊었다.

Han arreglado el tejado, pero sigue entrando agua en casa.
지붕을 고쳤지만 계속해서 집에 물이 들어온다.

Ha vuelto a escribir la carta varias veces, pero no le gusta cómo queda.
그는 여러 번 편지를 다시 썼지만, 편지 상태가 마음에 들지 않았다.

El niño se cayó y se echó a llorar.
아이가 넘어져 갑자기 울기 시작했다.

Las niñas van creciendo, cada día están más altas.
아이들은 점점 자라난다. 하루가 다르게 키가 큰다.

Nos quedamos viendo la tele hasta muy tarde.
우리는 아주 늦게까지 TV를 봤다.

Lleva mucho tiempo esperando y su pareja no viene. 그는 오랫동안 기다리고 있지만, 그의 연인은 오지 않는다.

EJERCICIOS

1 Reconoce la forma de las expresiones verbales 동사 관용구 확인하기

Subraya la opción correcta. 알맞은 답을 고르세요.

1. Juan empieza *a/de/ø* trabajar.
2. El niño no deja *a/de/ø* gritar.
3. Aún no he empezado *a/de/ø* leer este libro.
4. Con las medicinas, fui *a/de/ø* mejorando poco a poco.
5. Íñigo no quiere volver *a/de/ø* comer carne.
6. Llevas una hora *a/de/ø* hablando por teléfono.
7. La niña se echó *a/de/ø* llorar.
8. Sigue *a/de/ø* lloviendo.
9. Sandra acaba *a/de/ø* llegar.
10. Ayer me quedé *a/de/ø* estudiando hasta muy tarde.
11. Se puso *a/de/ø* llover justo cuando salíamos.

Aciertos: .... / 11

2 Recuerda el significado de las expresiones verbales 동사 관용구의 의미 기억하기

Relaciona las expresiones con su uso. 알맞은 것끼리 연결하세요.

1. *acabar de* + infinitivo	a. Indica el final de una acción.
2. *empezar/comenzar a* + infinitivo	b. Indica el inicio de una acción de forma brusca.
3. *dejar de* + infinitivo	c. Indica que una acción se ha realizado hace poco tiempo.
4. *seguir* + gerundio	d. Indica la continuidad de una acción empezada mucho antes.
5. *volver a* + infinitivo	e. Indica el comienzo de una acción.
6. *echarse a* + infinitivo	f. Indica una acción progresiva.
7. *ponerse a* + infinitivo	g. Indica la repetición de una acción.
8. *llevar* + gerundio	h. Indica el comienzo de una acción de forma voluntaria.
9. *ir* + gerundio	i. Indica la continuidad de una acción larga.
10. *quedarse* + gerundio	j. Indica cuánto tiempo hace que se realiza una acción.

Aciertos: .... / 10

3 Practica las expresiones 표현 연습하기

Completa con la expresión verbal adecuada, en el tiempo y modo correspondientes.
주어진 동사 관용구를 알맞게 변형하여 빈칸을 채우세요.

acabar - echarse - empezar - llevar - dejar (x2) - ponerse - volver - seguir

1. • Oye, Antonia, ¿.............................. practicando la escalada?
   • Uy, no. .... de escalar. Hace meses que no voy a la montaña.

2. • El partido ______ de empezar cuando ______ a llover.
   • ¿Y llovió mucho?
   • No, ______ de llover a los cinco minutos y salió el sol.
3. • ¿Cuánto tiempo (tú) ______ jugando al baloncesto?
   • Por lo menos diez años.
4. • ¿Por qué ______ a llorar la niña?
   • Porque dice que no quiere ______ a hacer el ejercicio. Está cansada de repetirlo tantas veces.
5. ¡Qué cansado estoy! ______ a estudiar a las 16:00 y ya son las 23:00.

Aciertos: ______ / 9

4 **Reproduce la información** 들은 내용 재구성하기

Escucha y contesta a las preguntas utilizando la expresión adecuada.

잘 듣고 알맞은 표현을 사용하여 질문에 답하세요.

PISTA 21

1. ¿Han sido agradables las vacaciones de Lola? ¿Por qué?
   ______
2. ¿Por qué está tan cansado Pedro?
   ______
3. ¿Cuánto tiempo lleva viviendo Carlota en Madrid?
   ______
4. ¿Lleva Mario mucho tiempo esperando a Laura?
   ______
5. ¿Por qué no se presentó José al examen?
   ______

Aciertos: ______ / 5

5 **Refuerza las formas de las expresiones verbales** 동사 관용구의 형태 강화하기

Completa con los verbos en la forma adecuada, como en el ejemplo.

보기와 같이 알맞은 동사형으로 빈칸을 채우세요.

ej. *El tren (acabar de-llegar) acababa de llegar cuando llegué a la estación.*

1. El bebé aún no se ha despertado. (Llevar-dormir) ______ una hora.
2. Cuando lo llamé anoche, Pepe no había terminado el trabajo. Por eso (seguir-trabajar) ______.
3. Los obreros (comenzar a-arreglar) ______ la línea de metro el mes pasado y aún no han acabado.
4. Hoy ha hecho frío todo el día. No (dejar de-nevar) ______ en todo el día.
5. Mi hijo está aprendiendo a escribir y a leer. Poco a poco (ir-reconocer) ______ las letras del alfabeto.

6. No entiendo a José. Sabe que no me gusta levantarme temprano, pero hoy (volver a-poner) ________________ la reunión a las 8:00.
7. Normalmente, los niños (ponerse a-estudiar) ________________ después de la merienda.
8. No sé dónde está Paco. Creo que (acabar de-irse) ________________ .
9. Estábamos viendo una película en la televisión, cuando, de repente, Estrella (echarse a-llorar) ________________ .
10. • ¿Ya (empezar a-leer, vosotros) ________________ la novela que el profesor nos ha mandado?
    • No, todavía no.

Aciertos: ________ / 10

6 Reconoce el uso de las expresiones verbales 동사 관용구 용법 확인하기
Subraya la opción correcta. 알맞은 답을 고르세요.

1. Felipe *se puso a/dejó de* estudiar porque tenía un examen.
2. No *me he quedado viendo/he vuelto a ver* a Juan desde que se mudó.
3. No tengo mucho tiempo, pero quiero *dejar de/empezar a* estudiar inglés.
4. Cuando *siguió/empezó a* nevar, todos salimos al patio.
5. De repente, Juan *se echó a/dejó de* correr a toda velocidad.
6. A las 5:00 *empieza a/sigue* amanecer.
7. ¡Estoy harta! *Llevo/Sigo* dos horas esperando a Juan.
8. La salud de Juan *empieza a/va* mejorando.
9. Está muy contenta porque su novio *acaba de/se puso a* llamarla para invitarla a una fiesta.
10. Dice Juan que siempre *volverá/seguirá* pensando en Lola.

Aciertos: ________ / 10

7 Refuerza el significado de las expresiones verbales 동사 관용구의 의미 강화하기
Selecciona la opción correcta. 알맞은 답을 고르세요.

1. a. Acabo de llegar a casa.
   b. Sigo llegando a casa.
   c. Las dos frases son correctas.

2. a. Justo cuando iba a salir, empezó a llover.
   b. Justo cuando iba a salir, dejó de llover.
   c. Las dos frases son correctas.

3. a. Llevo estudiando toda la tarde.
   b. Acabo de estudiar dos horas.
   c. Las dos frases son correctas.

4. a. Cuando se enteró de la noticia, se echó a llorar.
   b. Cuando se enteró de la noticia, se puso a llorar.
   c. Las dos frases son correctas.

5. a. ¿Se echa usted a trabajar en la misma empresa?
   b. ¿Vuelve usted a trabajar en la misma empresa?
   c. Las dos frases son correctas.

6. a. Poco a poco vamos reduciendo los gastos.
   b. Seguimos reduciendo los gastos.
   c. Las dos frases son correctas.

7. a. No he vuelto a hablar con Ana.
   b. Llevo dos años no hablando con Ana.
   c. Las dos frases son correctas.

8. a. Acaban de anunciar los resultados de las elecciones.
   b. Han dejado anunciando los resultados de las elecciones.
   c. Las dos frases son correctas.

9. a. Mi hijo sigue llorando cuando ve que no me quedo con él en la escuela.
   b. Mi hijo siempre se echa a llorar cuando me voy.
   c. Las dos frases son correctas.

10. a. Los estudiantes dejan haciendo los exámenes.
    b. Los estudiantes siguen haciendo exámenes.
    c. Las dos frases son correctas.

Aciertos: ______ / 10

TOTAL de aciertos: ______ / 65

1 2 3 AHORA TÚ
PRODUCCIÓN FINAL 최종 연습

Cuenta tus actividades
당신의 활동

Explica algunas actividades de tu vida y utiliza las expresiones verbales.
동사 관용구를 사용하여 당신이 일상생활에서 주로 하는 활동을 설명하세요.

____
____
____
____
____
____

UNIDAD 17
Dar un consejo 조언하기

Estoy leyendo un artículo muy interesante. Yo, en tu lugar, lo leería, da una información muy útil. Lo ha redactado un reportero que ha estado grabando unos documentales para un programa de televisión en Hispanoamérica y ha escrito un artículo en una revista científica sobre su experiencia. ¿Te gustaría leerlo?

pág. 141

1 ASÍ SE HABLA
FUNCIONES 기능 — Pedir y dar consejo 조언 구하기와 조언하기

1. Pedir consejo 조언 구하기

- ¿Qué harías en mi lugar?
  네가 나라면 어떻게 하겠니?
- ¿Qué me aconsejas?
  너는 나에게 어떻게 조언하겠니?

2. Dar un consejo 조언하기

- Yo, en tu lugar, leería este artículo.
  내가 너라면 이 기사를 읽을 거야.
- Te aconsejo que leas este artículo.
  나는 너에게 이 기사를 읽을 것을 조언해.

2 ASÍ ES
GRAMÁTICA 문법 — El condicional simple 단순 조건

pág. 132

Verbos regulares 규칙 동사

	HABLAR 말하다	COMER 먹다	VIVIR 살다
yo	hablaría	comería	viviría
tú	hablarías	comerías	vivirías
él, ella, usted	hablaría	comería	viviría
nosotros, nosotras	hablaríamos	comeríamos	viviríamos
vosotros, vosotras	hablaríais	comeríais	viviríais
ellos, ellas, ustedes	hablarían	comerían	vivirían

어미가 동일한 동사들도 동일하게 동사 활용된다.
- deshacer 해체하다 → desharía, desharías...
- detener 멈추다 → detendría, detendrías...
- obtener 얻다 → obtendría, obtendrías...
- proponer 제안하다 → propondría, propondrás...

Verbos irregulares 불규칙 동사

- caber 들어가다, 맞다 → cabr-
- decir 말하다 → dir-
- haber 있다 → habr-
- hacer 하다 → har-
- poder 할 수 있다 → podr-
- poner 넣다 → pondr-
- querer 원하다 → querr-
- saber 알다 → sabr-
- tener 가지다 → tendr-
- valer …의 가치가 있다 → valdr-
- venir 오다 → vendr-
- salir 나가다 → saldr-

\+ ía / ías / ía / íamos / íais / ían

Uso del condicional simple 단순 조건 용법

1. 조언하기
   Yo, en tu lugar, llamaría a Juan ahora mismo.
   내가 너라면 지금 당장 후안을 부를 것이다.
2. 바람 표현하기
   Me gustaría escuchar este programa.
   나는 이 프로그램을 듣고 싶다.
3. 정중하게 요청하기
   ¿Podría ayudarme?
   저를 도와주실 수 있습니까?
4. 행동 제안하기
   ¿Querrías venir a la fiesta con nosotros?
   너 우리와 함께 파티에 갈래?

3 CON ESTAS PALABRAS
LÉXICO 어휘

Los medios de comunicación 대중 매체

Lee las noticias del día en el periódico mientras toma un café. 그녀는 커피를 마시면서 신문에서 그날의 뉴스를 읽는다.

Lee un artículo en una revista durante un descanso. 그는 휴식하는 동안 잡지에서 기사를 읽는다.

La presentadora da las noticias en el telediario de la noche. 앵커가 저녁 뉴스에서 뉴스를 전한다.

Una reportera y un cámara graban un documental. 리포터와 카메라맨이 다큐멘터리를 촬영한다.

Una periodista hace una entrevista a un invitado para la televisión. 기자가 초대 손님에게 텔레비전 인터뷰를 한다.

Dos locutores de radio preparan un programa en la emisora. 두 명의 라디오 아나운서가 방송국에서 프로그램을 준비한다.

Un cámara de televisión graba un programa musical en el estudio. 텔레비전 방송의 카메라맨이 스튜디오에서 음악 프로그램을 녹화한다.

Van a poner la televisión para ver juntos una película. 그들은 함께 영화를 보기 위해 텔레비전을 켤 것이다.

1 **Reconoce las formas del condicional** 단순 조건의 형태 확인하기

Relaciona los pronombres con las formas. Atención, hay dos pronombres que debes relacionar con la misma forma. 주어진 주격 인칭 대명사를 알맞은 동사형과 연결하세요. 이 중 2개는 같은 형태와 연결되니 주의하세요.

1. yo
2. tú
3. él, ella, usted
4. nosotros, nosotras
5. vosotros, vosotras
6. ellos, ellas, ustedes

a. tendríamos
b. escucharíais
c. comería
d. volverían
e. dirías

Aciertos: ______ / 6

2 **Recuerda las formas del condicional** 단순 조건의 형태 기억하기

Completa el crucigrama con los verbos en la forma adecuada del condicional simple.
알맞은 형태의 단순 조건으로 십자말풀이를 완성하세요.

Horizontal:

1. querer, yo
2. valer, él
3. escribir, usted
4. salir, tú
5. deshacer, yo
6. reconocer, ellos
7. ver, ella
8. ir, tú
9. encontrar, usted
10. poner, nosotros
11. ir, vosotras

Vertical:

12. tener, vosotros
13. escuchar, nosotros
14. comer, yo
15. volver, ella
16. decir, yo
17. saber, tú
18. rodar, usted
19. leer, yo
20. grabar, nosotros

Aciertos: ______ / 20

3 Practica las formas del condicional 단순 조건의 형태 연습하기

Completa las frases con el mismo verbo en condicional. 문장에 쓰인 동사를 단순 조건으로 사용하여 문장을 완성하세요.

1. Dices que este periódico es muy bueno, pero yo no ______ que es tan bueno.
2. Quieren ser actores, porque ______ ser famosos.
3. No invito a Juan a la fiesta, pero ______ con mucho gusto a sus hermanos.
4. Ven el mismo programa a diario. Yo mejor ______ otro.
5. Anabel sale todas las noches. Yo no ______ tanto.
6. Se oye mal. Se ______ mejor con una radio de mayor calidad.
7. No puedo grabar el disco, pero con un aparato más moderno ______ hacerlo.
8. Ahora conoce a muchos actores, pero sin la tele, no ______ a tantos.
9. Hablas demasiado. Yo, en tu lugar, ______ menos.
10. Hoy en día podemos ver imágenes del mundo entero, pero no ______ verlas sin la tecnología.

Aciertos: ______ / 10

4 Practica el verbo *gustar* en condicional gustar 동사의 단순 조건 연습하기

Transforma las frases, como en el ejemplo. 보기와 같이 문장을 변형하세요.

ej. *Quiero ir al cine.* *Me gustaría ir al cine.*

1. Quieres comprarte una nueva televisión. ______
2. Quiero escuchar un programa cultural. ______
3. Quieren leer este artículo. ______
4. Queremos grabar este documental. ______
5. Usted quiere presentar el telediario. ______
6. Queréis suscribiros a esa revista. ______
7. Quiero escuchar las noticias. ______
8. Queremos ser periodistas. ______

Aciertos: ______ / 8

5 Practica el verbo *preferir* en condicional preferir 동사의 단순 조건 연습하기

Responde a las preguntas, como en el ejemplo. 보기와 같이 질문에 답하세요.

ej. *¿Quieres ver esta película en casa? (ir al cine)* *No, preferiría ir al cine.*

1. ¿Quieres comprar este periódico? (esta revista) No, ______
2. ¿Quiere usted ser locutor de radio? (reportero) No, ______
3. ¿Queréis leer este artículo ahora? (ver el telediario) No, ______
4. ¿Quieren ellas ver la tele? (oír la radio) No, ______
5. ¿Quieren ustedes grabar un documental? (una película) No, ______

Aciertos: ______ / 5

EJERCICIOS

6 Practica las expresiones de pedir en condicional 단순 조건으로 요청 표현 연습하기

Transforma, como en el ejemplo. 보기와 같이 문장을 변형하세요.

ej. *¿Me puede ayudar?* *¿Me podría ayudar?* *¿Podría ayudarme?*

1. ¿Me puedes despertar a las 6:00? ________ ________
2. Señora Gómez, ¿le puedo hacer una pregunta? ________ ________
3. ¿Me puedes hacer el favor de avisar a Elena? ________ ________
4. ¿Nos podéis recoger a los niños? ________ ________
5. ¿Me puedes prestas tu teléfono? ________ ________
6. ¿Te pueden cambiar el canal? ________ ________
7. ¿Me puede dejar su bolígrafo? ________ ________
8. ¿Nos puedes sacar una foto? ________ ________
9. ¿Me puede decir la hora? ________ ________
10. ¿Nos pueden explicar la situación? ________ ________

Aciertos: ________ / 20

7 Practica las expresiones de consejo con el condicional 단순 조건으로 조언 표현 연습하기

Responde a las preguntas sin repetir los objetos directos e indirectos, como en el ejemplo.
보기와 같이 목적 대명사를 사용하여 질문에 답하세요.

ej. *¿Por qué no escuchas este programa?* *Yo, en tu lugar, lo escucharía.*

1. ¿Por qué no le dices la verdad a José? Yo, ________
2. ¿Por qué no pones la radio en la estantería? Yo, ________
3. ¿Por qué contáis el final de la película? Yo, ________
4. Señor Díaz, ¿por qué no le da este artículo a José? Yo, ________
5. ¿Por qué no publica este artículo? Mucha gente, ________
6. ¿Por qué no lees a diario el periódico? Nosotros, ________
7. ¿Por qué no ruedan la película en Galicia? El cineasta, ________
8. ¿Por qué no le compras este DVD a tu novia? Nosotras, ________
9. ¿Por qué no le devolvéis la cámara a Juan? Nosotros, ________
10. ¿Por qué no le presta usted el micrófono a Ana? Yo, ________

Aciertos: ________ / 10

8 Reproduce los consejos 조언 재구성하기

Escucha y responde utilizando el condicional. 잘 듣고 단순 조건으로 답하세요.

PISTA 22

1. ¿Qué haría Luis en el lugar de Ana? ________
2. ¿Qué harían ellos en el lugar de Juan? ________
3. ¿Qué haría el señor López en su lugar? ________
4. ¿Qué haría Ana en el lugar de José? ________
5. ¿Qué haría Felipe en el lugar de la señora Díaz? ________

Aciertos: ________ / 5

9 Refuerza el vocabulario 어휘력 강화하기

Completa las frases con la palabra adecuada. 알맞은 단어로 문장을 완성하세요.

prensa - cámara - micrófono - locutor - documental - noticia - revista - periodista - reportero - programa - artículo - telediario - película

1. El ______ que he leído sobre la política internacional fue publicado en esta ______ .
2. Juan es ______ . Trabaja para varios periódicos.
3. Aún no he visto la última ______ de este cineasta.
4. Oí esta ______ en el ______ de anoche.
5. Para grabar una película es necesario tener una ______ .
6. El ______ que presenta este ______ de radio habla muy bien.
7. La ______ escrita es el conjunto de las publicaciones periódicas y especialmente las diarias.
8. Ayer en la tele, vi un ______ sobre los animales de África.
9. No se oye lo que dice el periodista porque no funciona el ______ .
10. Antes de presentar el telediario, Felipe fue ______ de guerra durante muchos años.

Aciertos: ______ / 13

TOTAL de aciertos: ______ / 97

1 2 3 AHORA TÚ
PRODUCCIÓN FINAL 최종 연습

Tus consejos 당신의 조언

Tu amigo Carlos tiene muchos problemas:
1. Son las 20:00 y Carlos tiene que prepararse para unos exámenes, pero...
2. Su madre está resfriada. Necesita unas medicinas.
3. La clase de baile de su hermana menor acaba a las 21:00 y es demasiado pequeña para volver sola a casa.
4. Ha quedado con su novia a las 22:00.
Carlos no sabe cómo organizarse. Dale tus consejos. ¿Qué harías en su lugar?

당신의 친구 카를로스는 많은 어려움이 있습니다.
1. 지금은 저녁 8시이고, 카를로스는 시험 준비를 해야 하지만,
2. 그의 어머니가 감기에 걸렸습니다. 약이 필요합니다.
3. 여동생의 춤 수업이 밤 9시에 끝나는데, 동생이 혼자 집에 오기에는 너무 어립니다.
4. 그는 밤 10시에 여자 친구와 만나기로 했습니다.
카를로스는 어떻게 해결해야 할지를 모릅니다. 당신이 그에게 조언해 주세요. 당신이 카를로스라면 어떻게 하겠습니까?

______
______
______
______
______
______

UNIDAD 18
Reproducir el contenido de una conversación 대화 내용 재구성하기

Mira, he recibido un mensaje de Joaquín.

Dice que está trabajando en Nicaragua, con una beca de investigación sobre animales, y que está muy contento.

Y que si vamos a verle.

Que nos invita a ir a visitarle.

¿Y qué dice?

¡Qué suerte!

No entiendo, ¿qué quiere decir?

pág. 141

1 ASÍ SE HABLA
FUNCIONES 기능

Pedir que se repita una información 정보의 반복 요청하기

Pedir que alguien repita 반복 요청하기

- Perdón, ¿cómo dices?
  미안한데, 뭐라고 했어?
- No te he oído, ¿qué has dicho?
  나 네가 하는 말 못 들었는데, 뭐라고 말했니?
- No te entiendo, ¿qué quieres decir?
  이해가 안 돼. 무슨 의미야?
- Por favor, ¿puede repetir?
  부탁인데, 다시 말씀해 주시겠어요?

2 ASÍ ES
GRAMÁTICA 문법

El estilo indirecto 간접 화법

pág. 137

En presente 현재 시제

Frase afirmativa 긍정문

(Decir) Que + 직설법
- Quiero un libro sobre la fauna para mi hermana.
  나는 내 여동생을 위한 동물도감을 원해.
- ¿Qué dices? 뭐라고?
- (Digo) Que quiero un libro para mi hermana.
  내 여동생이 볼 책을 원한다고 (말하는 거야).

Pregunta 의문문

(Preguntar) Que si + 직설법
- ¿Tienes una cámara?
  너 카메라 있니?
- ¿Qué dices? 뭐라고?
- (Digo/Pregunto) Que si tienes una cámara.
  카메라가 있냐고 (말하는 거야/묻는 거야).

Orden 명령문

(Decir) Que + 접속법
- Elsa, ¡dame el libro!
  엘사, 나에게 책 줘!
- ¿Qué dices? 뭐라고?
- (Te digo) Que me des el libro.
  나에게 책을 달라고 (말하는 거야).

En pasado 과거 시제

Información presente 현재 내용

(Decir) que + 불완료 과거
- Tengo que llamar a José.
  나는 호세에게 전화해야 해.
- ¿Qué dijiste ayer?
  네가 어제 뭐라고 했지?
- (Dije) Que tenía que llamar a José. 호세에게 전화해야 한다고 (했어).

Información pasada 과거 내용

(Decir) que + 과거 완료
- Ayer envié la carta.
  나는 어제 편지를 보냈어.
- ¿Qué dijiste ayer?
  네가 어제 뭐라고 했지?
- (Dije) Que antes de ayer había enviado la carta.
  그저께 편지를 보냈다고 (했어).

Información futura 미래 내용

(Decir) que + 단순 조건
- Mañana no iré a la oficina.
  내일 나는 사무실에 가지 않을 거야.
- ¿Qué dijiste ayer?
  네가 어제 뭐라고 했지?
- (Dije) Que no iría a la oficina.
  사무실에 가지 않을 거라고 (했어).

La fauna latinoamericana 라틴 아메리카 서식 동물들

1. De la selva o el llano 밀림이나 평원

el flamenco 플라밍고

el loro 앵무새

el pelícano 펠리컨

el tucán 투칸

el armadillo 아르마딜로

el jaguar 재규어

el mono 원숭이

el puma 퓨마

2. De los ríos y lagunas 강과 늪

la anaconda 아나콘다

el caimán 카이만

la piraña 피라냐

3. Del mar 바다

la ballena 고래

el delfín 돌고래

el tiburón 상어

la tortuga 거북이

4. De los Andes (las montañas) 안데스 산맥 (산악 지방)

el águila 독수리

el cóndor 콘도르

la llama 야마

1 Reconoce los nombres de los animales 동물 명칭 확인하기

Busca en la sopa de letras 15 nombres de animales. 낱말 퍼즐에서 동물 명칭 15개를 찾으세요.

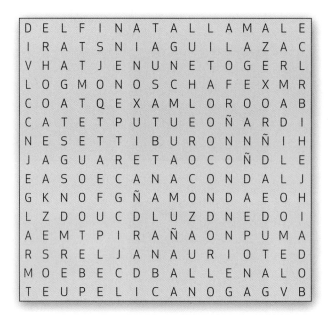

D	E	L	F	I	N	A	T	A	L	L	A	M	A	L	E
I	R	A	T	S	N	I	A	G	U	I	L	A	Z	A	C
V	H	A	T	J	E	N	U	N	E	T	O	G	E	R	L
L	O	G	M	O	N	O	S	C	H	A	F	E	X	M	R
C	O	A	T	Q	E	X	A	M	L	O	R	O	O	A	B
C	A	T	E	T	P	U	T	U	E	O	Ñ	A	R	D	I
N	E	S	E	T	T	I	B	U	R	O	N	N	Ñ	I	H
J	A	G	U	A	R	E	T	A	O	C	O	Ñ	D	L	E
E	A	S	O	E	C	A	N	A	C	O	N	D	A	L	J
G	K	N	O	F	G	Ñ	A	M	O	N	D	A	E	O	H
L	Z	D	O	U	C	D	L	U	Z	D	N	E	D	O	I
A	E	M	T	P	I	R	A	Ñ	A	O	N	P	U	M	A
R	S	R	E	L	J	A	N	A	U	R	I	O	T	E	D
M	O	E	B	E	C	D	B	A	L	L	E	N	A	L	O
T	E	U	P	E	L	I	C	A	N	O	G	A	G	V	B

Aciertos: ______ / 15

2 Recuerda la forma del estilo indirecto 간접 화법의 형태 기억하기

Responde a las preguntas usando *que* o *que si*. que나 que si를 사용하여 질문에 답하세요.

1. • ¿Hay mucha gente aquí?
   • ¿Qué dices?
   • ______
2. • Nunca he visto una ballena.
   • ¿Qué dices?
   • ______
3. • Los monos son animales muy simpáticos.
   • ¿Qué dice usted?
   • ______
4. • ¿Los loros comen fruta?
   • ¿Perdón?
   • ______

Aciertos: ______ / 4

3 Recuerda el uso del subjuntivo en el estilo indirecto 간접 화법에서 접속법 용법 기억하기

Transforma utilizando el subjuntivo. 접속법을 사용하여 문장을 변형하세요.

1. • ¡Sácale una foto al tucán!
   • ¿Qué dices?
   • ______
2. • ¡Ten cuidado con el puma!
   • ¿Qué?
   • ______
3. • ¡No os bañéis en el río!
   • ¿Qué decís?
   • ______
4. • ¡Salgan del agua ahora mismo!
   • ¿Perdón?
   • ______
5. • ¡No te acerques al caimán!
   • ¿Qué?
   • ______
6. • ¡Respetad el hábitat de los animales!
   • ¿Puedes repetir, por favor?
   • ______

7. • ¡Observa el cóndor!
   • ¿Qué dices?
   • ______________________

8. • ¡Cállense ustedes si quieren ver el jaguar!
   • ¿Qué dicen los guardas?
   • ______________________

9. • ¡No le des comida a los monos!
   • ¿Qué dice usted?
   • ______________________

10. • ¡Mira cómo come el loro!
   • ¿Qué dice María?
   • ______________________

Aciertos: ________ / 10

4 Practica el estilo indirecto 간접 화법 연습하기
Lee y responde a las preguntas. 읽고 질문에 답하세요.

1. Isabel: «Quiero ver delfines en su hábitat natural».
   • ¿Qué te ha dicho Isabel?
   • ______________________

2. Ana y Luis: «Sacaremos muchas fotos de animales salvajes».
   • ¿Qué te han contado Ana y Luis?
   • ______________________

3. Laura: «Ya he ido a visitar esta reserva, pero el mes próximo volveré para ver más animales».
   • ¿Qué os contó Laura?
   • ______________________

4. Sergio: «El mono es un animal muy simpático. Vive en los árboles».
   • ¿Qué les comentó Sergio?
   • ______________________

5. Marcos: «¿Sabes si el puma es un felino?».
   • ¿Qué te preguntó Marcos?
   • ______________________

6. Cristina: «El puma es un gran felino solitario que persigue una amplia variedad de presas».
   • ¿Qué te dijo Cristina?
   • ______________________

7. Álvaro: «¿La ballena es un pez?».
   • ¿Qué pregunta?
   • ______________________

8. Marta: «Ven con nosotros de excursión, por favor».
   • ¿Qué te pide?
   • ______________________

Aciertos: ________ / 8

5 Reproduce las conversaciones 대화문 재구성하기

Responde a las preguntas, como en el ejemplo. 보기와 같이 질문에 답하세요.

ej. *Ana: ¿Has visto alguna vez un pelícano?* *Luis: No, nunca he visto ninguno.*

- *¿Qué dicen?*
- *Ana le pregunta a Luis que si ha visto alguna vez un pelícano y Luis le contesta que no, que nunca ha visto ninguno.*

1. Roberto: ¿Sabes de qué se alimenta el caimán? Ángel: Sí, se alimenta de peces, creo.
   - ¿Qué dicen?
   - ______________________________
2. Leonor: He visto dos ballenas en Baja California. ¿Y tú? Enrique: Yo también he visto dos.
   - Yo creo que Enrique nunca ha estado en Baja California, ¿no?
   - ______________________________
3. Pedro: ¿Son las pirañas carnívoras? María: Sí, son carnívoras.
   - ¿De qué hablaron ayer?
   - ______________________________
4. Consuelo: ¿Has leído este libro sobre las anacondas? Bernardo: No, aún no lo he leído.
   - Imagino que Bernardo ya ha leído el libro, ¿no?
   - ______________________________
5. César: ¿No te gustaría ir a la selva amazónica? Alicia: Sí, sí que me gustaría.
   - A Alicia no le interesa la selva, ¿no crees?
   - ______________________________
6. María: ¿Vendrás conmigo a visitar la reserva? Marta: Sí, claro que iré contigo.
   - ¿Qué le prometió Marta?
   - ______________________________
7. Guillermo: ¿Has buceado alguna vez con tortugas marinas? Lucas: Sí, buceé con tortugas cuando estaba en México.
   - ¿Cómo sabes que Lucas estuvo en México?
   - ______________________________

Aciertos: ________ / 7

6 Reproduce la información 들은 내용 재구성하기

Escucha y responde resumiendo el diálogo. 잘 듣고 대화 내용을 요약해 답하세요.

PISTA 23

Pedro contó que el verano pasado Cristina y él ______________________________
____
______________________________.

Aciertos: ________ / 1

7 Refuerza tu conocimiento del estilo indirecto 간접 화법 지식 강화하기

Lee este texto y resúmelo. 다음 글을 읽고 내용을 요약하세요.

Visita a la reserva de la biosfera de la mariposa monarca

Buenos días a todos. Como ya saben, mañana visitaremos el santuario de la mariposa monarca. Verán qué impresionante es. La mariposa monarca es la más famosa de las mariposas de América Latina. Es única y posee una gran resistencia. Puede vivir hasta 9 meses.

Lo más sorprendente de esta especie es que las mariposas nacidas a finales de verano y principios de otoño componen una generación especial, que realiza un ciclo completo de migración (ida y vuelta) desde Canadá hasta México siguiendo la ruta trazada por generaciones anteriores. El viaje supone hasta 4 000 kilómetros. La reserva de la biosfera de la mariposa monarca está en México. Fue declarada Patrimonio de la Humanidad por la Unesco en 2008.

El guía dijo que mañana (nosotros) ____________________

____________________.

Nos explicó que ____________________

____________________.

Añadió que lo más sorprendente de esta especie ____________________

____________________.

Por fin, concluyó diciendo que la reserva ____________________

____________________.

Aciertos: ______ / 4

TOTAL de aciertos: ______ / 49

1 2 3 AHORA TÚ
PRODUCCIÓN FINAL 최종 연습

Reproduce lo que sabes
아는 내용의 재현

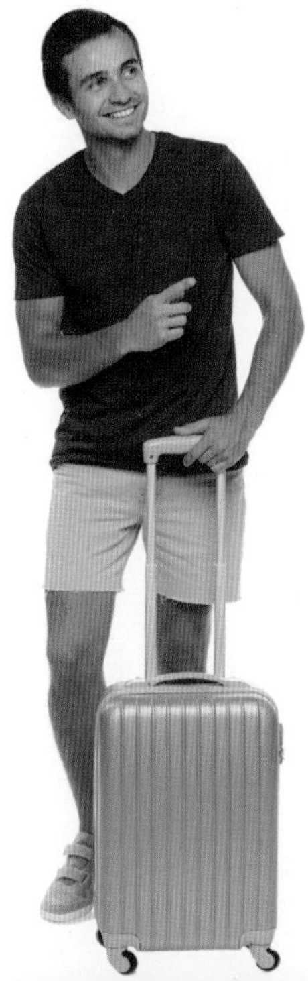

Estás preparando tu viaje a un parque natural de Costa Rica. Has llamado a una agencia y te han dado muchos consejos (cómo organizar el viaje, cuándo es el mejor periodo, lo que tienes que llevar, etc.). Explícale a un amigo lo que te han dicho.

당신은 코스타리카의 자연공원으로 여행을 준비하고 있습니다. 당신은 여행사에 전화했고 그들은 많은 조언을 해 주었습니다. (어떻게 여행을 계획해야 할지, 언제가 가장 좋은 시기인지, 무엇을 가져가야 할지, 등등) 당신이 들은 내용을 친구에게 설명하세요.

____

____

____

____

____

____

B1 DELE

PREPARA TU EXAMEN 6

unidades 16 a 18 시험 준비하기 6

16과 ~ 18과

1 Completa con los verbos en el tiempo adecuado. Luego, lee las preguntas y marca la respuesta correcta. 알맞은 동사의 시제로 빈칸을 채우세요. 그리고 질문을 읽고 알맞은 답을 고르세요.

1. • (Gustar) ____________ bañarme en este río.
   • Yo, en tu lugar, no lo (hacer) ____________ .
   • ¿Por qué?
   • Porque el río (estar) ____________ lleno de pirañas.
2. • No sabemos adónde ir de vacaciones.
   • ¿Por qué no (ir) ____________ a México? Yo, en vuestro lugar, (ir) ____________ a ver las costas del Pacífico. Dicen que se (poder) ____________ ver muchas ballenas.
3. • ¡Qué animal tan grande! (Ir) ____________ a acercarme para sacarle una foto.
   • El guía nos (aconsejar) ____________ que no (acercarse) ____________ . Es peligroso.
4. • ¡Este pájaro es una maravilla! (Gustar) ____________ sacarle unas fotos, voy a intentarlo.
   • Pues te aconsejo que (tener) ____________ paciencia y que (preparar) ____________ bien la cámara. Es muy pequeño y (moverse) ____________ sin parar.
5. • El mes pasado, durante las vacaciones, (ver, nosotros) ____________ unos animales muy curiosos. Mira, por ejemplo, este: es el mamífero más lento del planeta. ¿No te (parecer) ____________ muy simpático?
   • ¡Es verdad! Yo, en tu lugar, se lo (enseñar) ____________ a Rubén. A él también (gustar) ____________ los animales extraños.

Preguntas

1. Según el texto:
   a. No es recomendable nadar en ese río.
   b. Los peces nadan muy bien en ese río.
   c. Todos los peces son peligrosos en ese río.
2. Les recomienda ir de vacaciones a México:
   a. Porque es seguro que pueden ver ballenas.
   b. Porque dicen que se pueden ver ballenas.
   c. Porque solo ahí se pueden ver ballenas del Pacífico.
3. Según el guía:
   a. A ese animal le gusta acercarse a las personas.
   b. Ese animal es muy atractivo para las personas.
   c. Es mejor no acercarse a ese animal.
4. Según el texto:
   a. Es difícil fotografiar al pájaro.
   b. El pájaro no se deja fotografiar.
   c. No está permitido fotografiar al pájaro.
5. Le aconsejan enseñarle la foto a Rubén:
   a. Porque a Rubén le gustan los animales exóticos.
   b. Porque Rubén es una persona extraña.
   c. Porque Rubén tiene un animal igual.

2 Vas a escuchar a seis personas hablando de sus gustos y deseos. Después, selecciona el enunciado que corresponde a cada persona. Hay diez enunciados, pero debes seleccionar solo seis. 자신의 취미와 소망에 대해 이야기하는 6명의 이야기를 듣고, 알맞은 문장과 짝 지으세요. 10개의 문장 중 6개만 고를 수 있습니다.

PISTA 24

Persona	Enunciado
Persona 1	
Persona 2	
Persona 3	
Persona 4	
Persona 5	
Persona 6	

1. Quiere ver el Amazonas, pero no sabe cuándo podrá ir.
2. Le encanta visitar el zoológico de su ciudad, para ver pájaros.
3. Los animales salvajes le dan miedo y, por eso, prefiere no viajar.
4. Va a ir con un amigo para observar pájaros.
5. Le encanta el arte contemporáneo.
6. Prefiere un buen museo de arte clásico.
7. Van a ir a México y van a participar en un concurso fotográfico de animales.
8. Van a participar en un viaje organizado.
9. Son muy independientes.
10. Es guía turístico y tiene que organizar bien el próximo viaje por la selva.

3 Ahora responde a las preguntas y dales consejos a las seis personas anteriores. ¿Qué harías en su lugar? 이제 질문에 답하고, 6명의 사람에게 조언하세요. 당신이 그들이라면 어떻게 하겠습니까?

1. ¿Qué es lo que le gusta o no le gusta a la primera persona? ____
   ¿Qué harías en su lugar? ____
2. ¿Qué es lo que va a hacer la segunda persona? ____
   ¿Qué harías en su lugar? ____
3. ¿Qué desea hacer la tercera persona? ____
   ¿Qué harías en su lugar? ____
4. ¿Por qué no va a visitar un lugar arqueológico la cuarta persona? ____
   ¿Qué harías en su lugar? ____
5. ¿Qué es lo que odia la quinta persona? ____
   ¿Qué harías en su lugar? ____
6. ¿Dónde va a ir la sexta persona con su pareja? ____
   Si no pueden ir allí, ¿qué harías en su lugar? ____

Esquemas de gramática 문법 개요

1. El verbo *soler* para expresar una acción frecuente 자주 하는 행위 표현을 위한 soler 동사

pág. 4

SOLER + infinitivo soler + 동사 원형: 주로 …하다

yo	suelo	tomar café. 나는 주로 커피를 마신다.
tú	sueles	comer pan. 너는 주로 빵을 먹는다.
él, ella, usted	suele	desayunar tostadas. 그/그녀/당신은 주로 토스트로 아침 식사를 한다.
nosotros, nosotras	solemos	preparar pollo con verdura. 우리(남성, 여성)는 주로 채소를 곁들인 닭고기를 준비한다.
vosotros, vosotras	soléis	beber mucho té. 너희(남성, 여성)는 주로 차를 많이 마신다.
ellos, ellas, ustedes	suelen	ir al mercado. 그들/그녀들/당신들은 주로 시장에 간다.

목적 대명사는 절대 동사 사이에 위치하지 않는다.

Suelen preparar la cena juntos.
그들은 주로 함께 저녁 식사를 준비한다.

La suelen preparar juntos.
→ Suelen prepararla juntos.
그들은 주로 함께 그것을 준비한다.

2. Los verbos *ser* y *estar* para describir 묘사하기 위한 ser 동사와 estar 동사

pág. 17

Ser se usa para expresar...
ser 동사를 사용하여 묘사할 때

- 본질적 특징 (성격, 국적, 직업, 형태, 묘사, 재료, 색깔)
  Pili es simpática y optimista. Es chilena y es periodista.
  필라르는 친절하고 낙관적이다. 그녀는 칠레 사람이고 기자이다.
  La mesa es redonda, grande, bonita, de madera y marrón. 테이블은 둥글고, 크고, 예쁘며, 나무로 되어 있고, 밤색이다.
- 시간
  Hoy es martes. 오늘은 화요일이다.
  Ahora es invierno. 지금은 겨울이다.
  Son las dos. 2시이다.
  Es tarde/temprano. 늦었다/이르다.
- 소유
  Estos zapatos son de Juan. 이 구두는 후안의 것이다.
- 수량
  Somos 4 hermanos. 우리는 4형제이다.
  Son 20 euros. 20유로이다.
- 사건이 일어나는 장소 또는 시간
  La fiesta es en casa de Juan. 파티는 후안의 집에서 있다.
  El examen es el próximo lunes. 시험은 다음 주 월요일이다.

Estar se usa para expresar...
estar 동사를 사용하여 묘사할 때

- 상태
  Ana está enferma. 아나는 아프다.
  La puerta está cerrada. 문이 닫혀 있다.
  Hoy el cielo está gris. 오늘은 하늘이 흐리다.
- 심리 상태
  Juan está triste. 후안은 슬프다.
- 위치
  Ana está en México. 아나는 멕시코에 있다.
  Madrid está en España. 마드리드는 스페인에 있다.
- 평가
  Está mal no respetar a los ancianos.
  노인을 존중하지 않는 것은 나쁘다.

estar 동사는 예외적으로 시간을 나타낼 때도 사용하는데, 이 경우에는 항상 1인칭 복수형 nosotros를 사용한다.

Estamos a lunes, 2 de mayo.
(오늘은) 5월 2일, 월요일이다.

Estamos en primavera. 봄이다.

3. El pretérito imperfecto para describir el pasado 과거를 묘사하기 위한 불완료 과거

pág. 25

Verbos regulares 규칙 동사

	CANTAR	COMER	VIVIR
yo	cantaba	comía	vivía
tú	cantabas	comías	vivías
él, ella, usted	cantaba	comía	vivía
nosotros, nosotras	cantábamos	comíamos	vivíamos
vosotros, vosotras	cantabais	comíais	vivíais
ellos, ellas, ustedes	cantaban	comían	vivían

Verbos irregulares 불규칙 동사

IR	SER	VER
iba	era	veía
ibas	eras	veías
iba	era	veía
íbamos	éramos	veíamos
ibais	erais	veíais
iban	eran	veían

Hay mucha gente en la plaza.
광장에 사람이 많이 있다.
→ Ayer había mucha gente.
어제 사람이 많았다.

Uso del pretérito imperfecto 불완료 과거 용법

1. 과거의 사람이나 사물을 묘사할 때:
   Yo antes era muy tímido. 나는 예전에 매우 내성적이었다.
2. 과거의 일상적이고 반복적인 습관이나 행동을 나타낼 때:
   Mi hermana era muy puntual, siempre llegaba pronto.
   나의 언니는 아주 시간을 잘 지켰고, 늘 일찍 도착했다.
   Me levantaba todas las mañanas a las 7:00. 나는 매일 아침 7시에 일어났다.
3. querer 동사로 정중하게 표현할 때:
   Por favor, quería un café con leche. 카페라테 한 잔 부탁합니다.

4. El pretérito perfecto simple para hablar de acciones pasadas
지난 행위를 말하기 위한 단순 과거

pág. 30, 31, 36, 37

Verbos regulares 규칙 동사

	VIAJAR	VOLVER	SALIR
yo	viajé	volví	salí
tú	viajaste	volviste	saliste
él, ella, usted	viajó	volvió	salió
nosotros, nosotras	viajamos	volvimos	salimos
vosotros, vosotras	viajasteis	volvisteis	salisteis
ellos, ellas, ustedes	viajaron	volvieron	salieron

Verbos de cambio ortográfico (yo)
1인칭 단수형(yo)의 철자가 바뀌는 동사

- -gar 동사:
  llegar 도착하다 → llegué 도착했다
- -zar 동사:
  empezar 시작하다 → empecé 시작했다
- -car 동사
  explicar 설명하다 → expliqué 설명했다

Verbos que cambian *vocal* → i en todas las formas
모음이 i로 바뀌는 동사들

	HACER	QUERER	VENIR
yo	hice	quise	vine
tú	hiciste	quisiste	viniste
él, ella, usted	hizo	quiso	vino
nosotros, nosotras	hicimos	quisimos	vinimos
vosotros, vosotras	hicisteis	quisisteis	vinisteis
ellos, ellas, ustedes	hicieron	quisieron	vinieron

단순 과거 불규칙 동사 대부분은
3인칭 단수형 -o에 강세가 없다.

Verbos que cambian *e* → *i* en las 3.as personas
3인칭 단·복수에서 e가 i로 바뀌는 동사들

	ELEGIR	MEDIR	PEDIR	SEGUIR
yo	elegí	medí	pedí	seguí
tú	elegiste	mediste	pediste	seguiste
él, ella, usted	elijó	midió	pidió	siguió
nosotros, nosotras	elegimos	medimos	pedimos	seguimos
vosotros, vosotras	elegisteis	medisteis	pedisteis	seguisteis
ellos, ellas, ustedes	eligieron	midieron	pidieron	siguieron

Verbos que cambian *o* → *u* en las 3.as personas
3인칭 단·복수에서 o가 u로 바뀌는 동사들

	DORMIR	MORIR
yo	dormí	morí
tú	dormiste	moriiste
él, ella, usted	durmió	murió
nosotros, nosotras	dormimos	morimos
vosotros, vosotras	dormisteis	moristeis
ellos, ellas, ustedes	durmieron	murieron

다음의 6개 동사는 예외로, 3인칭 단수형에 강세가 있다.
eligió, midió, pidió, siguió, durmió, murió

Verbos irregulares (1) 불규칙 동사(1)

	DAR	SER/IR	PODER	PONER	SABER
yo	di	fui	pude	puse	supe
tú	diste	fuiste	pudiste	pusiste	supiste
él, ella, usted	dio	fue	pudo	puso	supo
nosotros, nosotras	dimos	fuimos	pudimos	pusimos	supimos
vosotros, vosotras	disteis	fuisteis	pudisteis	pusisteis	supisteis
ellos, ellas, ustedes	dieron	fueron	pudieron	pusieron	supieron

어미가 -poner로 끝나는 동사들도 동일하게 동사 변화한다.
posponer 뒤로 미루다, proponer 제안하다

이 불규칙 동사들은 단순 과거의 3인칭 단수에 강세가 없다.
dio, fue, pudo, puso, supo, anduvo, estuvo...

Verbos irregulares (2): verbos con -uv-
불규칙 동사(2): -uv-로 바뀌는 동사들

	ANDAR	ESTAR	TENER
yo	anduve	estuve	tuve
tú	anduviste	estuviste	tuviste
él, ella, usted	anduvo	estuvo	tuvo
nosotros, nosotras	anduvimos	estuvimos	tuvimos
vosotros, vosotras	anduvisteis	estuvisteis	tuvisteis
ellos, ellas, ustedes	anduvieron	estuvieron	tuvieron

어미가 -tener로 끝나는 동사들도 동일하게 동사 변화한다.
obtener 획득하다, contener 포함하다

haber 동사의 3인칭 단수형 hay의 단순 과거는 hubo이다.
Hay un problema.
문제가 있다.
Ayer hubo un problema.
어제 문제가 있었다.

Verbos irregulares (3): verbos con -j-
불규칙 동사(3): -j-로 바뀌는 동사들

	CONDUCIR	TRAER	DECIR
yo	conduje	traje	dije
tú	condujiste	trajiste	dijiste
él, ella, usted	condujo	trajo	dijo
nosotros, nosotras	condujimos	trajimos	dijimos
vosotros, vosotras	condujisteis	trajisteis	dijisteis
ellos, ellas, ustedes	condujeron	trajeron	dijeron

-duje로 동사 변화하는 동사들과 traer, decir 동사는 3인칭 복수형에서 i가 사라진다.

어미가 -ducir와 -decir로 끝나는 동사들도 동일하게 동사 변화한다.
inducir 유인하다, contradecir 반론하다

Contraste entre el pretérito perfecto simple y el pretérito imperfecto 단순 과거와 불완료 과거 비교

pretérito perfecto simple 단순 과거

- 과거에 이미 끝난 행동이나 사건, 상태를 말할 때 사용한다. (어제, 지난주 등…)
  Ayer tuvimos un accidente. 어제 우리는 사고가 있었다.
  Fue horrible, lo pasamos fatal. 끔찍했어, 우리 정말 힘들었어.

pretérito imperfecto 불완료 과거

- 어떤 행동 또는 순간을 묘사할 때 사용한다.
  Llovía mucho. (descripción) 비가 많이 내렸다. (묘사)
- 진행 중인 행동을 가리킬 때 사용한다.
  Cuando volvíamos a casa nos encontramos con Pepe. (acción interrumpida)
  우리는 돌아오다가 페페를 만났다. (끝나지 않은 행동)

5. El pretérito perfecto compuesto para hablar de acciones pasadas y recientes
조금 전에 일어난 과거 행위에 대해 말하기 위한 현재 완료

pág. 44

HABER + participio haber + 과거 분사

yo	he	
tú	has	viajado (-ar 동사)
él, ella, usted	ha	comido (-er 동사)
nosotros, nosotras	hemos	vivido (-ir 동사)
vosotros, vosotras	habéis	
ellos, ellas, ustedes	han	

과거 분사는 주어의 성·수와 일치하지 않는다.
Ana ha ido a la playa y Manuel y José han estado en la montaña.
아나는 바닷가에 갔고, 마누엘과 호세는 산에 있었다.

Los participios irregulares 불규칙 과거 분사

- hacer 하다 → hecho
- poner 놓다 → puesto
- resolver 해결하다 → resuelto
- romper 부수다 → roto
- ver 보다 → visto
- volver 돌아가다 → vuelto
- abrir 열다 → abierto
- cubrir 덮다 → cubierto
- decir 말하다 → dicho
- descubrir 발견하다 → descubierto
- escribir 쓰다 → escrito
- morir 죽다 → muerto

-ar 동사의 과거 분사는 규칙형이다.

6. La expresión *estar* + gerundio en perfecto compuesto para hablar de acciones pasadas largas 현재까지 지속해서 이어지는 과거의 행위를 묘사하기 위한 estar + 현재 분사 (현재 완료 진행형)

pág. 45

	***ESTAR* + gerundio** estar + 현재 분사	
yo	he estado	
tú	has estado	trabajando 일하고 있었다
él, ella, usted	ha estado	leyendo 읽고 있었다
nosotros, nosotras	hemos estado	viviendo 살고 있었다
vosotros, vosotras	habéis estado	
ellos, ellas, ustedes	han estado	

목적 대명사는 estar 동사 앞 또는 현재 분사 바로 뒤에 붙어 하나의 낱말을 형성한다.

7. El pretérito pluscuamperfecto para hablar de acciones pasadas anteriores a otra acción o momento también pasado 과거의 어느 시점을 기준으로 그 이전에 이뤄진 행위를 표현하기 위한 과거 완료

pág. 56

	Imperfecto de *HABER* + participio haber의 불완료 과거 + 과거 분사	
yo	había	
tú	habías	trabajado (-ar 동사)
él, ella, usted	había	comido (-er 동사)
nosotros, nosotras	habíamos	vivido (-ir 동사)
vosotros, vosotras	habíais	
ellos, ellas, ustedes	habían	

불규칙 과거 분사 기억하기
hacer 하다 → hecho, poner 놓다 → puesto
resolver 해결하다 → resuelto,
romper 부수다 → roto, ver 보다 → visto,
volver 돌아오다 → vuelto,
abrir 열다 → abierto, cubirir 덮다 → cubierto,
decir 말하다 → dicho,
decubrir 발견하다 → descubierto,
escribir 쓰다 → escrito, morir 죽다 → muerto

Uso del pretérito pluscuamperfecto 과거 완료 용법

1. 어떤 사건이나 행위, 동작이 과거의 한 시점을 기준으로 그 이전에 완료되었을 때:
   Cuando llegué, el concierto ya había empezado. 내가 도착했을 때, 콘서트는 이미 시작했다.
   A la una ya había terminado la representación. 1시에 공연은 이미 끝났다.
2. 어떤 행위가 말하는 시점에서 처음임을 나타낼 때:
   Nunca había estado en un concierto en directo y me ha gustado. 나는 한 번도 실황 콘서트를 가 본 적이 없어서 마음에 들었다.
3. 다른 모든 복합 동사 시제와 마찬가지로 과거 완료 또한 대명사의 위치는 항상 haber 동사 앞에 위치한다.
   ¿El trabajo? Juan ya lo había empezado cuando llegamos a la oficina.
   일? 우리가 사무실에 도착했을 때 후안은 이미 그것을 시작했다.

8. El imperativo para dar una orden 명령을 말하기 위한 명령법

pág. 64, 65

Verbos regulares 규칙 동사

	TOMAR		BEBER		SUBIR	
tú	toma	no tomes	bebe	no bebas	sube	no subas
usted	tome	no tomas	beba	no beba	suba	no suba
vosotros/as	tomad	no toméis	bebed	no bebáis	subid	no subáis
ustedes	tomen	no tomen	beban	no beban	suban	no suban

usted과 ustedes의 긍정 명령과 부정 명령의 경우 동사 변화형이 동일하고 부정 명령의 앞에 no가 붙는다.

Verbos irregulares (1): cambio vocálico 불규칙 동사(1): 모음 변화

CERRAR e → ie		VOLVER o → ue		SEGUIR e → i	
cierra	no cierres	vuelve	no vuelvas	sigue	no sigas
cierre	no cierre	vuelva	no vuelva	siga	no siga
cerrad	no cerréis	volved	no volváis	seguid	no sigáis
cierren	no cierren	vuelvan	no vuelvan	sigan	no sigan

현재형에서 모음이 변화하는 모든 동사는 명령형에서도 그 불규칙성을 유지한다.

Verbos irregulares (2) 불규칙 동사(2)

DECIR (yo digo)		HACER (yo hago)		IR (yo voy)		OÍR (yo oigo)		SALIR (yo salgo)	
di	no digas	haz	no hagas	ve	no vayas	oye	no oigas	sal	no salgas
diga	no diga	haga	no haga	vaya	no vaya	oiga	no oiga	salga	no salga
decid	no digáis	haced	no hagáis	id	no vayáis	oíd	no oigáis	salid	no salgáis
diga	no digan	hagan	no hagan	vayan	no vayan	oigan	no oigan	salgan	no salgan

PONER (yo pongo)		TENER (yo tengo)	
pon	no pongas	ten	no tengas
ponga	no ponga	tenga	no tenga
poned	no pongáis	tened	no tengáis
pongan	no pongan	tengan	no tengan

OBEDECER (yo obedezco)		TRADUCIR (yo traduzco)	
obedece	no obedezcas	traduce	no traduzcas
obedezca	no obedezca	traduzca	no traduzca
obedeced	no obedezcáis	traducid	no traduzcáis
obedezcan	no obedezcan	traduzcan	no traduzcan

Verbos con cambios ortográficos 철자가 바뀌는 동사들

	-car	c → qu	-zar	z → c	-gar	g → gu	-ger/-gir	g → j
tú	saca	no saques	avanza	no avances	apaga	no apagues	recoge	no recojas
usted	saque	no saque	avance	no avance	apague	no apague	recoja	no recoja
vosotros/as	sacad	no saquéis	avanzad	no avancéis	apagad	no apaguéis	recoged	no recojáis
ustedes	saquen	no saquen	avancen	no avancen	apaguen	no apaguen	recojan	no recojan

El imperativo con pronombres 명령문에서 대명사의 위치

- 직접 목적어
  Saca la lengua. 혀를 내밀어. → Sácala. 그것을 내밀어. / No la saques. 그것을 내밀지 마.
  Cierra los ojos. 눈을 감아. → Ciérralos. 그것들을 감아. / No los cierres. 그것들을 감지 마.
- 재귀 대명사
  Siéntate. 앉아. / No te sientes. 앉지 마.
  Quítate la camisa. 셔츠를 벗어. → Quítatela. 그것을 벗어. / No te la quites. 그것을 벗지 마.

vosotros/as의 긍정 명령형에서 재귀 대명사가 오면 d는 사라진다.
peinad + os
→ peinaos

9. El presente de subjuntivo para expresar un deseo, una hipótesis, negar una opinión o formular un sentimiento 희망과 가정 표현, 의견 부정 또는 감정 표명을 위한 접속법 현재

pág. 70, 71, 76, 77, 85

Verbos regulares 규칙 동사

	ESTUDIAR	COMER	VIVIR
yo	estudie	coma	viva
tú	estudies	comas	vivas
él, ella, usted	estudie	coma	viva
nosotros, nosotras	estudiemos	comamos	vivamos
vosotros, vosotras	estudiéis	comáis	viváis
ellos, ellas, ustedes	estudien	coman	vivan

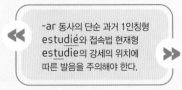

-ar 동사의 단순 과거 1인칭형 estudié와 접속법 현재형 estudie의 강세의 위치에 따른 발음을 주의해야 한다.

Verbos con cambio ortográfico 철자가 바뀌는 동사들

- -gar로 끝나는 동사: llegar 도착하다 → llegue
- -ger 또는 -gir로 끝나는 동사: recoger 줍다 → recoja
- -car로 끝나는 동사: sacar 꺼내다 → saque
- -zar로 끝나는 동사: utilizar 사용하다 → utilice
- -guir로 끝나는 동사: seguir 계속하다 → siga

Verbos irregulares (1) 불규칙 동사(1)

Presente de indicativo 직설법 현재형	DECIR (yo digo)	HACER (yo hago)	SALIR (yo salgo)	TENER (yo tengo)	VENIR (yo vengo)
yo	diga	haga	salga	tenga	venga
tú	digas	hagas	salgas	tengas	vengas
él, ella, usted	diga	haga	salga	tenga	venga
nosotros, nosotras	digamos	hagamos	salgamos	tengamos	vengamos
vosotros, vosotras	digáis	hagáis	salgáis	tengáis	vengáis
ellos, ellas, ustedes	digan	hagan	salgan	tengan	vengan

Casos particulares 예외 경우

ir 가다 (yo voy) → vaya, vayas, vaya, vayamos, vayáis, vayan
saber 알다 (yo sé) → sepa, sepas, sepa, sepamos, sapáis, sapan
ser …이다 (yo soy) → sea, seas, sea, seamos, seáis, sean

Verbos de cambio vocálico 모음 변화 동사들

	PENSAR e → ie (yo pienso)	*CONTAR* o → ue (yo cuento)
yo	piense	cuente
tú	pienses	cuentes
él, ella, usted	piense	cuente
nosotros, nosotras	pensemos	contemos
vosotros, vosotras	penséis	contéis
ellos, ellas, ustedes	piensen	cuenten

	ENTENDER e → ie (yo entiendo)	VOLVER o → ue (yo vuelvo)
yo	entienda	vuelva
tú	entiendas	vuelvas
él, ella, usted	entienda	vuelva
nosotros, nosotras	entendamos	volvamos
vosotros, vosotras	entendáis	volváis
ellos, ellas, ustedes	entiendan	vuelvan

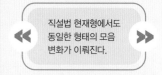

직설법 현재형에서도 동일한 형태의 모음 변화가 이뤄진다.

	PREFERIR e → ie (yo prefiero)	DORMIR o → ue (yo duermo)	PEDIR e → i (yo pido)
yo	prefiera	duerma	pida
tú	prefieras	duermas	pidas
él, ella, usted	prefiera	duerma	pida
nosotros, nosotras	prefiramos	durmamos	pidmos
vosotros, vosotras	prefiráis	durmáis	pidáis
ellos, ellas, ustedes	prefieran	duerman	pidan

Expresiones de certeza 확신의 표현

	Verbos de opinión 의견을 표현하는 동사	
Indicativo 직설법	긍정형 Yo creo que es así. 나는 그렇다고 생각한다.	*ser* + verdad 사실, cierto 확실한, seguro 뚜렷한 등이 긍정형으로 사용될 때: Es verdad que debes estudiar más. 네가 더 공부해야만 한다는 것은 사실이다.
Subjuntivo 접속법	부정형 No creo que sea así. 나는 그렇다고 생각하지 않는다.	*ser* + verdad 사실, cierto 확실한, seguro 뚜렷한 등의 형용사가 부정형으로 사용될 때: No es verdad que debas estudiar más. 네가 더 공부해야만 한다는 것은 사실이 아니다. interesante 흥미로운, bueno 좋은, fantástico 환상적인 등의 형용사와 함께 사용할 때: Es bueno que vengas a verme. 네가 나를 만나러 오는 것이 좋다.

Si solo hay un sujeto: verbo + infinitivo 주어가 하나인 경우: 동사 + 동사 원형	Si la frase lleva dos sujetos distintos: verbo + que + subjuntivo 문장에 각기 다른 주어 2개가 있는 경우: 동사 + que + 접속법
Me molesta (a mí) tener que repetir la frase (yo). 나는 문장을 반복해야 하는 게 귀찮다.	Me molesta (a mí) que (tú) no digas la verdad. 나는 네가 진실을 말하지 않아 언짢다.
(Yo) No consigo obtener (yo) la información. 나는 정보를 얻는 것을 성공하지 못했다.	(Yo) No consigo que (él) me dé la información. 나는 그가 나에게 정보를 주도록 만들지 못했다.
(Yo) Necesito organizar (yo) la boda. 나는 결혼식을 계획해야 한다.	(Yo) Necesito que (tú) organices la boda. 나는 네가 결혼식을 계획하는 것을 필요로 한다.

decir와 sentir와 같이 여러 의미를 지닌 동사는 경우에 따라 직설법이나 접속법을 사용할 수 있다.

Ana dice que va al teatro. → decir = 'comunicar 알리다, 전하다'의 의미로 통지를 나타내는 동사 (직설법)
아나는 극장에 간다고 알린다.

Te digo que no fumes. → decir = 'aconsejar 충고하다'의 의미로 영향력을 행사하는 동사 (접속법)
나는 너에게 담배를 피우지 말라고 충고한다.

Siento que va a pasar algo. → sentir = 'notar 알아차리다'의 의미로 인지를 나타내는 동사 (직설법)
뭔가 일어날 것 같은 느낌이다.

Siento que no puedas venir. → sentir = 'lamentar 한탄하다'의 의미로 유감을 나타내는 동사 (접속법)
네가 올 수 없다니 유감이다.

10. El futuro simple para expresar una acción futura y una hipótesis

미래의 행위와 가정을 표현하기 위한 단순 미래

pág. 91

Verbos regulares 규칙 동사

	GRABAR	MOVER	REPRODUCIR
yo	grabaré	moveré	reproduciré
tú	grabarás	moverás	reproducirás
él, ella, usted	grabará	moverá	reproducirá
nosotros, nosotras	grabaremos	moveremos	reproduciremos
vosotros, vosotras	grabaréis	moveréis	reproduciréis
ellos, ellas, ustedes	grabarán	moverán	reproducirán

Verbos irregulares 불규칙 동사

- caber 들어가다, 맞다 → cabr-
- decir 말하다 → dir-
- haber 있다 → habr-
- hacer 하다 → har-
- poder 할 수 있다 → podr-
- poner 넣다 → pondr-
- querer 원하다 → querr-
- saber 알다 → sabr-
- tener 가지다 → tendr-
- valer …의 가치가 있다 → valdr-
- venir 오다 → vendr-
- salir 나가다 → saldr-

\+ é / ás / á / emos / éis / án

어미가 동일한 동사들도 동일하게 동사 활용된다.

- deshacer 해체하다 → desharé, desharás...
- detener 멈추다 → detendré, detendrás...
- obtener 얻다 → obtendré, obtendrás...
- proponer 제안하다 → propondré, propondrás...

11. El condicional simple para dar consejo o para pedir algo de manera educada

조언하거나 공손하게 요청하기 위한 단순 조건

pág. 110, 111

Verbos regulares 규칙 동사

	HABLAR	COMER	VIVIR
yo	hablaría	comería	viviría
tú	hablarías	comerías	vivirías
él, ella, usted	hablaría	comería	viviría
nosotros, nosotras	hablaríamos	comeríamos	viviríamos
vosotros, vosotras	hablaríais	comeríais	viviríais
ellos, ellas, ustedes	hablarían	comerían	vivirían

Verbos irregulares 불규칙 동사

- caber 들어가다, 맞다 → cabr-
- decir 말하다 → dir-
- haber 있다 → habr-
- hacer 하다 → har-
- poder 할 수 있다 → podr-
- poner 넣다 → pondr-
- querer 원하다 → querr-
- saber 알다 → sabr-
- tener 가지다 → tendr-
- valer …의 가치가 있다 → valdr-
- venir 오다 → vendr-
- salir 나가다 → saldr-

\+ ía / ías / ía / íamos / íais / ían

어미가 동일한 동사들도 동일하게 동사 활용된다.

- deshacer 해체하다 → desharía, desharías...
- detener 멈추다 → detendría, detendrías...
- obtener 얻다 → obtendría, obtendrías...
- proponer 제안하다 → propondría, propondrás...

1. 재귀 대명사와 직접 목적 대명사, 간접 목적 대명사:

재귀 대명사 + 직·목(OD) + 동사	Me lavé las manos. → Me las lavé. 나는 손을 닦았다. 나는 그것들을 닦았다.
간·목(OI) + 직·목(OD) + 동사	Le mandaba los documentos al cliente. → Se los mandaba. 나는 서류들을 고객에게 보냈다. 나는 그에게 그것들을 보냈다.

3인칭 간접 목적 대명사와 직접 목적 대명사가 함께 올 경우 간접 목적 대명사는 se로 바뀐다.

2. 동사 원형이나 현재 분사가 동사와 함께 올 경우, 대명사는 동사 앞이나 뒤에 올 수 있다. 동사 뒤로 올 때는 현재 분사나 동사 원형 뒤에 바로 붙여 하나의 단어를 형성한다.

Estar + 현재 분사	• Me estoy lavando las manos. 나는 손을 닦고 있다. Me las estoy lavando. = Estoy lavándomelas. 나는 그것들을 닦고 있다. • Les está mandando el presupuesto a los clientes. 그는 고객들에게 견적을 보내고 있다. Se lo está mandando. = Está mandándoselo. 그는 고객들에게 그것을 보내고 있다. • Le he estado explicando la situación a María. 나는 마리아에게 상황을 설명하고 있었다. Se la he estado explicando. = He estado explicándosela*. 나는 마리아에게 그것을 설명하고 있었다.
Ir a + 동사 원형	• Voy a lavarme las manos. 나는 손을 닦을 것이다. Me las voy a lavar. = Voy a lavármelas. 나는 그것들을 닦을 것이다. • Vas a mandarle la documentación a tu compañero. 너는 네 동료에게 증명서를 보낼 것이다. Se la vas a mandar. = Vas a mandársela. 너는 그에게 그것을 보낼 것이다.
Tener que + 동사 원형	• Tenías que darle el documento a Ana. 너는 아나에게 서류를 줘야 했다. Se lo tenías que dar. = Tenías que dárselo. 너는 그녀에게 그것을 줘야 했다.

강세 주의:
Quiero darte el libro.
나는 너에게 책을 주고 싶다.
→ Quiero dártelo.
나는 너에게 그것을 주고 싶다.

* 동사구일 때 대명사는 동사구 앞이나 뒤에 오게 되며, 뒤에 올 때는 한 단어처럼 붙여서 사용한다.

17. Los usos de las preposiciones *por* y *para* 전치사 por와 para 용법

pág. 57

Para se usa para expresar... 전치사 para 용법

목적

Ya tengo las entradas para el concierto.
나는 이미 콘서트를 위한 입장권을 가지고 있다.

의견

Para mí, es el mejor actor.
나에게는 그가 최고의 배우이다.

비교

Es buen actor para ser su primera obra.
그의 첫 작품인 것을 감안하면 그는 훌륭한 배우이다.

방향, 목적지

La compañía teatral sale para Brasil.
극단은 브라질을 향해 출발한다.

제한된 미래 시제

El estreno está previsto para Navidad.
개봉은 크리스마스로 예정되어 있다.

가까운 미래의 행위

La función está para empezar. ¿Entramos?
공연이 시작하려고 해. 들어갈까?

Por se usa para expresar... 전치사 por 용법

이유

Cancelaron la representación por el mal tiempo.
기상 악화로 공연을 취소했다.

가까운 장소

El teatro está por aquí, en una de estas calles.
공연장은 이 거리들 중 한 곳에, 여기 근처에 있다.

가까운 날짜

El estreno es, más o menos, por Semana Santa (un poco antes o después).
개봉은 대략 부활절 즈음이다. (조금 전이나 후)

수단

Compramos las entradas por Internet.
우리는 인터넷으로 입장권을 구매했다.

수동 구문의 행위자

Esta novela fue escrita por Manuel Puig.
이 소설은 마누엘 푸익에 의해 쓰였다.

가격

He pagado 20 euros por este libro.
나는 이 책에 20유로를 지불했다.

교체

Cambiaron el actor por otro con más experiencia.
그들은 좀 더 경험이 많은 다른 사람으로 배우를 교체했다.

≪En nombre de …의 이름으로≫

Si opinas así, habla por ti, no por el grupo.
네가 그런 의견이라면, 단체가 아닌 네 이름으로 말해.

18. *Para* y *para que* para expresar finalidad 목적을 표현하기 위한 para와 para que

pág. 96

Para + infinitivo para + 동사 원형

동사 2개의 주어가 동일인인 경우, para와 동사 원형을 사용한다.

Me había llevado (yo) un paraguas para protegerme (a mí mismo). (나는) (내 자신을) 보호하기 위해 우산을 가져갔다.

Para que + subjuntivo para que + 접속법

동사의 주어가 다를 경우 para que와 접속법을 사용한다.

Te lo digo (yo) para que lo sepas (tú).
(네가) 그것을 알도록 (나는) 너에게 그것을 말한다.

19. El estilo indirecto para reproducir el contenido de una conversación
대화 내용을 재구성하기 위한 간접 화법

pág. 116

En presente 현재 시제

Frase afirmativa 긍정문

(Decir) Que + 직설법

- Quiero un libro sobre la fauna para mi hermana.
  나는 내 여동생을 위한 동물도감을 원해.
- ¿Qué dices? 뭐라고?
- (Digo) Que quiero un libro para mi hermana.
  내 여동생이 볼 책을 원한다고 (말하는 거야).

Pregunta 의문문

(Preguntar) Que si + 직설법

- ¿Tienes una cámara?
  너 카메라 있니?
- ¿Qué dices? 뭐라고?
- (Digo/Pregunto) Que si tienes una cámara.
  카메라가 있냐고 (말하는 거야/묻는 거야).

Orden 명령문

(Decir) Que + 접속법

- Elsa, ¡dame el libro!
  엘사, 나에게 책 줘!
- ¿Qué dices? 뭐라고?
- (Te digo) Que me des el libro.
  나에게 책을 달라고 (말하는 거야).

En pasado 과거 시제

Información presente 현재 내용

(Decir) que + 불완료 과거

- Tengo que llamar a José.
  나는 호세에게 전화해야 해.
- ¿Qué dijiste ayer?
  네가 어제 뭐라고 했지?
- (Dije) Que tenía que llamar a José. 호세에게 전화해야 한다고 (했어).

Información pasada 과거 내용

(Decir) que + 과거 완료

- Ayer envié la carta.
  나는 어제 편지를 보냈어.
- ¿Qué dijiste ayer?
  네가 어제 뭐라고 했지?
- (Dije) Que antes de ayer había enviado la carta.
  그저께 편지를 보냈다고 (했어).

Información futura 미래 내용

(Decir) que + 단순 조건

- Mañana no iré a la oficina.
  내일 나는 사무실에 가지 않을 거야.
- ¿Qué dijiste ayer?
  네가 어제 뭐라고 했지?
- (Dije) Que no iría a la oficina.
  사무실에 가지 않을 거라고 (했어).

Traducción de los textos de entrada

UNIDAD 1

pág. 4

Hablar de costumbres alimentarias

Yo suelo comer con mis compañeros de trabajo. Solemos tomar un menú del día en un restaurante cercano porque allí, normalmente, suelen poner una comida sencilla, barata y sana. Nunca elijo platos fuertes. Suelo comer algo ligero. Sin embargo, hoy como un bocadillo, porque tengo poco tiempo. ¿Y tú, qué sueles comer? ¿Normalmente eliges platos saludables?

나는 주로 직장 동료들과 함께 식사를 합니다. 우리는 주로 근처 식당에서 세트 메뉴를 먹습니다. 그곳이 대체로 간단하면서 저렴하고 건강한 음식을 제공하기 때문입니다. 나는 자극적인 요리는 절대 고르지 않습니다. 주로 가볍게 식사를 합니다. 그렇지만 오늘은 시간이 없어서 보카디요를 먹습니다. 당신은 주로 뭘 먹나요? 대체로 건강한 음식을 선택하나요?

UNIDAD 2

pág. 10

Describir cómo actúa una persona

¿Puedes hablar más despacio, por favor? Es que los españoles habláis rapidísimo y no os entiendo fácilmente. Constantemente tengo que pedir que repitáis algo.

부탁인데, 좀 더 천천히 말해 줄 수 있니? 그게, 너희 스페인 사람들은 정말 빨리 말해서 나는 너희를 쉽게 이해할 수가 없어. 나는 계속해서 다시 말해 달라고 요구해야 해.

UNIDAD 3

pág. 16

Describir a una persona

Nuria normalmente es una persona muy agradable. Es alegre y tranquila. Pero no sé qué le pasa, últimamente, está triste y nerviosa. Yo creo que está deprimida.

누리아는 평소 매우 다정다감한 사람입니다. 쾌활하고 차분합니다. 하지만 그녀에게 무슨 일이 생긴 건지 모르겠습니다. 최근에 그녀가 우울하고 불안해 보입니다. 내 생각에 그녀가 의기소침해 있는 것 같습니다.

UNIDAD 4

pág. 24

Describir las etapas de la vida

Estos son mis abuelos de jóvenes, cuando tenían dieciocho años. Eran de un pueblo pequeño. Entonces no había muchas comodidades y la vida era difícil, pero ellos eran felices. Todas las mañanas mi abuela salía de casa para ir a buscar agua a la fuente del pueblo. A menudo iba con sus amigas y cantaban canciones populares. Mi abuelo trabajaba en el campo. Cuando terminaba, se iba con mi abuela a pasear.

이분들은 젊은 시절의 내 조부모님이십니다. 그들이 18살 때입니다. 그들은 작은 시골 마을 출신이셨습니다. 그 시절에는 편의 시설이 많지 않았고 삶은 어려웠지만, 그들은 행복했습니다. 매일 아침마다 나의 할머니는 마을의 샘으로 물을 길으러 집을 나섰습니다. 그녀는 자주 친구들과 함께 갔고 대중가요를 불렀습니다. 나의 할아버지는 들에서 일했습니다. 일이 끝나면 할머니와 함께 산책을 하러 가곤 했습니다.

UNIDAD 5

pág. 30

Pasar una entrevista de trabajo

Terminé mis estudios hace 10 años. Entonces quise tomarme un año de descanso y dedicarme a perfeccionar los idiomas. Hice varios cursos. Después, volví y pude participar en una selección de personal y me eligieron para un puesto en el Departamento de Administración.

나는 10년 전에 학업을 마쳤습니다. 그때 나는 1년의 휴식을 취하며 언어를 완벽하게 하는 데 전념하고 싶었습니다. 나는 다양한 강좌를 들었습니다. 그러고 나서 나는 돌아와 직원 채용에 참여할 수 있었고, 관리 부서 자리에 채용되었습니다.

UNIDAD 6

pág. 36

Contar un viaje en coche

- ¿Qué tal la cena anoche?
- No sé, no pudimos ir.
- ¿Por qué? ¿Qué os pasó?
- Pues como ayer era fiesta y no teníamos que trabajar, estuvimos todo el día en Toledo y, al volver, como Anabel estaba cansada, conduje yo,

pero me distraje y tuvimos un accidente. No nos pasó nada, pero tuvimos que llevar el coche al taller y ya se nos hizo tarde para ir a la fiesta.
- Vaya, ¡qué mala suerte! Lo siento.

- 어젯밤 저녁 식사 어땠어?
- 모르겠어. 우리는 못 갔어.
- 왜? 무슨 일이 있었는데?
- 그게, 어제가 휴일이라 우리는 일할 필요가 없어서 온종일 톨레도에 있었어. 그리고 돌아올 때, 아나벨이 피곤해서 내가 운전했는데, 내가 깜빡 딴생각했다가 사고가 났어. 아무 일도 없었지만, 차는 정비소로 가져가야 했고, 이미 파티에 가기에는 너무 늦어 버렸지.
- 아이고, 운이 나빴네! 유감이야.

UNIDAD 7

pág. 44

Describir un trabajo o una tarea

Uf, estoy muy cansada. Tengo que redactar para mañana este informe y debo hacerlo bien, porque es importante. Así que he estado todo el día corrigiendo y revisando el documento. Ha sido un trabajo creativo e interesante, pero agotador. Bueno, al final ha ido bien y creo que a la jefa le va a gustar.

아이고, 나 너무 피곤해. 나는 이 보고서를 내일까지 작성해야 하고, 중요한 것이기 때문에 잘해야만 해. 그래서 온종일 서류를 교정하고 검토하고 있어. 창조적이고 흥미로운 일이지만 고된 일이야. 그래도 결국에는 잘되어 가고 있고, 내 생각에는 상사도 마음에 들어 할 것 같아.

UNIDAD 8

pág. 50

Pedir algo

Mujer ¿Puedes darme el informe para leerlo?
Hombre Sí, claro. Mira, ahora mismo iba a dártelo. Ya lo he corregido. Me lo ha enviado por correo el contable.
Mujer ¿Y se lo has mandado al cliente?
Hombre No, prefiero no mandárselo todavía. Mejor te lo doy a ti y, después de revisarlo tú, se lo envío.

여 나에게 보고서를 줄 수 있니? 읽어 보려고.
남 응, 물론이지. 지금 막 너에게 주려고 했어. 내가 이미 수정했어. 회계사가 나에게 그것을 메일로 보내 줬어.
여 그럼 너는 보고서를 고객에게 보냈니?
남 아니, 아직은 보내고 싶지 않아. 그보다는 너에게 먼저 보고서를 주는 게 나을 것 같아. 네가 검토한 후에 내가 보고서를 고객에게 보낼게.

UNIDAD 9

pág. 56

Hablar de espectáculos

Hombre ¿Qué tal el concierto de anoche?
Mujer Pues, al final, no pude entrar.
Hombre ¿Y eso?
Mujer Ya había aparcado el coche cuando me di cuenta de que había olvidado las entradas en casa. Así que tuve que volver para buscarlas y, cuando iba por el centro de la ciudad, me quedé parada por un enorme atasco por unas obras. Total que, cuando llegué, el concierto ya había empezado y no me dejaron entrar.

남 어제 콘서트는 어땠어?
여 그게, 결국에는 들어가지도 못했어.
남 어째서?
여 입장권을 깜빡하고 집에 두고 왔다는 사실을 알아차렸을 때는 이미 차를 주차한 후였어. 그래서 나는 입장권을 가지러 집으로 돌아가야 했고, 시내 한복판을 지날 때는 공사로 인한 엄청난 교통 체증으로 꼼짝도 못했어. 결국, 내가 도착했을 때는 콘서트가 이미 시작했고, 나를 들여보내 주지 않았어.

UNIDAD 10

pág. 64

Tener cita en el médico

Le voy a tomar la tensión. Respire hondo. No se preocupe, esté tranquilo, solo es una revisión rutinaria. A ver, respire. Muy bien. Quítese la camisa, por favor, y túmbese.

제가 당신의 혈압을 재겠습니다. 숨을 깊게 내쉬세요. 걱정하지 마세요. 편안하게 계십시오. 일상적인 검진일 뿐입니다. 자, 숨을 내쉬세요. 아주 좋습니다. 셔츠를 벗고 누우세요.

UNIDAD 11

pág. 70

Expresar una hipótesis o un deseo

Querido Paco:

Te escribo para decirte que quizá Ana y yo vayamos a Sevilla este verano. Todavía no es seguro, pero es bastante probable que vayamos a primeros de julio. Tal vez nos podamos ver. Queremos organizar una cena de antiguos compañeros y esperamos que vengáis también vosotros. Ojalá puedas tomarte unos días de vacaciones.

친애하는 파코에게

올여름 아나와 내가 세비야에 갈지도 모른다는 말을 전하기 위해 너에게 편지를 써. 아직 확실한 것은 아니지만 7월 초에 갈 확률이 상당히 높아. 어쩌면 우리가 만날 수 있을 것 같아. 우리는 옛 동료들과의 저녁 식사 자리를 마련하고 싶은데 너희도 오면 좋겠어. 네가 며칠 휴가를 쓸 수 있다면 정말 좋을 텐데.

UNIDAD 12

pág. 76

Expresar la opinión

La periodista	Ciertas personas piensan que las clases de Historia no son útiles hoy en día. Usted, ¿qué opina?
El entrevistado	Pues a mí me parecen importantísimas. En mi opinión es fundamental que todos sepamos lo que pasó y lo que causó las guerras. Es indispensable para entender el mundo actual y para evitar que nuestros hijos reproduzcan los mismos errores. No creo que sea una buena idea suprimir esta asignatura.

기자	몇몇 사람들은 오늘날 역사 수업이 유용하지 않다고 생각합니다. 당신의 의견은 어떻습니까?
인터뷰 대상자	글쎄요, 제가 보기에는 매우 중요하다고 생각합니다. 제 생각에 우리 모두가 과거에 일어난 일과 전쟁이 일어난 이유를 아는 것은 기본입니다. 이것은 현 세계를 이해하고, 우리의 후손들이 똑같은 잘못을 되풀이 하지 않도록 하기 위해 꼭 필요합니다. 저는 이 과목을 폐지하는 것이 좋은 생각이 아니라고 생각합니다.

UNIDAD 13

pág. 84

Expresar un sentimiento

Querido Paco:

Muchísimas gracias por tu carta. Me alegró mucho recibir noticias tuyas. ¡Hacía tanto tiempo! ¡Y qué noticias! ¡No me sorprende que estés tan contento! Me alegra que te cases con Elena.
Os agradezco vuestra invitación, pero desgraciadamente no voy a poder ir. Mi hija sigue en el hospital y me temo que no salga antes de vuestra boda. En todo caso, os deseo lo mejor y espero que se cumplan todos vuestros deseos.

Un abrazo,

Raquel

친애하는 파코에게

편지 정말 고마워. 네 소식을 들으니 매우 기뻐. 정말 오랜만이야! 엄청난 소식들이네! 네가 그렇게 행복한 것이 놀랄 일도 아니야. 네가 엘레나와 결혼한다니 기뻐.

날 초대해 줘서 정말 고맙지만 불행하게도 나는 갈 수가 없어. 내 딸이 계속 병원에 있고 너희 결혼식 전까지 퇴원하지 못할 것 같아 걱정이거든. 어찌 됐든, 나는 너희에게 가장 좋은 일만 있기를 바라고 너희가 원하는 모두 바가 이뤄지길 바라.

포옹을 전하며,

라켈

UNIDAD 14

pág. 90

Hablar de una acción futura

Abuela	Nunca he utilizado un ordenador.
Nieto	Es facilísimo, abuela. Ahora no puedo, pero te enseñaré cómo funciona en cuanto pueda. Cuando sepas utilizarlo, te prestaré este y podrás navegar por Internet. Ya verás qué fácil es.
Abuela	¿Tú crees que voy a aprender?
Nieto	¡Claro que vas a aprender!

할머니	나는 한 번도 컴퓨터를 사용해 본 적이 없단다.
손자	무진장 쉬워요, 할머니. 지금은 안 되지만, 가능할 때 어떻게 작동하는지 가르쳐 드릴게요. 할머니가 사용하실 수 있게 되면 제가 이것을 빌려 드릴게요. 그러면 할머니가 인터넷으로 검색을 하실 수 있을 거예요. 곧 얼마나 쉬운지 아시게 될 거예요.
할머니	너는 내가 배울 수 있다고 생각하니?
손자	당연히 배우실 수 있어요!

UNIDAD 15

pág. 96

Expresar la finalidad, la causa y la consecuencia

¡Qué tiempo! Antes hacía calor, ahora frío... Y, claro, me he resfriado. Es que tenía que sacar al perro y, como tenía prisa, he salido así. Y, como siempre lo dejo suelto para que corra, empezó a perseguir a un gato y tuve que correr detrás de él hasta que me ayudó un vecino. En fin, ahora en casa y con este jersey estoy bien.

무슨 날씨가! 전에는 덥더니, 지금은 춥고……. 당연히 나는 감기에 걸렸지. 그게, 개를 데리고 나가야 했는데, 급해서 그냥 이렇게 나갔거든. 그러고는 평소처럼 개가 뛰어다닐 수 있도록 풀어 줬는데, 개가 고양이를 쫓아 달리기 시작해서 이웃 주민이 나를 도와줄 때까지 난 개의 뒤를 쫓아 달려야 했어. 하여튼 나는 이제 집에 있고, 이 스웨터를 입고 있어서 괜찮아.

UNIDAD 16

pág. 104

Expresar el inicio, la continuidad o el final de una acción

- Hola, Ana. ¿Sigues trabajando?
- No, ya he dejado de trabajar. Acabo de salir de la oficina y voy para allá. ¿Lleváis mucho tiempo esperando?
- No, no, yo solo llevo diez minutos y Carmen acaba de llegar, así que tranquila. Te esperamos.

- 안녕, 아나. 너 계속 일하고 있니?
- 아니, 일은 벌써 끝났어. 지금 막 사무실에서 나와서 그곳으로 가고 있어. 너희 기다린 지 한참 됐니?
- 아니, 아니야. 나는 10분 밖에 되지 않았고, 카르멘은 지금 막 도착했어. 그러니까 안심해. 우리는 너를 기다릴게.

UNIDAD 17

pág. 110

Dar un consejo

Estoy leyendo un artículo muy interesante. Yo, en tu lugar, lo leería, da una información muy útil. Lo ha redactado un reportero que ha estado grabando unos documentales para un programa de televisión en Hispanoamérica y ha escrito un artículo en una revista científica sobre su experiencia. ¿Te gustaría leerlo?

나는 매우 흥미로운 기사를 읽고 있어. 내가 너라면 이것을 읽을 거야. 매우 유익한 정보를 제공하거든. 이것은 라틴 아메리카의 TV 프로그램을 위해 다큐멘터리를 촬영하던 리포터가 작성한 것으로, 자신의 경험을 과학 잡지에 기사로 기고했어. 너도 이것을 읽고 싶니?

UNIDAD 18

pág. 116

Reproducir el contenido de una conversación

Mujer 1 Mira, he recibido un mensaje de Joaquín.
Mujer 2 ¿Y qué dice?
Mujer 1 Dice que está trabajando en Nicaragua, con una beca de investigación sobre animales, y que está muy contento.
Mujer 2 ¡Qué suerte!
Mujer 1 Y que si vamos a verle.
Mujer 2 No entiendo, ¿qué quiere decir?
Mujer 1 Que nos invita a ir a visitarle.

여1 이것 봐, 나 호아킨의 문자를 받았어.
여2 뭐라고 그러는데?
여1 그가 동물 연구 장학금을 받아 니카라과에서 일하고 있는데, 상당히 만족한대.
여2 정말 좋겠다!
여1 그리고 우리가 그를 보러 오겠냐는데.
여2 나 이해가 안 돼. 무슨 의미야?
여1 그를 보러 가도록 그가 우리를 초대한다고.

UNIDAD 1
Hablar de costumbres alimentarias

듣기 pág. 9

PISTA 01

1. Iván: A mí no me gusta la leche caliente. Nunca la caliento. Prefiero beberla fría.
2. María: Yo nunca como carne. A veces le compro pollo y cordero a Sergio, pero yo solo como pescado.
3. Luisa: Yo soy vegetariana. Como mucho queso y mucha verdura, pero nunca como carne.
4. Carlos: A Carmen y a mí nos encanta el queso, pero, como engorda, no solemos comerlo a diario.
5. José: Por la mañana no suelo tener hambre. Por lo general, no como nada, pero Susana sí que desayuna bien: siempre toma un zumo de naranja y varias tostadas. Ah, y un café con leche, claro.

1. 이반: 나는 뜨거운 우유는 좋아하지 않아. 나는 우유를 절대 데우지 않아. 나는 차갑게 마시는 걸 더 좋아해.
2. 마리아: 나는 고기는 절대 먹지 않아. 가끔 세르히오에게 닭고기와 양고기를 사 주지만, 나는 생선만 먹어.
3. 루이사: 나는 채식주의자야. 나는 치즈와 채소는 많이 먹지만, 고기는 절대 먹지 않아.
4. 카를로스: 카르멘과 나는 치즈를 매우 좋아해. 하지만 살이 찌기 때문에 매일 먹지는 않아.
5. 호세: 나는 오전에는 주로 배가 고프지 않아. 보통 나는 아무것도 먹지 않지만, 수사나는 아침을 잘 챙겨 먹어. 그녀는 항상 오렌지 주스와 토스트 몇 장을 먹어. 아, 당연히 카페라테도 마셔.

UNIDAD 2
Describir cómo actúa una persona

듣기 pág. 14

PISTA 02

1. Sofía canta bastante bien, pero su hermana canta muy mal.
2. Cristina resuelve este problema fácilmente, pero Luis no, al contrario, le cuesta mucho.
3. La hermana de Teresa conduce muy rápido, es un peligro, pero ella no.
4. ¡Uy, pero qué cómodo es este sillón!
5. Belén es una persona muy nerviosa. No sabe esperar tranquilamente su turno.
6. A Paco y a Nuria no les gusta mucho el cine, van poco. En cambio, el teatro les gusta muchísimo y van frecuentemente.

1. 소피아는 노래를 꽤 잘 부르지만, 그녀의 언니는 상당히 못 부른다.
2. 크리스티나는 이 문제를 쉽게 풀지만, 루이스는 그렇지 않다. 정반대로 매우 힘들어한다.
3. 테레사의 언니는 매우 빠르게 운전한다. 위험하다. 하지만 테레사는 그렇지 않다.
4. 우와! 이 팔걸이의자 정말 편하네!
5. 벨렌은 상당히 안달복달하는 사람이다. 자기 차례를 차분하게 기다릴 줄을 모른다.
6. 파코와 누리아는 영화관을 별로 좋아하지 않는다. 그들은 거의 가지 않는다. 반면에 연극은 매우 좋아해서 자주 보러 간다.

UNIDAD 3
Describir a una persona

듣기 pág. 18

PISTA 03

Mi hermana Silvia tiene muchos amigos. Es que es una persona muy simpática y agradable. Tiene buen carácter y se adapta a personalidades muy diferentes. Todos sus amigos son buenas personas, como ella, pero todos son muy diferentes. Por ejemplo, su pareja, Eduardo, es tranquilo y paciente. Carlos es muy listo, pero un poco vago. En cambio, Jorge es muy tímido e inseguro, pero muy trabajador. En cuanto a Marcia, es generosa, tolerante y muy educada.

내 여동생 실비아는 친구가 많다. 그녀가 매우 상냥하고 유쾌한 사람이기 때문이다. 그녀는 성격이 좋고 자신과 성격이 아주 다른 사람들과도 잘 어울린다. 그녀의 친구들도 그녀처럼 모두 좋은 사람들이다. 하지만 모두 상당히 다르다. 예를 들어, 그녀의 남자 친구인 에두아르도는 조용하고 느긋하다. 카를로스는 매우 영리하지만 약간 게으르다. 반면에 호르헤는 매우 내성적이고 예민하지만, 상당히 성실하다. 마르시아로 말할 것 같으면, 너그럽고, 관대하고, 매우 예의 바르다.

*unidades **1** a **3***
PREPARA TU EXAMEN 1

읽기

pág. 23

La gastronomía española es muy variada. En cada región se comen diferentes platos, pero hay algunos que son muy comunes en todo el país, por ejemplo, la tortilla de patatas. Es la especialidad española. Hecha de huevos y patatas, se come casi en cualquier momento del día: como aperitivo, como segundo plato de las comidas, como merienda o para cenar. Es muy fácil de preparar y está muy rica. Otros platos, aunque son originarios de regiones concretas, se suelen comer hoy en cualquier ciudad del país, como la paella, un plato de arroz muy popular. Es originaria de Valencia y hay muchos tipos: arroz con verduras, de verduras y pollo, de verduras, pescado y marisco o, quizá, la más popular, la paella mixta: de verduras, pollo y marisco. Es deliciosa. Es una muy buena opción para comer acompañada, por ejemplo, de ensalada.

스페인 음식은 매우 다양하다. 각 지역마다 다양한 요리들을 먹지만, 전국적으로 두루 먹는 요리들도 있는데 예를 들어 감자 토르티야로, 이것은 스페인 국민 요리이다. 이것은 달걀과 감자로 만들며, 애피타이저로, 점심 식사의 주 요리로, 간식으로, 또는 저녁 식사로 하루 중 거의 모든 때에 먹는다. 만드는 방법이 매우 간단하고, 맛이 아주 좋다. 다른 요리들은 특정 지역에서 유래되었지만 매우 인기 있는 쌀 요리인 파에야처럼 오늘날 전국적으로 널리 먹기도 한다. 파에야는 발렌시아 음식으로 많은 종류가 있다. 채소를 넣은 파에야, 채소와 닭고기를 넣은 파에야, 채소와 생선과 갑각류를 넣은 파에야, 또는 채소와 닭고기, 해산물을 모두 넣은 혼합 파에야가 있는데 어쩌면 이것이 가장 인기 있는 파에야일 수도 있다. 정말 맛있다. 이것은 예를 들어 샐러드와 같은 다른 음식과 곁들여 먹으면 아주 좋은 선택이다.

듣기

pág. 23

PISTA 04

1. Suele hacerse al horno o frito.
2. En España se suele comer frío y con pan.
3. A los niños les suelen gustar.
4. Es el ingrediente principal de la paella, pero también suele acompañar a la carne y a otros alimentos.
5. Especialidad española hecha con patatas y huevos, que muchas veces lleva también cebolla.

1. 주로 오븐에 넣거나 튀긴다.
2. 스페인에서는 주로 차가운 상태로 빵과 함께 먹는다.
3. 아이들이 주로 좋아한다.
4. 파에야의 주재료이지만, 고기나 다른 음식들과 곁들여 먹기도 한다.
5. 감자와 달걀로 만든 스페인의 대표 요리로, 많은 경우 양파도 들어간다.

UNIDAD 4
Describir las etapas de la vida

읽기

pág. 27

Cada etapa de la vida corresponde a diferentes cambios físicos y mentales. La manera de razonar y los centros de interés varían a medida que vamos creciendo. Cuando nacemos, entramos en la primera etapa: la infancia. Esta empieza con el nacimiento y acaba alrededor de los 12 años. Cuando somos niños, lo que más nos interesa es jugar. Es un periodo en el que aprendemos mucho. Luego, viene la adolescencia: es una transición entre la infancia y la edad adulta. Cuando somos adolescentes, buscamos una mayor independencia. Poco a poco evolucionamos, maduramos y llegamos a ser adultos. Entonces empieza un periodo en el que se tienen muchas responsabilidades personales y sociales, y se busca el éxito profesional. Y poco a poco envejecemos y nos acercamos a la tercera edad. Ya no somos tan jóvenes, pero tenemos experiencia sobre lo que pasó en cada etapa.

생애 주기마다 각기 다른 신체적 · 정신적 변화를 겪게 된다. 우리는 성장하면서 사고방식과 관심 대상들이 다양해진다. 우리가 태어나면 첫 단계로 진입하게 되는데, 그것이 바로 유년기이다. 이 단계는 출생과 함께 시작해서 12살 즈음 끝난다. 우리가 어린이일 때는 노는 것에 가장 많은 관심을 보인다. 이 시기는 우리가 많은 것을 배우는 시기이다. 그러고 나서 청소년기가 온다. 이것은 유년기와 성년기 사이의 과도기이다. 우리가 청소년이 되면 더 많은 독립을 원한다. 우리는 조금씩 발전해 가면서 성숙해지고, 어른이 된다. 그러면 개인적 · 사회적으로 많은 책임이 따르는 시기가 시작되고, 직업적인 성공을 찾게 된다. 그러면서 우리는 조금씩 나이 들어가며, 노후로 다가선다. 이제 우리는 그렇게 젊지 않지만, 각 단계에서 겪었던 경험을 지니고 있다.

pág. 28

Cuando era niño, me gustaba mucho ir al parque. Allí jugaba con mis amigos al fútbol, montaba en mi triciclo o perseguía a las palomas. Recuerdo mi infancia como una época muy feliz.
La adolescencia es una etapa de la vida muy complicada. Sigues siendo un niño, pero te sientes como un adulto. Yo no era muy rebelde: iba siempre a clase, estudiaba mucho y me portaba bien, pero

me sentía diferente, raro. Me pasaba muchas horas solo en casa. Pronto aprendí que los amigos son importantes.
En la universidad, vivíamos en una residencia de estudiantes. Como éramos jóvenes y no teníamos grandes preocupaciones, excepto los exámenes, íbamos siempre de fiesta, veía todos los días a mis amigos y lo pasábamos muy bien. Eso sí, al final del curso, nos encerrábamos en nuestras habitaciones o íbamos a la biblioteca para prepararnos para los exámenes. Estudiábamos horas y horas.
Envejecer es un proceso que una persona debe vivir asumiendo que es algo natural. Yo ya soy muy mayor, tengo casi 90 años. Antes era joven, fuerte…, pero ahora sigo siendo la misma persona, quizá más sensato. Cuando era joven y tenía toda una vida por delante, tenía prisa por todo. Ahora que soy un anciano, soy más paciente, más tranquilo. Le doy tiempo al tiempo.

나는 어린아이였을 때, 공원에 가는 걸 매우 좋아했다. 그곳에서 나는 친구들과 함께 축구하고, 세발자전거를 타거나 비둘기들을 쫓아다녔다. 나는 나의 유년 시절을 매우 행복한 시절로 기억한다.

청소년기는 상당히 복잡한 인생의 단계였다. 계속 어린아이지만, 어른 같은 기분이 들었다. 나는 별로 반항적이지는 않았다. 늘 학교에 갔고, 열심히 공부했고, 바르게 행동했지만, 뭔가 다른, 이상한 기분이 들었다. 나는 혼자 집에서 오랜 시간을 보냈다. 곧 친구들이 중요하다는 것을 배웠다.

대학교에서 우리는 기숙사에 살았다. 우리는 젊었고, 시험을 제외하고는 큰 걱정이 없어 늘 파티를 하러 다녔고, 매일 친구들을 만났고, 매우 즐겁게 지냈다. 그래도 학기 말이면 우리는 시험을 준비하기 위해 방에 틀어박혀 지내거나 도서관으로 향했다. 우리는 몇 시간이고 공부했다.

나이가 든다는 것은 자연스러운 것으로 사람이면 누구나 거쳐 가는 과정이다. 이제 나는 나이가 상당히 많다. 거의 90살이다. 전에는 젊고, 강했다. 하지만 지금도 여전히 같은 사람이고, 어쩌면 더 신중하다. 젊고 인생이 앞으로 펼쳐져 있었을 때는 모든 게 급했다. 그런데 지금 노인이 되어 보니, 훨씬 인내심도 많고, 더욱 차분하다. 나는 시간에게 시간을 준다.

듣기 pág. 28

PISTA 05

- Eva, estoy completamente sorprendido.
- Pues, ¿qué pasa, Mateo?
- Mi hijo mayor, el que está en la universidad, se pasa el día estudiando. Es increíble. Yo, cuando era estudiante, no estudiaba tanto. Y nunca estudiaba los fines de semana. Hacía mucho deporte, salía con mis amigos, pero ¿estudiar? Nada. Vosotras, ¿estudiabais tanto como él?
- Yo sí. Pero eso sí: cada sábado, iba a la discoteca con Andrés. En cambio, mi hermana Carmen se pasaba los fines de semana estudiando en la biblioteca y mi hermano Pedro, al contrario, salía todas las noches con sus amigos.

- 에바, 나 완전히 놀랐어.
- 무슨 일인데, 마테오?
- 대학교에 다니는 큰아들이 온종일 공부해. 믿을 수 없어. 내가 학생이었을 땐 그렇게 공부하지 않았거든. 그리고 주말에는 절대 공부하지 않았지. 운동을 많이 하고, 친구들과 놀러 다녔지만 공부는? 전혀. 너희도 그처럼 그렇게 많이 공부했니?
- 나는 그랬어. 하지만 토요일마다 안드레스와 클럽에 갔었지. 반면에, 내 언니 카르멘은 주말마다 도서관에서 살았고, 정반대로, 내 동생 페드로는 밤마다 친구들과 놀러 나갔어.

UNIDAD 5
Pasar una entrevista de trabajo

듣기 pág. 33

PISTA 06

Ayer, hice muchas cosas. Como era un día muy importante, quise ponerme elegante para la reunión, así que elegí un traje y una corbata bonita. Vine a la oficina más temprano que de costumbre y le pedí a mi secretaria unos documentos. Medí por segunda vez los planos, corregí un error e hice unas fotocopias para todos mis colegas. Quise hablar con el contable, pero estaba hablando por teléfono. Luego, llamé a un cliente y fijamos una fecha para nuestra próxima cita.

어제 나는 많은 일을 했다. 매우 중요한 날이라, 회의에 참석하기 위해 멋지게 입고 싶었고, 그래서 양복과 멋진 넥타이를 골랐다. 나는 평소보다 일찍 사무실에 와서 비서에게 서류를 요청했다. 나는 도면을 두 번째로 측정하고, 잘못된 것을 수정하고 나의 모든 동료들을 위해 복사했다. 나는 회계사와 이야기하려고 했지만, 그는 통화 중이었다. 이후 고객에게 전화를 걸어 다음 미팅 날짜를 잡았다.

읽기 pág. 34

- Buenos días. Veo por su currículum que, desde que terminó la carrera hasta solicitar este puesto, ha trabajado en varios lugares.
- Sí, es verdad, he hecho muchas cosas. Antes de venir aquí, trabajé en varias empresas y en diferentes puestos. Cuando salí de la universidad, primero viajé a Estados Unidos y aprendí inglés. Allí, una empresa quiso contratarme, pero yo no quise quedarme allí. Así que me vine a España

y rápidamente me propusieron un puesto en el Departamento de Compras. Pero un día, pedí un aumento de sueldo y, como no quisieron dármelo, me fui de la empresa. Como tenía ganas de viajar, decidí trabajar en un Departamento de Exportación. Mi experiencia en el extranjero me sirvió mucho, pero hay que decirlo todo, también tuve mucha suerte.

- 안녕하세요. 당신의 이력서를 보니, 당신은 대학을 졸업한 이후 이 자리에 지원할 때까지 여러 곳에서 근무하셨더군요.
- 네, 사실입니다. 저는 많은 일을 했습니다. 이곳에 오기 전에는 여러 회사와 다른 직무에서 일했습니다. 저는 대학을 마치고, 먼저 미국으로 가서 영어를 배웠습니다. 그곳에서, 한 회사가 저를 채용하려고 했지만, 저는 그곳에 안주하고 싶지 않았습니다. 그래서 저는 스페인으로 왔고, 일찌감치 영업팀 직무를 제안 받았습니다. 그러던 어느 날, 저는 월급 인상을 요구했고, 인상 요구가 받아들여지지 않아 회사를 떠났습니다. 저는 여행하고 싶은 마음이 있어 수출팀에서 일하기로 결심했습니다. 외국에서의 제 경험은 저에게 많이 유용했습니다. 하지만 전부 말하자면 저에게 많은 행운이 따르기도 했습니다.

UNIDAD 6
Contar un viaje en coche

읽기 pág. 39

Yo acabé la carrera en 2010. Tenía 25 años. Como no encontraba trabajo, acepté un puesto que no correspondía a mi nivel de estudios. Al principio, estuve muy deprimido. El trabajo era bastante aburrido.
Pero luego me di cuenta de que era una experiencia interesante porque me permitió conocer el funcionamiento global de una empresa. Esto me ayudó mucho después. En efecto, dos años más tarde, el director de Recursos Humanos me propuso un puesto en su departamento. ¡Era exactamente lo que yo quería hacer!
Me llevaba muy bien con los empleados porque gracias a mi primera experiencia entendía muy bien sus deseos y necesidades. Unos años más tarde, cuando se jubiló mi predecesor, me nombraron director de Recursos Humanos. Me quedé en ese puesto varios años. Pero un día decidí cambiar de vida. Monté un negocio gracias a Internet y me fui a vivir al campo.

나는 2010년에 학업을 마쳤다. 25살이었다. 일을 구할 수 없어 내 학력 수준에 맞지 않은 자리를 수락했다. 처음에는 상당히 우울했다. 일이 꽤 지루했다. 하지만 그 후 회사의 전반적인 기능을 알 수 있게 되어, 이것이 흥미로운 경험이었음을 깨달았다. 이것이 나중에는 나에게 많은 도움이 되었다. 실제로 2년 후, 인사팀장이 그 부서의 자리를 나에게 제안했다. 정확히 내가 하고 싶었던 일이었다!
나의 첫 경험 덕분에 나는 직원들이 원하는 것과 필요한 것을 매우 잘 이해했고 직원들과 상당히 잘 지냈다. 몇 년 후, 나의 선임자가 퇴직했을 때 나는 인사팀장으로 임명되었다. 나는 그 자리에서 몇 년 동안 있었다. 하지만 어느 날 나는 삶을 바꿔 보기로 결심했다. 나는 인터넷 덕분에 사업을 차린 후 시골에 살러 갔다.

듣기 pág. 40

PISTA 07

1. Señor García, ¿cuándo fue por primera vez a Granada?
2. ¿Quién condujo el coche?
3. ¿Pudieron ustedes llegar a Granada sin problema?
4. ¿Tuvieron un accidente?
5. ¿Llenaron el depósito antes de salir de viaje?
6. ¿Le dijo al mecánico que había un problema?

1. 가르시아 씨, 그라나다에 처음으로 간 게 언제였나요?
2. 누가 차를 운전했습니까?
3. 당신들은 문제없이 그라나다에 도착할 수 있었습니까?
4. 당신들은 사고가 있었나요?
5. 당신들은 여행을 떠나기 전에 연료 탱크를 채웠나요?
6. 당신은 문제가 있다고 수리공에게 말했나요?

unidades 4 a 6
PREPARA TU EXAMEN 2

듣기 pág. 42

PISTA 08

- Cuando era niña, mi vida era muy diferente. Claro, iba a la escuela todos los días, cosa que no me gustaba mucho, pero también hacía muchas cosas con mis amigos. Como vivíamos en un pueblo, salíamos a jugar todos juntos e íbamos en bici por el bosque. Cuando hacía calor, nos bañábamos en un lago que había cerca. ¿Y tú, qué hacías cuando eras niño?
- Pues yo no tenía tanta suerte como tú. Yo vivía en la ciudad, en un piso, y mis padres no me dejaban salir solo. Así que invitaba a mis amigos y jugábamos en casa. Los sábados, mi padre me llevaba a la piscina y los domingos solíamos visitar a mis abuelos.

• Yo, de niña, nunca iba a la piscina. Pero, cuando era estudiante, montaba a caballo dos veces a la semana con mi amiga Petra. Su padre era instructor. Cuando no teníamos exámenes, me reunía con mis amigos todas las noches y organizaba fiestas casi cada fin de semana. Pero eso sí, cuando se acercaban los exámenes, me ponía a estudiar.

• Pues yo sí que estudiaba mucho, incluso cuando no tenía exámenes. No me gustaba mucho salir por la noche. Además, practicaba mucho deporte. Salía a correr cada mañana con una amiga. También me gustaba mucho ir al cine.

• 어렸을 때는 내 삶이 매우 달랐어. 내가 많이 좋아하는 것은 아니었지만, 당연히 학교에는 매일 다녔지. 하지만 친구들과 어울려 많은 일을 했어. 우리는 시골 마을에 살았기 때문에, 모두 함께 놀러 다녔고, 숲에서 자전거를 타기도 했어. 날씨가 더우면 우리는 근처에 있는 호수에서 수영했지. 너는 어렸을 때 뭐 했니?

• 나는 너처럼 그렇게 운이 좋지는 않았어. 나는 도시의 아파트에 살았고, 나의 부모님은 나 혼자 못 나가게 했어. 그래서 나는 친구들을 초대해 집에서 놀았어. 토요일이면 아버지가 나를 데리고 수영장에 갔고, 일요일에는 주로 할아버지, 할머니 댁에 갔어.

• 나는 어렸을 때는 한 번도 수영장에 가지 않았어. 하지만 학생이었을 때는 내 친구 페트라와 함께 일주일에 두 번 말을 탔어. 그녀의 아버지가 승마 교관이었거든. 시험이 없으면, 나는 매일 밤 친구들과 모였고, 거의 주말마다 파티를 열었어. 당연히 시험 때는 공부했지.

• 나는 정말 열심히 공부했어. 심지어 시험이 없을 때도 말이야. 나는 밤에 놀러 나가는 건 별로 좋아하지 않았어. 게다가, 운동을 많이 했지. 나는 매일 아침 친구와 함께 뛰러 나갔어. 영화관에 가는 것도 아주 좋아했어.

UNIDAD 7

Describir un trabajo o una tarea

듣기 pág. 48

PISTA 09

1. • Hola, María. ¿Adónde vas?
   • Voy a la librería. Tengo que comprarme un libro para el examen de Matemáticas. ¿Y tú?
   • Voy al gimnasio. El médico dice que tengo que hacer más deporte.
2. • Espera, que tomo el paraguas.
   • ¿Para qué?
   • Por si llueve. Si está nublado, siempre hay que llevar un paraguas.
3. • Hola, Juan. ¿Vienes con nosotros a la playa?
   • Ahora no puedo. Tengo que llamar a Luis. Es que tenemos que organizar la fiesta del sábado y, luego, quiero ir al mercado para comprar unas naranjas. Cristina dice que debo comer más fruta y verdura.
4. • Sandra, ¿vamos a dar una vuelta?
   • Ahora no. Primero tenemos que ir a la estación para comprar los billetes del viaje y, luego, debemos llamar a los amigos que quieres invitar a tu cumpleaños.

1. • 안녕, 마리아. 너 어디 가니?
   • 나 서점에 가. 수학 시험을 위해 책 한 권을 사야 해서. 너는?
   • 나는 체육관에 가. 의사 선생님이 내가 더 많이 운동해야 한다고 그러네.
2. • 잠깐, 우산 좀 챙기게.
   • 뭐 하려고?
   • 비가 올까 봐. 날씨가 흐리면 항상 우산을 챙겨야 해.
3. • 안녕, 후안. 우리랑 바닷가에 갈래?
   • 지금은 안 돼. 나는 루이스에게 전화해야 해. 우리는 토요일 파티를 준비해야 하거든. 그러고 나서 난 오렌지를 사러 시장에 가고 싶어. 크리스티나는 내가 과일과 채소를 더 많이 먹어야 한대.
4. • 산드라, 우리 한 바퀴 돌까?
   • 지금은 안 돼. 우리는 우선 여행 갈 표를 사러 역에 가야 해. 그러고 나서 네가 네 생일에 초대하고 싶은 친구들에게 전화해야 해.

UNIDAD 8

Pedir algo

듣기 pág. 54

PISTA 10

• Hola, Juan, ¿qué estás haciendo?
• Hola, Marta. Estoy mandándole un correo a Andrés.
• ¿Todavía no se lo has mandado? Pensaba que lo habías hecho ayer.
• No, quería hacerlo, pero Andrés me tenía que mandar antes un documento y no lo ha hecho aún.
• ¿Me puedes mandar una copia del contrato?
• Claro, te la mando cuanto antes.

• 안녕, 후안. 너 뭐 하고 있니?
• 안녕, 마르타. 나는 안드레스에게 이메일을 보내고 있어.
• 아직도 보내지 않았어? 나는 네가 어제 보냈다고 생각했는데.
• 안 보냈어. 그러려고 했는데, 그 전에 안드레스가 나에게 서류를 보내야 했는데, 아직 보내지 않았거든.
• 나에게 계약서 복사본을 보내 줄 수 있니?
• 물론이지, 가능한 한 빨리 보내 줄게.

UNIDAD 9
Hablar de espectáculos

듣기 pág. 60

PISTA 11

- Hola, Carlos. ¿Qué tal ayer en el teatro con Isabel y Felipe?
- Bien, pero no vimos ni a Felipe ni a Isabel.
- ¿Y eso?
- Pues, cuando llegamos María y yo, como era un poco tarde, pensamos que ellos ya habían llegado y que habían entrado. Así que entramos, pero no estaban. Quise salir a buscarlos, pero la acomodadora no me dejó porque la función estaba a punto de empezar. Fue entonces cuando me di cuenta de que Felipe me había dejado un mensaje en el móvil para decirme que habían llegado con una hora de antelación y que habían ido a tomarse un refresco en el bar de enfrente. Cuando lo llamé después, me dijo que nos habían esperado tanto tiempo que, al final, no los habían dejado entrar en el teatro porque la obra ya había empezado.

- 안녕, 카를로스. 어제 이사벨과 펠리페와 함께 극장에서 어땠어?
- 좋았어, 하지만 우리는 펠리페도 이사벨도 만나지 못했어.
- 어째서?
- 그게, 마리아와 내가 도착했을 때, 조금 늦어서 우리는 그들이 이미 도착해 들어갔다고 생각했어. 그래서 우리는 곧바로 들어갔는데, 그들은 없었어. 나는 그들을 찾으러 나오고 싶었지만, 공연 시작 직전이라 안내원이 못 나가게 했어. 그때야 비로소 나는 펠리페가 한 시간 일찍 도착해 앞에 있는 바로 음료수를 마시러 갔다는 메시지를 핸드폰에 남겨 놨다는 걸 알았어. 그래서 전화했더니, 그가 우리를 너무 오래 기다리다가 결국에는 공연이 이미 시작해 극장에 못 들어갔다고 그러더라고.

unidades 7 a 9
PREPARA TU EXAMEN 3

읽기 pág. 62

Carmen

A mí me encanta el teatro. De pequeña soñé con ser actriz. Siempre que puedo, voy al teatro, una vez al mes como mínimo. Me gusta el teatro clásico, el teatro experimental. Cuando hay una obra nueva en la ciudad, voy a la primera sesión y, si me gusta, vuelvo a ir antes de que se acabe la obra.

Enrique

Mi afición favorita, como la de muchos españoles, creo, es el fútbol. Veo todos los partidos que ponen en la televisión los fines de semana y, el día que juega mi equipo en mi ciudad, voy al estadio con mis amigos. Siempre veo los partidos con mis amigos. Para mí es una actividad para compartirla.

Rocío

Yo soy comercial y siempre estoy con gente. Por eso, en mi tiempo libre, lo que me gusta es estar tranquila, sola, descansando. Leo mucho y veo muchas películas en la tele. Me gustan las historias románticas, de final feliz. La vida es ya muy complicada y por eso no quiero leer o ver historias que te hacen llorar.

카르멘
나는 연극을 매우 좋아한다. 어렸을 때는 배우가 되길 꿈꿨다. 나는 항상 시간이 될 때마다 최소 한 달에 한 번은 극장에 간다. 나는 고전 연극과 실험적인 연극을 좋아한다. 도시에서 새 작품이 올라오면 나는 첫 공연을 보러 간다. 그리고 마음에 들면 작품이 끝나기 전에 다시 간다.

엔리케
내 생각에 수많은 스페인 사람들과 마찬가지로, 내가 좋아하는 취미는 축구이다. 나는 주말마다 TV에서 방영되는 경기는 모두 보고, 내 팀이 내 도시에서 경기하는 날이면 친구들과 함께 경기장으로 간다. 나는 항상 친구들과 함께 경기를 본다. 나에게 축구는 함께 즐기는 활동이다.

로시오
나는 상점에서 일하고 늘 사람들과 함께 있다. 그래서 나의 자유 시간에 내가 좋아하는 것은 조용하게 혼자 휴식을 취하는 것이다. 나는 독서를 많이 하고, TV로 영화를 많이 본다. 나는 행복한 결말을 맞이하는 로맨틱한 이야기를 좋아한다. 이제는 삶이 너무 복잡하다. 그래서 울음을 짜내는 이야기는 읽기도, 보고 싶지도 않다.

듣기 pág. 63

PISTA 12

1. Hay gente que opina que mi trabajo es monótono, rutinario y aburrido. Siempre sentado viendo a los clientes pasar. Pero a mí me gusta. Tienes que tener don de gentes, ser simpático. A mí me gusta charlar con mis clientes cuando hacen la compra.
2. Mi profesión es muy interesante, porque conoces a personas importantes, y muy útil, porque informas, pero también puede ser muy peligrosa si vamos a lugares en conflicto.
3. Pues la mía no es peligrosa, en absoluto. Requiere mucha minuciosidad y paciencia. Normalmente tengo que arreglar modelos antiguos o modelos caros y eso exige mucha responsabilidad.

4. Lo que más me gusta en mi trabajo es que es necesario ser muy creativo, no es rutinario. Como soy muy tímido, además, no tengo que hablar con las personas. Ah, y es importante tener buen gusto, saber un poco de arte, de colores...
5. Pues en mi trabajo también. Para ser competente en mi profesión, es indispensable tener conocimientos artísticos. Pero también es necesario ser paciente y tener don de gentes.
6. Mi trabajo no es ni peligroso ni difícil, pero sí es muy agradable y divertido. Tienes que tener sentido del humor, que te gusten los niños, saber divertir e improvisar...

1. 내 일이 단조롭고, 상투적이고, 지루하다고 생각하는 사람들이 있다. 늘 앉아서 손님들이 지나가는 것을 보고 있기 때문이다. 하지만 나는 이 일이 좋다. 이 일은 사람들에게 호감을 살 줄 알아야 하고 친절해야 한다. 나는 손님들이 장을 볼 때 그들과 얘기 나누는 게 좋다.
2. 내 일은 중요한 인사들을 만나기 때문에 아주 흥미롭고, 정보를 주기 때문에 매우 유용하다. 하지만 우리가 분쟁 지역으로 갈 경우에는 상당히 위험할 수도 있다.
3. 내 일은 전혀 위험하지 않다. 많은 정교함과 인내심이 필요하다. 일반적으로 나는 고풍스러운 모델이나 고가의 모델을 수리해야 하며, 그것에는 많은 책임이 따른다.
4. 내 일에서 내가 가장 좋아하는 것은 상투적이지 않고 매우 창의적이어야 한다는 것이다. 게다가 나는 매우 내성적인데, 사람들과 얘기할 필요도 없다. 아, 좋은 취향을 가지고 예술과 색깔에 대해 좀 알아야 하는 것은 중요하다.
5. 내 일도 마찬가지다. 내 직업에서 경쟁력이 있으려면, 예술적인 지식이 필수적이다. 하지만 인내심과 사람들에게 호감을 사는 능력도 필요하다.
6. 내 일은 위험하지도, 어렵지도 않지만, 아주 즐겁고 재미있다. 유머 감각이 있어야 하며, 아이들을 좋아하고, 즐길 줄 알고 순발력이 있어야 한다.

UNIDAD 10
Tener cita en el médico

듣기 pág. 68

PISTA 13

1. ¿Me puede contar lo que le pasa?
2. ¿Se puede sentar en esta silla?
3. ¿Puede abrir la boca, por favor?
4. ¿Puede respirar hondo?
5. Usted está muy cansado. Tiene que descansar más.
6. Si es necesario, debe dormir la siesta y acostarse temprano.
7. Tiene que comprar esta medicina.
8. No debe olvidar tomársela cada noche.
9. Tiene que evitar el alcohol y comer mucha verdura.
10. También debe hacer un poco de deporte cada mañana.
11. Si los dolores siguen, tiene que volver a verme.

1. 증상을 말씀해 주실 수 있나요?
2. 이 의자에 앉아 보시겠어요?
3. 입을 벌려 보시겠어요?
4. 숨을 깊이 내쉬어 보시겠어요?
5. 당신은 매우 피곤한 상태입니다. 좀 더 휴식을 취해야 합니다.
6. 필요하다면 낮잠을 자고, 일찍 잠자리에 들어야 합니다.
7. 이 약을 사야 합니다.
8. 매일 밤 약 먹는 걸 잊지 마십시오.
9. 술을 멀리하고 채소를 많이 섭취해야 합니다.
10. 또한 매일 아침 약간의 운동을 해야 합니다.
11. 고통이 지속되면 다시 오십시오.

UNIDAD 11
Expresar una hipótesis o un deseo

듣기 pág. 73

PISTA 14

Si me toca la lotería, pienso comprarme una casa. Quiero que mi futura casa sea mayor que mi piso actual, que es muy pequeño. También quiero que mi casa tenga un jardín y que esté bien situada, cerca de una estación. ¡Ah! También quiero que mi casa tenga dos habitaciones y un cuarto para invitados. Y deseo que tenga garaje.

나는 복권에 당첨되면 집을 살 생각이다. 미래의 집은 매우 작은 현재의 아파트보다 더 크면 좋겠다. 또한 집에 정원이 있고, 역 근처로 위치가 좋으면 좋겠다. 아! 또한 집에 방 2개와 손님용 방이 1개 있으면 좋겠다. 그리고 차고도 있으면 좋겠다.

읽기 pág. 75

Hola, Pepe:

Te escribo para decirte que es posible que Marta y yo viajemos a España la semana próxima. Es posible que su hermano venga con nosotros. Primero vamos a ir a Madrid. Tenemos muchas cosas que hacer. Ojalá podamos visitar todos los museos y los lugares que nos has recomendado. Marta quiere que vayamos también a Toledo. A ver si tenemos tiempo. Yo quiero ir directamente a Málaga, prefiero que nos quedemos unos días allí y visitemos la ciudad tranquilamente. ¿Nos puedes aconsejar algún hotel? Queremos que esté cerca del centro, pero que no sea demasiado caro.

Espero que estés bien y que nos veamos pronto.
Un abrazo,
Felipe

안녕, 페페.

마르타와 내가 다음 주 스페인으로 여행할 수도 있다는 말을 전하기 위해 너에게 메일을 써. 그녀의 동생이 우리와 함께 갈 수도 있어. 우리는 먼저 마드리드로 갈 거야. 우리는 할 게 많아. 모든 미술관과 네가 우리에게 추천해 준 장소들을 전부 둘러볼 수 있으면 정말 좋겠어. 마르타는 우리가 톨레도도 가기를 원해. 시간이 될지 두고 봐야지. 나는 바로 말라가로 가고 싶어. 나는 우리가 그곳에서 며칠 머물며 편안하게 도시를 구경하면 좋겠어. 네가 우리에게 호텔을 추천해 줄 수 있겠니? 우리는 호텔이 시내 근처에 있지만, 지나치게 비싸지 않으면 좋겠어.

나는 네가 잘 지내고 있으면 좋겠어. 그리고 우리가 곧 만나기를 바라.
포옹을 전하며,
펠리페

UNIDAD 12
Expresar la opinión

듣기 pág. 80

PISTA 15

1. Estamos perdidos, pero no es preocupante. Lo que tenemos que hacer es encontrar un mapa. Eso es indispensable.
2. Nuestros hijos juegan en el parque y eso está muy bien. Lo malo es que otros niños se pasan el día jugando en el garaje y eso es una locura.
3. Tenemos que venir temprano, es mejor. Lo más importante es no llegar tarde.

1. 우리는 길을 잃었지만, 걱정할 정도는 아니다. 우리가 해야 할 일은 지도를 찾는 것이다. 그것이 필수적이다.
2. 우리 아이들은 공원에서 노는데, 그것은 아주 좋다. 나쁜 것은 다른 아이들이 온종일 차고에서 논다는 것이며 그것은 미친 짓이다.
3. 우리는 빨리 와야 한다. 그게 낫다. 늦지 않게 도착하는 게 중요하다.

unidades 10 a 12
PREPARA TU EXAMEN 4

듣기 pág. 82

PISTA 16

1. Vamos, a comer. ¡Ponlos en la mesa, por favor!
2. ¡No os la comáis, es para la fiesta!
3. Hay tres helados, tómese uno de postre, están muy ricos.
4. Por favor, sacad al perro a pasear, que yo no puedo.
5. ¡Enciéndela, que hay muy poca luz!
6. El examen va a empezar ya. ¡Apáguenlos!
7. No se lo mandes todavía. Vamos a corregirlo antes.
8. ¡Ábrelo! Espero que te guste. ¡Felicidades!
9. No te lo quites, que hace mucho frío.
10. No te lo tomes, que si no, no vas a dormir.

1. 자, 밥먹자. 이것들을 상에 놓아 주렴!
2. 너희 그것을 먹지 마, 그건 파티를 위한 거야!
3. 아이스크림이 3개 있습니다. 디저트로 하나 드십시오. 아주 맛있습니다.
4. 너희들 개를 데리고 나가 산책 좀 부탁해. 나는 못 하니까.
5. 불 켜, 너무 어두워!
6. 이제 시험이 시작합니다. 그것들을 끄십시오!
7. 아직 보내지 마. 그 전에 우리가 수정할 거야.
8. 열어 봐! 네 마음에 들기를 바라. 축하해!
9. 벗지 마, 날씨가 정말 추워.
10. 마시지 마, 안 그러면 너는 잠을 못 잘 거야.

UNIDAD 13
Expresar un sentimiento

듣기 pág. 88

PISTA 17

1. Hoy es el cumpleaños de Roberto y mañana celebramos nuestro aniversario de boda.
2. No entiendo a Juanjo y Marga: apenas se acaban de casar y ya quieren divorciarse.
3. Cristina está muy contenta: está a punto de tener un hijo.
4. Iba a anunciarle a Lola que Carlos y yo íbamos a casarnos cuando me dijo que su marido había

fallecido en un accidente de coche. Le di el pésame y no me atrevía contarle la buena noticia.

5. Ayer me llamó José para decirme que no puede ir a la boda de Enrique porque va a nacer el bebé.

1. 오늘은 로베르토의 생일이고, 내일은 우리의 결혼기념일을 축하한다.
2. 나는 후안호와 마르가를 이해하지 못하겠다. 결혼하자마자 그새 이혼하고 싶어 한다.
3. 크리스티나는 매우 행복하다. 아들을 낳기 직전이다.
4. 카를로스와 내가 결혼한다는 것을 롤라에게 전하려고 했을 때 롤라가 그녀의 남편이 교통사고로 사망했다고 말했다. 나는 그녀에게 조의를 표하고, 좋은 소식은 차마 전할 수 없었다.
5. 어제 호세는 아이가 태어나려고 해서 엔리케의 결혼식에 갈 수 없다고 말하려고 나에게 전화했다.

UNIDAD 14
Hablar de una acción futura

듣기 pág. 94

PISTA 18

- Manuel, ¿cuándo me vas a enseñar a pasar fotos del ordenador a la tableta?
- Ahora no puedo. Es que mi ordenador no funciona bien, no sé por qué. Rosa dice que va a intentar arreglarlo, pero, si no lo consigue, tendré que llamar a un técnico.
- ¿Y cuándo viene Rosa?
- Vendrá esta tarde. Me llamará en cuanto salga de la universidad.

- 마누엘, 컴퓨터의 사진들을 태블릿으로 전송하는 방법을 언제 나에게 가르쳐 줄 거야?
- 지금은 안 돼. 내 컴퓨터가 제대로 작동하지 않거든. 왜 그런지 모르겠어. 로사가 고쳐 보겠다고 했는데, 그녀가 못 고치면 나는 기술자에게 전화해야 돼.
- 그럼 로사는 언제 오는데?
- 오늘 오후에 올 거야. 학교에서 나오면 바로 나에게 전화할 거야.

UNIDAD 15
Expresar la finalidad, la causa y la consecuencia

듣기 pág. 100

PISTA 19

- Hola, Luis. ¿Qué tal el fin de semana? ¿Qué has hecho?
- Pues, mira, pensaba ir el sábado al monte, para sacar fotos, pero no pude por la lluvia. ¡Y eso que por la mañana hacía sol!
- ¡Qué pena! Entonces, ¿qué hiciste?
- Pues como no podía salir, aproveché el día para ordenar mis fotos. Tenía tantas fotos que no encontraba las que buscaba. Es que estoy tan contento cuando veo un animal por primera vez que le saco miles de fotos. A veces tengo más de diez fotos del mismo animal.
- ¿Y no fuiste a sacar fotos el domingo?
- El domingo quise ir al parque nacional de Doñana, para observar las aves migratorias. Como mi coche estaba averiado, Juan me prestó el suyo. Pero, cuando llegué, hacía tanto viento que decidí ir a la playa. Las olas eran increíbles. Decidí sacar una foto, pero... fue entonces cuando me di cuenta de que había olvidado mi cámara.

- 안녕, 루이스. 주말은 어땠어? 뭐 했어?
- 그게, 있잖아, 토요일에 사진 찍으러 산에 갈 생각이었는데, 비가 와서 못 갔어. 오전에는 화창했는데 말이야!
- 안타깝네! 그럼 뭐 했어?
- 나갈 수가 없어서 그날은 내 사진들을 정리하는 데 보냈지. 사진들이 너무 많아서 찾으려는 사진들을 찾을 수가 없었거든. 나는 동물을 처음 보면 너무 좋아서 수없이 찍게 돼. 가끔은 같은 동물의 사진이 10장 이상 있을 때도 있어.
- 그러면 일요일에 사진 찍으러 안 갔어?
- 일요일에는 철새를 관찰하러 도냐나 국립공원에 가고 싶었어. 내 차가 고장이 나서 후안이 차를 빌려줬어. 그런데 도착했을 때 바람이 너무 불어 바닷가로 가기로 했지. 파도가 끝내줬거든. 사진을 찍으려고 했는데……. 그제야 비로소 내가 카메라를 두고 왔다는 사실을 깨달았어.

unidades 13 a 15
PREPARA TU EXAMEN 4

듣기 pág. 102

PISTA 20

1. A mí me encanta que haga bueno porque así puedo trabajar en el jardín. Llevo el ordenador y, con la wifi, puedo seguir trabajando sin problema.
2. La verdad, odio que me llamen cuando duermo la siesta.
3. ¡Qué triste! Me escandaliza que en el siglo XXI tanta gente no tenga hogar.

4. Mañana me voy, por fin. Espero que haga sol, me encanta tomar el sol en la playa. Odio el frío.
5. Oye, Lola, ¿me puedes mandar el documento por correo electrónico, por favor?
6. Yo soy muy puntual, creo que a veces demasiado, pero es que me molesta llegar tarde o que la gente llegue tarde a una cita. Me parece una falta de respeto.

1. 나는 날씨가 좋은 게 좋다. 왜냐하면 정원에서 일할 수 있기 때문이다. 컴퓨터를 가지고 나가 와이파이만 있으면 문제없이 계속해서 일할 수 있다.
2. 사실, 나는 낮잠 잘 때 전화 오는 거 정말 싫어한다.
3. 정말 슬프다! 나는 21세기에 그렇게 많은 사람들이 집이 없다는 게 충격적이다.
4. 나는 드디어 내일 떠난다. 날씨가 화창하기를 바란다. 나는 바닷가에서 선탠하는 걸 좋아한다. 추운 것은 싫다.
5. 얘, 롤라. 나에게 이메일로 서류를 보내 줄 수 있니?
6. 나는 시간을 아주 잘 지킨다. 가끔은 지나칠 정도라고 생각하지만, 나는 내가 늦거나 사람들이 약속에 늦는 게 언짢다. 존중심이 부족하다고 본다.

읽기

pág. 102

Un futuro terrible espera al planeta por el cambio climático

Antes que nada, quiero/quería agradecerles su presencia. Me alegro de que este tema interese a tantas personas.
Como bien saben, los científicos advierten que, si no se toman rápidamente medidas contra el cambio climático, la humanidad sufrirá fenómenos catastróficos que irán desde la desaparición de ciudades costeras, hasta olas de calor y sequías. Estas serán algunas de las consecuencias que observaremos en los próximos años. Según los científicos, es importante llegar a un acuerdo internacional que permita limitar el calentamiento del planeta. En caso contrario, las consecuencias serán múltiples.
A continuación, vamos a analizar algunas de estas.

1) El aumento de temperatura

Es probable que la temperatura de la Tierra aumente varios grados de aquí a fin de siglo. Si las emisiones continúan al ritmo actual, el calentamiento del planeta producirá impactos graves e irreversibles.

2) La elevación del nivel de los océanos

La desaparición de los glaciares será una de las consecuencias del calentamiento global. Si no se toman medidas para reducir las emisiones de gases de efecto invernadero y si nada cambia de aquí a 2100, el nivel de los océanos se elevará entre 26 y 82 centímetros con relación al período 1986-2005. Además, el deshielo en Groenlandia y la Antártida se está acelerando y los océanos se están calentando y dilatándose. Si la temperatura mundial aumenta dos grados, las zonas en las que viven actualmente 280 millones de personas quedarán bajo el agua.

3) Fenómenos meteorológicos extremos

Las lluvias torrenciales, los huracanes, las olas de frío o de calor extremo se volverán más frecuentes. El calentamiento provocará sequías e inundaciones devastadoras. Es probable que se destruyan viviendas y cosechas y que la población tenga que huir. Esta situación provocará una crisis humanitaria. No cabe duda de que la falta de agua provocará guerras o migraciones masivas. La población de las zonas más afectadas se convertirá en refugiados climáticos.

기후 변화로 끔찍한 미래가 지구를 기다리고 있습니다.

무엇보다 앞서, 여러분이 참석해 주신 것에 감사드리고 싶습니다. 저는 이렇게 많은 분이 이 주제에 관심을 보이신다는 것이 기쁩니다.
여러분도 잘 아시다시피, 과학자들은 기후 변화에 대한 대책을 빨리 세우지 않으면 해안가 도시들의 파괴부터 폭염과 가뭄까지 인류가 끔찍한 재난을 겪게 될 것이라고 경고합니다. 이것은 우리가 차후 몇 년 동안 관측하게 될 결과들입니다. 과학자들에 따르면, 지구 온난화를 막을 수 있는 국제적인 합의를 이끌어 내는 것이 중요합니다. 그렇지 않을 경우, 결과는 복합적일 것입니다.
계속 이어서, 우리는 이러한 몇몇 결과들을 분석하겠습니다.

1) 기온 상승

세기말이면 지구의 기온이 지금보다 몇도 상승할 가능성이 있습니다. (이산화탄소) 배출이 현재의 속도로 지속된다면 지구의 온난화는 심각하고 돌이킬 수 없는 영향을 초래할 것입니다.

2) 해수면 상승

빙하의 소멸은 지구 온난화의 결과 중 하나가 될 것입니다. 온실 효과를 유발하는 가스 방출을 줄이는 대책을 세우지 않는다면, 그리고 지금부터 2100년까지 아무것도 바뀌지 않는다면, 해수면은 1986년에서 2005년 기간의 해수면과 비교해 26㎝에서 82㎝ 상승할 것입니다. 게다가 그린란드와 남극 대륙의 해빙이 가속화되면서, 바다가 뜨거워지고 확장되고 있습니다. 전 세계의 기후가 2도 상승하면 현재 2억 8천만 명이 사는 지역은 수면 아래 남게 될 것입니다.

3) 기상 이변

집중 호우나 허리케인, 한파, 불볕더위는 더 자주 반복될 것입니다. 온난화는 재난과 파괴적인 홍수를 일으킬 것입니다. 주거지와 수확물은 파괴되고, 거주민은 피난 가야 할 가능성이 큽니다. 이러한 상황이 인류의 위기를 불러올 것입니다. 물 부족이 전쟁이나 대량 이주를 불러올 거라는 데는 의심의 여지가 없습니다. 피해를 가장 많이 입은 지역의 주민들은 기후 난민이 될 것입니다.

UNIDAD 16
Expresar el inicio, la continuidad o el final de una acción

듣기 pág. 107

PISTA 21

1. • Lola, ¿qué tal las vacaciones?
   • ¡No me hables! ¡Se puso a llover el primer día y seguía lloviendo el día que nos volvíamos!
2. • Pedro, ¿qué te pasa? ¿Estás enfermo?
   • No, no estoy enfermo, pero estoy cansadísimo. Es que anoche me quedé estudiando hasta las cinco de la mañana para el examen de hoy.
3. • Carlota, ¿desde cuándo vives en Madrid?
   • Pues, mira, antes vivía en Barcelona y llegué aquí, a Madrid, hace tres años.
4. • Hola, Mario, siento llegar tarde. ¿Llevas mucho tiempo esperándome?
   • No, no te preocupes, Laura. Acabo de llegar.
5. • José, ¿qué pasó el otro día? ¿Por qué no te presentaste al examen?
   • No te lo vas a creer: no oí el despertador y seguí durmiendo hasta las once.

1. • 롤라, 휴가는 어땠어?
   • 말도 마! 첫날 비가 내리기 시작하더니, 우리가 돌아오는 날까지 계속 비가 왔어!
2. • 페드로, 무슨 일이야? 아파?
   • 아니, 아픈 건 아닌데 무지하게 피곤하네. 오늘 시험 때문에 어젯밤 새벽 5시까지 공부했거든.
3. • 카를로타, 너는 언제부터 마드리드에 살고 있니?
   • 그게, 전에는 바르셀로나에 살았는데, 여기 마드리드에는 3년 전에 왔어.
4. • 안녕, 마리오. 늦어서 미안해. 한참 기다렸어?
   • 아니, 걱정 마, 라우라. 방금 도착했어.
5. • 호세, 저번에는 무슨 일 있었어? 왜 시험에 오지 않았어?
   • 너는 믿지 못할 거야. 내가 알람을 듣지 못하고 11시까지 계속 잤거든.

UNIDAD 17
Dar un consejo

듣기 pág. 114

PISTA 22

1. • No sé si estudiar para ser periodista. Y tú, Luis, ¿lo harías?
   • Ana, yo sí.
2. • Juan no sabe si comprarse esta radio. ¿Vosotros lo haríais?
   • Nosotros no.
3. • Ana y yo no sabemos si escribir al periódico o no. Y usted, señor López, ¿lo haría?
   • Yo no.
4. • No sé si salir esta noche. Y tú, Ana, ¿lo harías?
   • Yo sí, José.
5. • La señora Díaz no sabe si ir a Madrid este verano. Tú, Felipe, ¿lo harías?
   • Yo no.

1. • 기자가 되기 위해 공부해야 할지 모르겠어. 루이스, 너라면 하겠니?
   • 아나, 나라면 하겠어.
2. • 후안은 이 라디오를 사야 할지 망설이고 있어. 너희라면 사겠니?
   • 우리라면 안 사겠어.
3. • 아나와 나는 신문에 글을 써야 할지 말지 모르겠습니다. 로페스 씨, 당신이라면 하겠습니까?
   • 나라면 안 하겠습니다.
4. • 나는 오늘 밤 나가야 할지 모르겠어. 아나, 너라면 나갈 거야?
   • 나라면 나가겠어, 호세.
5. • 디아스 부인은 올여름에 마드리드에 가야 할지 망설이고 있어. 펠리페, 너라면 가겠니?
   • 나라면 안 갈거야.

UNIDAD 18
Reproducir el contenido de una conversación

듣기 pág. 120

PISTA 23

¿Sabés? El verano pasado, Cristina y yo fuimos a visitar una reserva natural en Costa Rica. Vimos muchísimos animales distintos. Cristina quiere volver, pero yo prefiero visitar otra región. El próximo año iremos a Galápagos. Allí también podré sacar fotos únicas.

그거 알아? 작년 여름, 크리스티나와 나는 코스타리카의 자연 보호 구역을 방문하러 갔어. 우리는 아주 많은 다양한 동물들을 봤어. 크리스티나는 또 가고 싶어 하는데, 나는 다른 곳을 방문하길 원해. 내년에 우리는 갈라파고스 섬에 갈 거야. 그곳에서도 나는 독특한 사진들을 찍을 수 있을 거야.

읽기 pág. 121

Visita a la reserva de la biosfera de la mariposa monarca

Buenos días a todos. Como ya saben, mañana visitaremos el santuario de la mariposa monarca. Verán qué impresionante es. La mariposa monarca es la más famosa de las mariposas de América Latina. Es única y posee una gran resistencia. Puede vivir hasta 9 meses. Lo más sorprendente de esta especie es que las mariposas nacidas a finales de verano y principios de otoño componen una generación especial, que realiza un ciclo completo de migración (ida y vuelta) desde Canadá hasta México siguiendo la ruta trazada por generaciones anteriores. El viaje supone hasta 4 000 kilómetros. La reserva de la biosfera de la mariposa monarca está en México. Fue declarada Patrimonio de la Humanidad por la Unesco en 2008.

제왕나비의 생물권 보존 지역 방문

모두 안녕하세요. 여러분이 이미 알다시피, 내일 우리는 제왕나비의 성지를 방문할 겁니다. 여러분은 그곳이 얼마나 인상적인지 보게 될 겁니다. 제왕나비는 라틴 아메리카의 나비 중에서 가장 유명한 나비입니다. 그 나비는 독특하며 엄청난 생명력을 지녔습니다. 9개월까지 살 수 있습니다. 이 종의 가장 놀라운 사실은 늦여름이나 초가을에 태어난 나비들이 특별한 세대를 구성하여, 앞 세대들이 지나온 경로를 따라 캐나다에서부터 멕시코까지 완벽한 이주를 (왕복으로) 한다는 것입니다. 비행 거리는 4,000km까지 추정됩니다. 제왕나비의 생물권 보존 지역은 멕시코에 있습니다. 이곳은 2008년 유네스코에 의해 세계 유산으로 지정되었습니다.

unidades 16 a 18
PREPARA TU EXAMEN 6

듣기 pág. 123

PISTA 24

1. A mí no me gusta viajar lejos ni pasarme el día en la playa. En cambio, me fascina la pintura de los siglos XV y XVI. No me gusta para nada el arte contemporáneo.
2. A Antonio y a mí nos gusta viajar por todo el mundo. Los dos somos guías turísticos. Este año Antonio va a organizar por primera vez un viaje a México y van a ir por la selva. Por eso, está trabajando mucho, para que todo salga bien.
3. No sé adónde ir de vacaciones. Me encanta la naturaleza. Me gustaría navegar por el río Amazonas.
4. María y yo queremos viajar por América Latina. Nos interesa mucho la historia, pero esta vez no queremos visitar sitios arqueológicos. Queremos ver muchos animales, pero no sabemos adónde ir. Como María es muy miedosa y no quiere que viajemos solas, vamos a ver lo que las agencias de viaje proponen.
5. A mí me gusta viajar solo o con un amigo. Odio los viajes organizados. Este año pienso viajar con Rafa. Le apasionan los pájaros y le encantaría observar cóndores.
6. A Laura y a mí, desde que nos casamos, nos gusta hacer excursiones por la naturaleza. No tanto para ver animales como para ver paisajes. Este año vamos a ir a Venezuela, a ver el Salto del Ángel. Dicen que es un espectáculo ver esa cascada.

1. 나는 멀리 여행 가는 것도, 바닷가에서 종일 있는 것도 좋아하지 않는다. 반면에 나는 15세기와 16세기 그림은 정말 좋아한다. 현대 예술은 전혀 좋아하지 않는다.
2. 안토니오와 나는 전 세계를 여행하는 걸 좋아한다. 우리 두 사람은 관광 가이드이다. 올해 안토니오는 처음으로 멕시코 여행을 준비해 밀림에 가려고 한다. 그래서 그는 모든 게 잘되도록 열심히 일하고 있다.
3. 나는 어디로 휴가를 가야 할지 모르겠다. 나는 자연을 정말 좋아한다. 나는 아마존강을 따라 항해하고 싶다.
4. 마리아와 나는 라틴 아메리카를 여행하고 싶어 한다. 우리는 역사에 관심이 매우 많지만, 이번에는 고고학적인 장소들은 가고 싶지 않다. 우리는 많은 동물을 보고 싶은데, 어디로 가야 할지 모르겠다. 마리아가 겁이 상당히 많아 우리끼리 여행하는 걸 꺼려서 우리는 여행사에서 제안하는 내용을 살펴보려고 한다.
5. 나는 혼자 또는 친구 한 명과 여행하는 걸 좋아한다. 나는 패키지 여행은 싫어한다. 올해 나는 라파와 함께 여행할 생각이다. 그는 새들을 정말 좋아해서 콘도르를 관찰하는 걸 매우 좋아할 것이다.
6. 라우라와 나는 결혼한 이후로 자연으로 여행 떠나는 걸 좋아한다. 동물을 보기 위해서 뿐만이 아니라 경관도 보기 위해서이다. 올해 우리는 베네수엘라에 앙헬 폭포를 보러 갈 것이다. 그 폭포를 보는 것이 장관이라고들 한다.

UNIDAD 1
Hablar de costumbres alimentarias

1

6 - 5 - 8 - 3 - 10 - 4 - 7 - 9 - 1 - 2

2

1. leche	2. calamares
3. salchichas	4. zumo
5. vaca	6. cangrejos
7. cerdo	8. galletas
9. agua	10. café
11. ostras	12. bocadillos
13. gambas	14. macarrones
15. cordero	16. pollo
17. té	18. mejillones
19. jamón	20. cereales
21. mermelada	22. refresco
23. salchichón	

3

1. Suelo	2. Solemos
3. suele	4. suelen
5. suele	6. soléis
7. suelen	8. Sueles
9. suelen	10. suelen

4

1. sueles llamar, Suelo llamarlos
2. suelen ducharse, Suelo ducharme
3. suele acostarse, Solemos acostarnos
4. suele preparar, suele prepararla
5. soléis ir, Solemos ir
6. suelen despertar, Solemos despertarlos
7. sueles preparar, Suelo prepararla

5

1. suele servirles café. / les sirve café.
2. no suele preparar el desayuno. / no prepara el desayuno.
3. suelo comprarles chocolate. / les compro chocolate.

6

1. Le suelo preparar patatas fritas al niño una vez a la semana. / Suelo preparárselas una vez a la semana.
2. Les suele hacer un pastel a los niños los domingos. / Suele hacérselo los domingos.
3. Nos sueles preparar salchichas cada semana. / Sueles preparárnoslas cada semana.
4. El camarero nos suele traer la comida rápidamente. / El camarero suele traérnosla rápidamente.
5. Les sueles servir pescado a los invitados. / Sueles servírselo.
6. No le suelo comprar refrescos a mi hija. / No suelo comprárselos.
7. Juan me suele traer la compra cada sábado. / Juan suele traérmela cada sábado.
8. Te suelo preparar una tortilla española. / Suelo preparártela.
9. Les suelo servir mejillones a Ana y a Antonio. / Suelo servírselos.
10. Siempre le solemos pedir agua a la camarera. / Siempre solemos pedírsela.

7

1. siempre lo preparo con arroz. / nunca lo preparo con arroz.
2. siempre les ofrezco café. / nunca les ofrezco café.
3. siempre los invitamos. / nunca los invitamos.
4. siempre los hago. / nunca los hago.
5. siempre lo compro en el mercado. / nunca lo compro en el mercado.

8

1. No, no suele calentarla nunca.
2. Sí, suele comprárselos.
3. No, no suele comer carne nunca.
4. No, no suelen comerlo a diario.
5. José no suele tomar nada para el desayuno.

UNIDAD 2
Describir cómo actúa una persona

1

2

1. d 2. a 3. f 4. b 5. c 6. e

3
1. bien
2. así
3. lentamente
4. peor
5. claramente
6. deprisa
7. mal

4
1. cómodamente
2. cortésmente
3. amablemente
4. cruelmente
5. urgentemente
6. disciplinadamente
7. hábilmente
8. frecuentemente
9. seguramente
10. relajadamente

5
1. rápida, eficazmente
2. Económica, socialmente
3. delicada, hábilmente
4. seria, rápidamente
5. tranquila, pacientemente
6. clara, perfectamente
7. cuidadosa, correctamente
8. limpia, profesionalmente
9. inteligente, rápidamente

6
1. fácilmente , difícilmente
2. lentamente, rápidamente
3. hábilmente, torpemente
4. silenciosamente, ruidosamente

7
1. Ana conduce lentamente.
2. Luis corre rápidamente.

8
1. muy bien
2. difícilmente
3. lentamente
4. cómodamente
5. neriviosamente
6. frecuentemente

9
1. tranquilo, tranquilamente
2. bien, bueno
3. clara, claramente, difícil
4. bien, despacio
5. extraños, extraña, extrañamente
6. silenciosamente, torpe, ruidosamente

10
1. ¿Cómo corre Alicia?
2. ¿Cómo habla John español?
3. ¿Se pronuncia así?
4. ¿César cocina bien?
5. ¿Te sientes mejor?

11
1. fácilmente
2. rápidamente/deprisa
3. peor
4. despacio/lentamente
5. peor
6. ruidosamente
7. torpemente

UNIDAD 3
Describir a una persona

1
1. a. simpática, agradable, buen carácter
   b. antipática, desagradable, mal carácter
2. a. tranquilo, paciente b. nervioso, impaciente
3. a. listo, vago b. tonto, trabajador
4. a. tímido, inseguro, trabajador
   b. extrovertido, seguro, vago
5. a. generosa, tolerante, educada
   b. tacaña, intolerante, maleducada

2

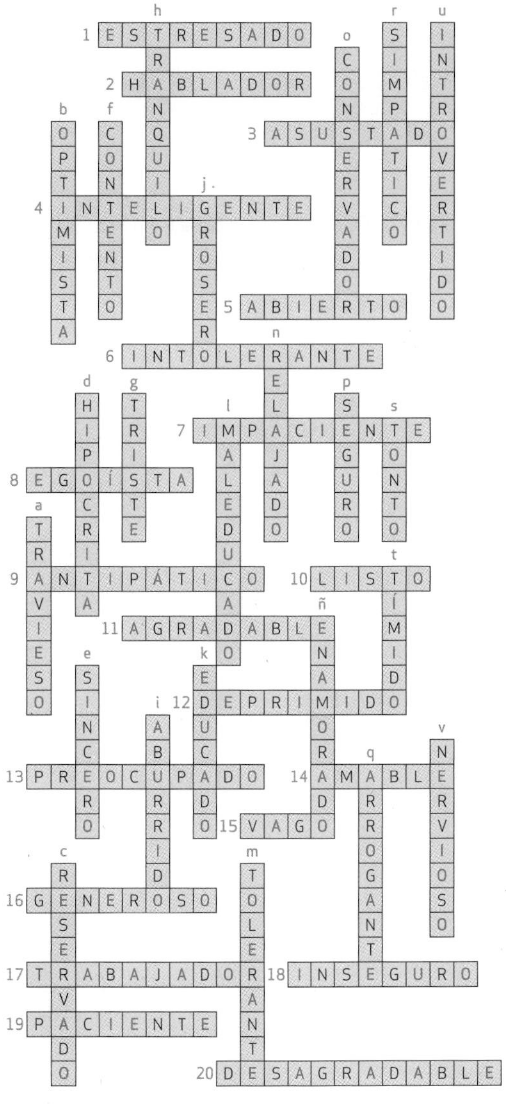

3

1. Manuel es vago.
2. Pablo está nervioso / impaciente.
3. Mis primos son divertidos / alegres.
4. El niño está asustado.
5. Mi vecino es antipático / maleducado.
6. María no tiene buen carácter.
7. Mis hermanas son tímidas.

4

1. es, es 2. está, son
3. es, es 4. Estoy, está
5. es, es, es 6. están
7. están 8. es, es
9. estamos, Estamos 10. estás, estoy

5

1. a. está b. es
2. a. estás, estoy b. es, es
3. a. es b. está
4. a. es b. está
5. a. están b. es
6. a. está b. Es
7. a. es b. estás

unidades 1 a 3
PREPARA TU EXAMEN 1

1

1. b 2. f 3. e 4. c 5. h 6. d
7. i 8. a 9. g

2

1. c 2. c 3. b 4. c 5. a 6. b

3

a. 3, galletas
b. 4, arroz
c. 5, tortilla
d. 1, pescado
e. 2, queso

UNIDAD 4
Describir las etapas de la vida

1

M	A	D	U	R	E	Z	F	I	E	C	A	B	J	E
S	B	A	T	O	D	A	V	I	A	Ñ	Z	E	U	D
D	I	L	H	V	S	A	F	O	F	E	D	I	V	G
F	R	E	C	U	E	N	T	E	M	E	N	T	E	I
E	C	A	D	U	L	T	O	S	V	J	N	A	N	R
F	V	F	O	B	L	G	L	H	T	E	D	A	T	E
O	E	J	V	T	E	C	I	P	B	O	S	D	U	S
Y	J	J	I	E	Ñ	R	N	U	N	I	V	A	D	E
V	E	V	J	S	D	M	J	A	V	A	C	U	T	E
C	Z	T	C	O	J	D	I	F	C	A	J	E	S	P
J	A	M	A	S	E	C	P	R	O	N	T	O	Z	C
N	C	A	M	O	N	A	C	E	R	C	I	R	T	S
M	A	R	T	A	R	D	E	M	B	E	R	Ñ	G	E
S	E	U	Z	R	S	I	E	M	P	R	E	C	E	E
S	V	A	B	E	N	U	P	E	R	J	A	G	O	Z

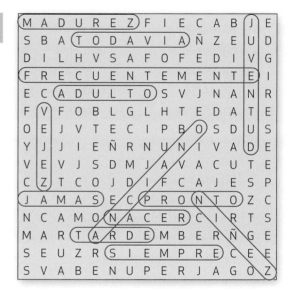

a. tarde
b. siempre
c. nacer
d. juventud

1. pronto
2. jamás
3. todavía
4. frecuentemente
5. niñez
6. vejez
7. anciano
8. adulto
9. madurez

2

1. e, adulto 2. f, anciano
3. a, bebé 4. b, niño
5. c, adolescente 6. d, joven

3

1. f 2. b 3. d 4. a 5. e 6. c

4

(1) nacemos (2) infancia
(3) nacimiento (4) niños
(5) adolescencia (6) infancia
(7) edad adulta (8) adolescentes
(9) maduramos (10) adultos
(11) envejecemos (12) tercera edad
(13) jóvenes

5

(1) era (2) niño
(3) gustaba (4) jugaba
(5) montaba (6) perseguía
(7) infancia (8) época

(9) adolescencia (10) adulto
(11) era (12) iba
(13) estudiaba (14) portaba
(15) sentía (16) pasaba
(17) vivíamos (18) éramos
(19) jóvenes (20) teníamos
(21) íbamos (22) veía
(23) pasábamos (24) encerrábamos
(25) íbamos (26) estudiábamos
(27) Envejecer (28) mayor
(29) era (30) joven
(31) era (32) tenía
(33) tenía (34) anciano

6

1. No estudiaba mucho, hacía deporte y salía con sus amigos.
2. Eva estudiaba, pero cada sábado Eva y Andrés iban a la discoteca.
3. Estudiaba todos los fines de semana en la biblioteca.
4. Salía todas las noches con sus amigos.

7

1. antes de 2. de repente
3. enseguida 4. cuándo
5. En aquel entonces 6. jamás
7. a menudo 8. cuanto antes
9. frecuentemente 10. Ya

UNIDAD 5

Pasar una entrevista de trabajo

1

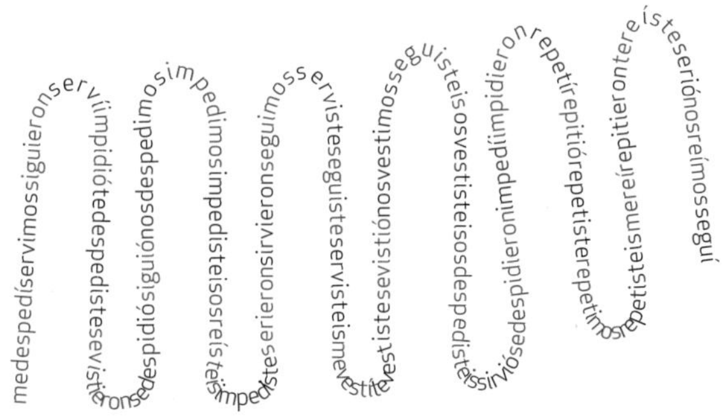

Infinitivo	despedirse	servir	seguir	impedir	vestirse	reírse	repetir
yo	me despedí	serví	seguí	impedí	me vestí	me reí	repetí
tú	te despediste	serviste	seguiste	impediste	te vestiste	te reíste	repetiste
él, ella, usted	se despidió	sirvió	siguió	impidió	se vistió	se rió	repitió
nosotros, nosotras	nos despedimos	servimos	seguimos	impedimos	nos vestimos	nos reímos	repetimos
vosotros, vosotras	os despedisteis	servisteis	seguisteis	impedisteis	os vestisteis	os reísteis	repetisteis
ellos, ellas, ustedes	se despidieron	sirvieron	siguieron	impidieron	se vistieron	se rieron	repitieron

2

1. quiso 2. hizo
3. Corregisteis 4. pidió
5. midió 6. vinieron
7. dormimos 8. despedí
9. repitió 10. Se vistieron

3

1. Quiso / Quisieron trabajar en una empresa internacional.
2. Elegí / Elegimos unos puestos interesantes.
3. despediste / Os despedisteis de vuestros compañeros.
4. reí / Nos reímos durante las reuniones.
5. sirvió / ¿Les sirvieron a ustedes las fotocopias?

4

1. Las hice yo.
2. Lo corrigió el secretario.
3. No, no quisimos dirigirlo.
4. Sí, se lo hice.
5. No, no quisieron prolongarla.
6. Me lo sirvió mi compañero.
7. Los socios la eligieron.
8. Se la repetí al cliente.
9. Sí, se la pedimos.
10. Ayer lo midieron.

5

(1) hizo (2) quiso (3) Vino / Fue
(4) pidió (5) Midió (6) corrigió
(7) hizo (8) Quiso (9) llamó

6

(1) trabajé (2) salí
(3) viajé (4) aprendí
(5) quiso (6) quise
(7) vine (8) propusieron
(9) pedí (10) quisieron
(11) fui (12) decidí
(13) sirvió (14) tuve

¿Qué hizo Ricardo después de la universidad?

Después de la universidad, Ricardo se fue a Estados Unidos y allí aprendió inglés. Volvió a España y le contrataron en una empresa en el Departamento de Compras. Luego, se fue y trabajó en un Departamento de Exportaciones.

7

1. después 2. Hace
3. pasado 4. En
5. hace 6. Después de
7. En

8
1. ¿Por qué no vino Rubén a la reunión? / vino, pidió
2. ¿Cuándo os reísteis? / reímos
3. ¿Por qué no llegasteis al aeropuerto? / impidió
4. ¿A quién eligieron los sindicatos? / eligieron
5. ¿A quién llamó la secretaria? / llamó
6. ¿Dónde reunieron los comerciales a sus clientes? / reunieron

UNIDAD 6
Contar un viaje en coche

1
1. anduvo - andar, él, ella, usted
2. hubo - haber, él, ella, usted
3. estuviste - estar, tú
4. redujiste - reducir, tú
5. supiste - saber, tú
6. tradujo - traducir, él, ella, usted
7. dijisteis - decir, vosotros, vosotras
8. supe - saber, yo
9. tuvimos - tener, nosotros, nosotras
10. reproduje - reproducir, yo
11. puse - poner, yo
12. trajo - traer, él, ella, usted
13. pude - poder, yo.

2
1. dio
2. condujo, continué
3. tuvieron, pasó
4. redujeron
5. tradujo, dijo
6. anduvimos
7. Fui
8. Tuvimos
9. pusimos
10. fue

3
1. Hubo un accidente en la carretera.
2. Puse las maletas en el maletero.
3. Felipe introdujo la llave.
4. Traje el carné de conducir.
5. No supieron cambiar la rueda.

4
1. Conduje yo.
2. Estuvo cortada por obras.
3. No, no hubo mucho tráfico.
4. Sí, me lo puse.
5. No, no se lo dieron.

5
(1) acabé
(2) Tenía
(3) encontraba
(4) acepté
(5) correspondía
(6) estuve
(7) era
(8) di
(9) era
(10) permitió
(11) ayudó
(12) propuso
(13) Era
(14) quería
(15) llevaba
(16) entendía
(17) se jubiló
(18) nombraron
(19) Me quedé
(20) decidí
(21) Monté
(22) fui

6
1. Fui por primera vez
2. conduje, condujo
3. pudimos
4. tuvimos
5. llenamos
6. dijo

7
1. estuvo, un accidente
2. dio, atasco
3. Fuimos, gasolinera
4. Me paré, pinchazo
5. tuvo, taller

8
1. ¿Pudiste cambiar la rueda? / pude
2. ¿Por qué frenasteis? / Frenamos
3. ¿Quién condujo? / Condujo
4. ¿Qué produjo el atasco? / produjo
5. ¿Por qué fuiste al taller? / Fui

9
1. El maletero
2. Las ruedas
3. El accidente
4. El atasco
5. El pinchazo
6. El taller
7. La gasolina
8. La autopista
9. La llave
10. La gasolinera

unidades 4 a 6
PREPARA TU EXAMEN 2

1
a. J b. A c. J d. J e. X
f. A g. A h. J i. A

Cuando Ana era niña...
1. Iba en bici por el bosque.
2. Se bañaba en un lago.

Cuando Juan era niño...
1. Nadaba en la piscina.
2. Visitaba a los abuelos.

Cuando Ana era estudiante...
1. Montaba a caballo.
2. Organizaba fiestas.

Cuando Juan era estudiante...
1. Corría con una amiga.
2. Iba al cine.

2

1. era - B - c. regalaron
2. fui - E - f
3. Llegamos - A - a. había
4. tardó, pudo - D - b. estaba
5. Frené, vi - C - e. estaba
6. condujeron - F - d. había

3

Respuestas libres

UNIDAD 7
Describir un trabajo o una tarea

1

1. exponer	2. devolver
3. componer	4. abrir
5. resolver	6. oponer
7. hacer	8. romper
9. posponer	10. cubrir
11. imponer	12. volver
13. ver	14. deshacer
15. prever	16. poner
17. proponer	18. componer
19. disponer	20. envolver
21. descomponer	22. satisfacer

2

1. He preparado / La reunión está preparada.
2. Has hecho / Los ejercicios están hechos.
3. Han cerrado / El presupuesto está cerrado.
4. Habéis abierto / La puerta está abierta.
5. Han controlado / Los documentos están controlados.
6. Hemos tomado / Las decisiones están tomadas.
7. He puesto / La cámara está puesta.
8. Ha escrito / El informe está escrito.
9. Has reservado / Las habitaciones están reservadas.
10. Ha resuelto / El problema está resuelto.
11. He roto / La impresora está rota.
12. Han envuelto / Los paquetes están envueltos.
13. Habéis deshecho / Las maletas están deshechas.
14. Hemos compuesto / Las canciones están compuestas.
15. Has visto / Los papeles están vistos.

3

1. he preparado, tengo que prepararla
2. ha contestado, Tiene que contestarlos
3. habéis llamado, Tenéis que llamarlo
4. han puesto, Tienen que ponerla
5. hemos discutido, Tenemos que discutirlo
6. han publicado, Tienen que publicarlo

4

1. P 2. IM 3. M 4. IM 5. P 6. M

5

1. Tienes que envolverlo así. / Lo tienes que envolver así.
2. No, debo entregarlo mañana. / No, lo debo entregar mañana.
3. Tenemos que darla hoy. / La tenemos que dar hoy.
4. No, tengo que acabarlo hoy. / No, lo tengo que acabar hoy.
5. Debes leerlo mañana. / Lo debes leer mañana.

6

1. Hoy he estado organizando una reunión.
2. Esta tarde has estado hablando con tu jefe.
3. Esta semana José ha estado trabajando mucho.
4. Se han estado reuniendo a diario.
5. Ana ha estado escribiendo su tesis este mes.
6. Hemos estado preparando el informe para nuestros clientes.
7. Han estado discutiendo toda la tarde.

7

1. He estado preparando una reunión.
2. Ha estado redactando un informa profesional.
3. Hemos estado discutiendo los presupuestos.
4. He estado contestando los correos electrónicos.
5. Hemos estado cenando en un restaurante.

8

1. a. Tiene que comprar un libro para el examen de Matemáticas.
   b. Porque el médico dice que tiene que hacer más deporte.
2. Hay que llevar un paraguas.
3. Porque tienen que organizar una fiesta.
4. Porque tienen que comprar los billetes del viaje y deben llamar a los amigos.

9

1. c 2. b 3. a 4. b 5. a 6. a

10

1. b 2. e 3. a 4. c 5. d

UNIDAD 8

Pedir algo

1

P	E	D	I	R	E	S	C	R	I	M	B	I	R	D
A	E	X	P	E	D	I	E	N	T	E	U	N	M	E
M	E	R	C	S	A	D	E	E	R	R	I	A	A	N
E	M	P	R	P	E	S	A	N	S	C	A	L	N	C
A	D	O	C	U	M	E	N	T	O	A	R	I	D	A
D	S	I	N	E	E	M	R	R	E	N	V	I	A	R
O	O	S	O	S	C	P	I	E	A	C	L	I	R	G
S	C	C	A	T	A	L	O	G	O	I	T	A	S	A
F	I	R	M	A	D	E	O	A	C	A	R	T	A	R
I	O	N	T	O	S	A	A	R	E	C	I	B	I	R
R	S	A	L	A	R	D	I	A	D	O	S	E	N	E
M	S	U	E	L	D	O	F	A	C	T	U	R	A	R
A	S	P	A	Ñ	T	E	R	O	N	G	L	I	B	E
R	R	T	A	D	P	A	P	E	L	E	S	P	U	N

1. expediente
2. documento
3. catálogo
4. firma
5. carta
6. sueldo
7. papeles
8. socios
9. respuesta
10. empleado
11. mercancía

1. pedir
2. enviar
3. recibir
4. facturar
5. firmar
6. entregar
7. mandar
8. encargar

2

1. c 2. d 3. b 4. f 5. a 6. e

3

1. Se lo mandamos.
2. Se lo escribes.
3. Se la facturo.
4. Se lo pides.
5. Se las mandas.
6. Se la das.
7. Se los explicas.
8. Se lo propone.
9. Se la pido.
10. Se la entregas.

4

1. Sí, le hemos dado un consejo. / Sí, se lo hemos dado.
2. No, no le mandábamos los informes. / No, no se los mandábamos.
3. Sí, me he puesto la corbata. / Sí, me la he puesto.
4. No, no le enviaron el correo. / No, no se lo enviaron.
5. Sí, le hemos facturado los productos. / Sí se los hemos facturado.
6. No, no le he dado el expediente. / No, no se lo he dado.
7. Sí, nos dio los documentos. / Sí nos los dio.
8. No, no me has mandado el catálogo. / No, no me lo has mandado.
9. Sí, nos pagaron las mercancías. / Sí nos las pagaron.
10. No, no me pidieron el documento. / No, no me lo pidieron.

5

1. Sí, se lo estoy explicando. / Sí, estoy explicándoselo.
2. No, no se la he dado.
3. Sí, se las voy a dar. / Sí, voy a dárselas.
4. No, no me lo dieron.
5. Sí, se la escribía.
6. No, no se la hemos mandado.
7. Sí, nos los entregaron.
8. No, no nos los devolvió.
9. Sí, siempre me la dan.
10. No, no se la estoy diciendo. / No, no estoy diciéndosela.

6

1. No, se lo está mandando ahora.
2. No, no se lo pudo mandar.
3. Tenía que mandarle antes un documento.
4. No, no se lo ha mandado todavía.
5. Se la va a hacer cuanto antes.

7

1. Se las estoy dando. / Estoy dándosela.
2. Se lo está entregando. / Está entregándoselo.
3. Te la voy a dar. / Voy a dártela.
4. Se la han estado explicando. / Han estado explicándosela.
5. Nos la van a dar. / Van a dárnosla.

8

1. Se lo voy a dar a ellos.
2. Se lo ha pagado la empresa.
3. Sí, me lo compro ahora.
4. Me la dieron a mí.
5. Sí, se la voy a decir.
6. Te la van a mandar a ti.
7. Hoy nos lo van a subir.
8. Nos lo pidieron a nosotros.
9. Ana se lo está explicando.
10. Sí, tienes que mandársela.

UNIDAD 9
Hablar de espectáculos

1

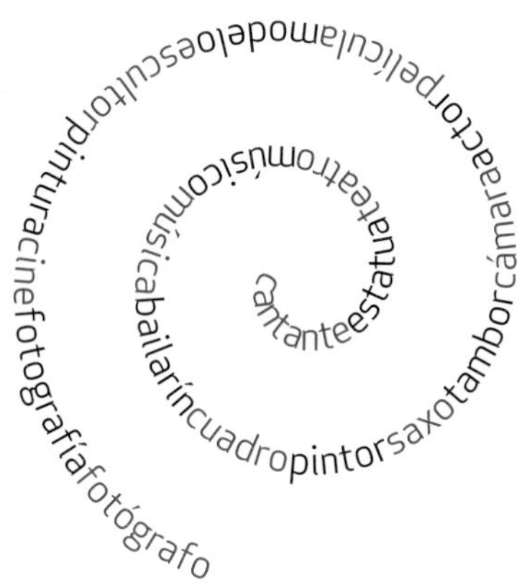

1. cantante
2. músico
3. bailarín
4. pintor
5. actor
6. modelo
7. escultor
8. fotógrafo

2

3

1. habías mandado / ya lo había mandado.
2. Habíais comprado / no las habíamos comprado.
3. Había hecho / la había hecho.
4. habías ido / no había ido.
5. Habían escuchado / ya la habíamos escuchado.
6. habíais aprendido / no la habíamos aprendido.

4

1. había dejado
2. había ido
3. había terminado
4. habíamos visto
5. habían cerrado
6. había dicho
7. habían descubierto
8. había abierto
9. había escrito

5

1. para
2. Para, Para
3. Por, para, para, para, Por, para, Por
4. por
5. por, por
6. por, por, para
7. para
8. para, por, por
9. por, para

6

1. F 2. F 3. F 4. V 5. F 6. V

7

1. Para
2. por
3. por
4. por, para
5. para
6. por, para
7. para
8. Para, para
9. por
10. para

8

1. para, Por lo tanto
2. por, por casualidad
3. por, por si acaso
4. para colmo, no es para tanto, por
5. por, por primera vez
6. Por un lado, por otro, para
7. Por lo general, para
8. para, por lo menos
9. Por fin, para, Por lo visto

unidades 7 a 9
PREPARA TU EXAMEN 3

1
1. e, me los ha entregado ya.
2. c, no se lo han enviado todavía.
3. f, no las conozco.
4. d, os la firmamos.
5. b, no lo compró en Asturias.

2
1. Rocío 2. Enrique
3. Carmen 4. Carmen
5. Rocío 6. Enrique

3
b. 5, Saber de arte, paciencia y don de gentes
e. 6, Sentido del humor, que te gusten los niños
i. 4, Creatividad, buen gusto y saber arte
j. 3, Minuciosidad, paciencia y responsabilidad
k. 1, Don de gentes y simpatía
l. 2, Interesante, útil y peligrosa

UNIDAD 10
Tener cita en el médico

1
1. a 2. d 3. b 4. c 5. d
6. a 7. a 8. b 9. c

2
1. pienso, piensa, no pienses
2. me acuesto, acostaos, no os acostéis
3. tengo, tenga, no tenga
4. pido, pide, no pidas
5. hago, hagan, no hagan
6. empiezo, empezad, no empecéis
7. repito, repita, no repita
8. comienzo, comienza, no comiences
9. sigo, siga, no siga
10. oigo, oíd, no oigáis
11. salgo, sal, no salgas
12. pongo, pon, no pongas
13. vengo, vengan, no vengan
14. saco, sacad, no saquéis
15. traduzco, traduzca, no traduzca

3
1. Dámelas. / No me las des.
2. Comiéncelo. / No lo comience.
3. Sacadla. / No la saquéis.
4. Pónganlas. / No las pongan.
5. Laváoslos. / No os los lavéis.
6. Cómprasela. / No se la compres.
7. Pídesela. / No se la pidas.
8. Explícaselo. / No se lo expliques.
9. Dímela. / No me la digas.
10. Repítesela. / No se la repitas.

4
1. Toma, No tomes un vaso de agua.
2. Beba, No beba más.
3. Subid, No subáis las escaleras.
4. Tose, No tosas.
5. Comed, No comáis rápidamente.
6. Escriban, No escriban un texto.
7. Respira, No respires.
8. Tome, No tome asiento.
9. Leed, No leáis este artículo.
10. Vaya, No vaya de vacaciones.

5
1. Toma, No las tomes.
2. Abran, No la abran.
3. Apuntad, No lo apuntéis.
4. Recoja, No las recoja.
5. Escribe, No la escribas.

6
1. Cuénteme lo que le pasa. / No me lo cuente.
2. Siéntese en esta silla. / No se siente.
3. Abra la boca. / No la abra.
4. Respire hondo. / No respire.
5. Descanse más. / No descanse.
6. Duerma la siesta y acuéstese temprano. / No duerma la siesta ni se acueste temprano.
7. Compré esta medicina. / No la compre.
8. Tómesela cada noche. / No se la tome.
9. Evite el alcohol y coma mucha verdura. / No evite el alcohol y no coma mucha verdura.
10. Haga un poco de deporte cada mañana / No lo haga.
11. Vuelva a verme. / No vuelva.

7
1. Lávatelas. 2. Llámelo.
3. Subíosla. 4. Quítesela.
5. Tómenselas.

8
1. Sécatelas. 2. Leedla.
3. Cómprensela. 4. Díselo.
5. Pedidla.

9
1. No hagas la dieta.
2. No me hablen en ese tono.

3. No os pongáis los zapatos.
4. No esperéis más a Juan.
5. No se quiten la camisa.

10
1. Abra la boca, saque la lengua y diga a.
2. Esté tranquilo.
3. Tómese estas pastillas.
4. Súbase la manga (de la camisa).
5. Respire hondo.
6. Túmbese y relájese.

UNIDAD 11
Expresar una hipótesis o un deseo

1

1. tú, comer
2. nosotros, hablar

3. yo / él, ella, usted, ir
4. ellos, ellas, ustedes, leer

5. yo / él, ella, usted, ser
6. vosotros, vosotras, venir

2
1. hablo, hable
2. como, comas
3. vivo, viva
4. escribo, escribáis
5. bebo, bebamos
6. canto, cantes
7. salgo, salgamos
8. hago, hagan
9. vengo, vengas
10. digo, digan
11. tengo, tengamos

3
1. vaya
2. podamos ir
3. coman
4. llame
5. lleguen
6. estén
7. suba
8. vaya

4
1. esté despejado
2. haga mejor
3. se compre otro
4. sean
5. llegue
6. me escriba
7. lleguen
8. pongas el vestido

5
2, 4, 6, 8

Juan quiere que su casa tenga jardín, que esté bien comunicada, que tenga tres habitaciones y que tenga un garaje.

6
1. llamen
2. se la demos
3. se lo compren
4. nos la digan
5. nos lo tengan
6. me lo traduzcan
7. se lo haga
8. nos los enseñen
9. se la construyamos
10. se la ponga

7
1. Deseo que me ayudes.
2. Esperan que Carmen y María vengan.
3. El profesor desea que los niños aprueben.
4. Quiero que hagáis las camas.
5. Esperamos que ustedes manden los documentos.
6. La policía no quiere que la gente pase por esa calle.
7. El niño no quiere que su madre le lave la cabeza.
8. Alicia espera que vayamos a ver la exposición.

8
(1) viajemos
(2) venga
(3) podamos
(4) vayamos
(5) quedemos
(6) visitemos
(7) esté
(8) sea
(9) estés
(10) veamos

UNIDAD 12
Expresar la opinión

1
1. es
2. esté
3. sea
4. sea
5. es
6. es
7. está
8. esté

2
1. merienden
2. repitas
3. envuelva
4. lleguen
5. cierre
6. comience
7. duela
8. defienda

3

1. No, no nos parece que se acueste muy temprano.
2. No, no me parece que empiece muy temprano.
3. No, no me parece que sea muy divertido.
4. No, no me parece que duerma demasiado.
5. No, no nos parece que llueva demasiado.

4

1. Creo que está nevando en los Alpes.
   No creo que esté nevando en los Alpes.
2. Pensamos que Juna aún va a clase.
   No pensamos que Juan aún vaya a clase.
3. Creo que la película empieza a las 20:00.
   No creo que la película empiece a las 20:00.
4. Estamos seguros que tiene razón.
   No estamos seguros que tenga razón.
5. Creo que siempre hace sol en Cuba.
   No creo que siempre haga sol en Cuba.
6. Es seguro que viene pronto.
   No es seguro que venga pronto.

5

1. Creo, suena
2. dice, sueña
3. pienso, sea
4. cree, permitan
5. Es, pide
6. creo, sea
7. dice, está, esté
8. Crees, se despiertan, pienso, hagan
9. mide, cree, mida

6

1. pidan, ilógico, se nieguen
2. comas, malo, comas
3. sueñen, anormal, pierdan
4. gobierne, improbable, vote
5. volvamos, posible, volvamos
6. recuerdes, inútil, escribas
7. sea, incorrecto, olvide

7

1. no es preocupante, estemos perdidos, indispensable, encontremos
2. Está bien que jueguen, una locura, se pasen
3. vengamos temprano, lleguemos

8

1. esté, mi opinión, está
2. sea, nuestra opinión, es
3. prefiera, mi opinión, prefiere
4. coman, su opinión, coman
5. pierden, estudian, en su opinión, estén, estudien

unidades **10 a 12**
PREPARA TU EXAMEN 4

1

a. 8 b. 6 c. 2 d. 10 e. 7 f. X
g. 9 h. X i. 1 j. 3 k. 5 l. 4

2. No os la comáis. / la tarta / coméosla.
3. Tómese. / el helado / No se lo tome.
4. Sacadlo. / el perro / no lo saquéis.
5. Enciéndela. / la luz / no la enciendas.
6. Apáguenlos. / los móviles / no los apaguen.
7. No se lo mandes. / el correo electrónico / mándaselo.
8. Ábrelo. / el regalo / no lo abras.
9. No te lo quites. / el jersey / quítatelo.
10. No te lo tomes. / el café / tómatelo.

2

1. b 2. e 3. c 4. a 5. d

a. cargues, Deja, llevo
b. Relájate, respira
c. necesitas, Haz, intenta, sal
d. estudiáis, Tenéis, Aprendeos, haced, doy, vayáis, vayáis
e. coma, elimine

UNIDAD 13
Expresar un sentimiento

1

N	S	O	R	P	E	N	D	I	D	O	P
E	A	N	M	I	E	D	O	X	C	V	A
R	J	E	P	C	Y	N	C	D	B	G	C
V	E	R	T	A	F	T	A	V	S	R	I
O	C	V	E	R	G	Ü	E	N	Z	A	E
V	S	I	X	G	Y	C	N	Q	H	C	N
I	P	O	N	E	S	A	R	I	V	I	E
O	A	S	C	O	T	A	N	T	E	A	S
M	X	O	O	S	O	I	V	R	E	N	A

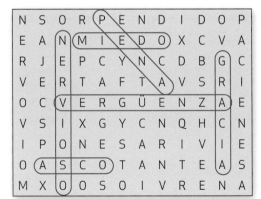

1. asco 2. miedo
3. pena 4. vergüenza
5. nervioso 6. gracia

2

1. pone 2. da
3. hace 4. da
5. da 6. da

7. hace
8. pone
9. pone
10. dan

3
1. Te aconsejo que felicites a José.
2. Le agradezco que organice la ceremonia.
3. Temo que el bebé esté enfermo.
4. Nos sorprende que se divorcien.
5. Me molesta que Pilar no me invite a su boda.

4
1. lo organicemos
2. se case con ella
3. quiera hacerlo solo
4. os divorciáis
5. no vengan

5
1. entristece, esté
2. alegra, sea
3. decepciona, llueva
4. orgullece, se case
5. angustia, se divorcien

6
1. recomiendo, verifiques
2. aconsejamos, se casen
3. permito, digas
4. prohíbe, diga
5. quiere, sepa
6. ruego, cuide
7. consigo, dé
8. suplico, avises
9. exige, den
10. pide, entreguéis

7
1. organicen, odio que lo organicen
2. celebremos, nos divierte que lo celebréis
3. se divorcie, me entristece que se divorcie
4. se casen, me parece bien que se casen

8
1. Su cumpleaños
2. No, acaban de casarse y ya quieren divorciarse.
3. Porque va a tener un hijo.
4. Que se casaba, porque su marido había muerto, le dio el pésame.
5. A la boda de Enrique, porque va a nacer el bebé.

9
1. c　2. b　3. b　4. c

10
1. d　2. c　3. a　4. b

UNIDAD 14
Hablar de una acción futura

1
1. habrá, haber
2. Haré, hacer
3. podrán, poder
4. pondrás, poner
5. querréis, querer
6. sabrá, saber
7. cabrán, caber
8. valdrá, valer
9. dirá, decir
10. saldrá, salir
11. tendremos, tener
12. vendrá, venir

2
1. añadiré
2. bajaremos
3. harán, se conectarán, llamrarán, chatearán
4. iré, compraré
5. enseñaréis

3

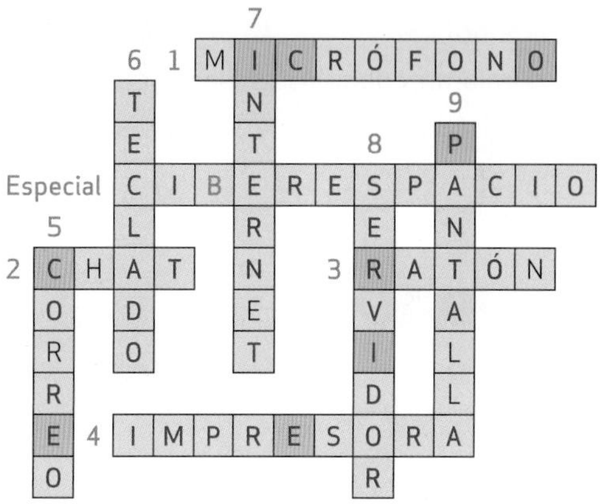

4
1. Primero, voy a descargar unos datos y, luego, los imprimiré.
2. Primero, voy a seleccionarlo y, luego, haré clic aquí.
3. Primero, voy a conectarme y, luego, chatearé con mi amigo brasileño.
4. Primero, voy a identificarme y, luego, podré navegar.
5. Primero, voy a configurarlo y, luego, lo grabaré.
6. Primero, voy a explicarle las bases y, luego, iremos paso a paso.
7. Primero, voy a pedirle su dirección y, luego, la añadiré a mis contactos.
8. Primero, vamos a crear un nuevo documento y, luego, lo guardaré en el archivo.

5
1. lo bajaré
2. la compraré
3. lo corregiremos
4. se lo configuraré
5. se lo instalaré
6. los almacenaré
7. chatearemos

6
1. Te enseñaré cuando tenga tiempo.
2. Se la compraré cuando sea mayor.

3. Los acabarán de imprimir cuando compren papel.
4. Te lo mandaré cuando tenga todos los datos útiles.
5. Nos la compraremos cuando la necesitemos.

7
1. Quiere que le enseñe a pasar fotos del ordenador a la tableta.
2. Rosa va a intentar arreglarle el ordenador.
3. No, va a ir esta tarde.
4. Si no lo consigue, llamará a un técnico.
5. La llamará en cuanto salga de la universidad.

8
1. chatee
2. irá, se comprará
3. llamará, esté
4. puedan
5. costará, sea
6. avisará, sepa
7. regalarán, compren
8. será, sea, será
9. vendrá, vendrá, sea
10. tenga, daré, podrás

UNIDAD 15
Expresar la finalidad, la causa y la consecuencia

1
1. gracias
2. a causa
3. por eso
4. es que
5. para

2

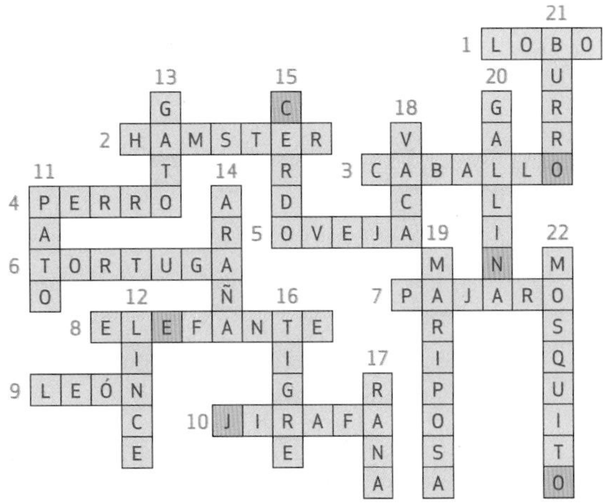

Animal escondido: C O N E J O

3
1. pesticidas, biodiversidad
2. contaminación, salud
3. capa, ozono
4. medioambiente
5. flora, fauna, planeta
6. protección
7. energía eólica
8. reciclaje
9. energía solar
10. naturaleza

4
1. tantos que
2. tanta que
3. tanto que
4. tantos que
5. tan
6. tanto que
7. tanta que
8. tanto que
9. tantas que
10. tanta que
11. tan
12. tantos que

5
1. Vamos al parque natural para hacer muchas fotos.
2. Apagamos la luz para ahorrar energía.
3. Te doy esta guía para que aprendas a reciclar correctamente.
4. Ella no compra productos envasados para que no tiréis mucho plástico a la basura.
5. Las energías solar y eólica son buenas para preservar el medioambiente.

6
1. F 2. V 3. F 4. V 5. V 6. F

7
1. b 2. c 3. a 4. c

8
1. salud
2. pesticidas
3. flora
4. gases

9
1. Por eso
2. por
3. ya que, Por eso, Gracias a
4. puesto que
5. Así que
6. Como
7. por
8. Por lo tanto
9. luego
10. por eso

unidades 13 a 15
PREPARA TU EXAMEN 5

1
Persona 1. 5
Persona 2. 10
Persona 3. 3
Persona 4. 8
Persona 5. 2
Persona 6. 6

2
(1) quiero/quería
(2) alegro
(3) interese
(4) saben
(5) advierten
(6) toman
(7) sufrirá
(8) irán
(9) serán
(10) observaremos
(11) es
(12) permita
(13) serán
(14) vamos
(15) Es
(16) aumente

(17) continúan (18) producirá
(19) será (20) toman
(21) cambia (22) elevará
(23) está (24) están
(25) aumenta (26) viven
(27) quedarán (28) se volverán
(29) provocará (30) destruyan
(31) tenga (32) provocará
(33) provocará (34) se convertirá

1. Le satisface que haya tantas personas interesadas en el tema.
2. No, no son suficientes.
3. Son pesimistas porque no se están tomando las medidas necesarias.
4. Porque muchas ciudades quedarán bajo el agua del mar y en muchas zonas habrá escasez de agua lo que provocará guerras y migraciones.
5. Por la escasez de agua.

3 Respuestas libres

UNIDAD 16
Expresar el inicio, la continuidad o el final de una acción

1
1. a 2. de 3. a 4. ø 5. a 6. ø
7. a 8. ø 9. de 10. ø 11. a

2
1. c 2. e 3. a 4. d 5. g
6. b 7. h 8. j 9. f 10. i

3
1. sigues
2. Dejé, acababa, empezó, dejó
3. llevas
4. se ha echado, volver
5. Me he puesto

4
1. No, no han sido agradables porque estuvo todos los días lloviendo.
2. Porque anoche se quedó hasta las cinco de la mañana estudiando.
3. Lleva tres años viviendo en Madrid.
4. No, acaba de llegar.
5. Porque no oyó el despertador y siguió durmiendo.

5
1. Lleva durmiendo
2. seguía trabajando
3. comenzaron a arreglar
4. ha dejado de nevar
5. va reconociendo
6. ha vuelto a poner
7. se ponen a estudiar
8. acaba de irse
9. se echó a llorar
10. habéis empezado a leer

6
1. se puso 2. he vuelto a ver
3. empezar a 4. empezó a
5. se echó a 6. empieza a
7. Llevo 8. va
9. acaba de 10. seguirá

7
1. a 2. c 3. a 4. c 5. b
6. c 7. a 8. a 9. b 10. b

UNIDAD 17
Dar un consejo

1
1. c 2. e 3. c 4. a 5. b 6. d

2

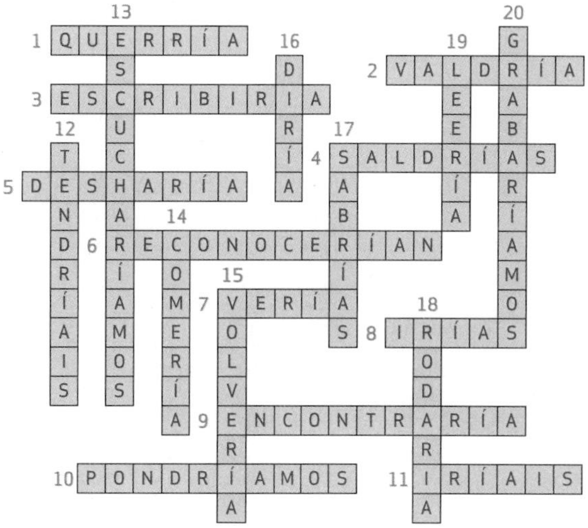

3
1. diría 2. querrían
3. invitaría 4. vería
5. saldría 6. oiría
7. podría 8. conocería
9. hablaría 10. podríamos

4

1. Te gustaría comprarte un nuevo televisor.
2. Me gustaría escuchar un programa cultural.
3. Les gustaría leer este artículo.
4. Nos gustaría grabar este documental.
5. A usted le gustaría presentar el telediario.
6. Os gustaría suscribiros a esa revista.
7. Me gustaría escuchar las noticias.
8. Nos gustaría ser periodistas.

5

1. preferiría comprar esta revista.
2. No, preferiría ser reportero.
3. preferiríamos ver el telediario.
4. preferirían oír la radio.
5. preferiríamos grabar una película.

6

1. ¿Me podrías despertar a las 6:00?
   ¿Podrías despertarme a las 6:00?
2. Señora Gómez, ¿le podría hacer una pregunta?
   Señora Gómez, ¿podría hacerle una pregunta?
3. ¿Me podrías hacer el favor de avisar a Elena?
   ¿Podrías hacerme el favor de avisar a Elena?
4. ¿Nos podríais recoger a los niños?
   ¿Podríais recogernos a los niños?
5. ¿Me podrías prestar tu teléfono?
   ¿Podrías prestarme tu teléfono?
6. ¿Te podrían cambiar de canal?
   ¿Podrían cambiarte de canal?
7. ¿Me podría dejar su bolígrafo?
   ¿Podría dejarme su bolígrafo?
8. ¿Nos podrías sacar una foto?
   ¿Podrías sacarnos una foto?
9. ¿Me podría decir la hora?
   ¿Podría decirme la hora?
10. ¿Nos podrían explicar la situación?
    ¿Podrían explicarnos la situación?

7

1. en tu lugar, se la diría.
2. en tu lugar, no la pondría.
3. en vuestro lugar, no lo contaría.
4. en su lugar, se lo daría.
5. en su lugar, lo publicaría.
6. en tu lugar, lo leeríamos a diario.
7. en su lugar, la rodaría en Galicia.
8. en tu lugar, se lo compraríamos.
9. en vuestro lugar, se la devolveríamos.
10. en su lugar, se lo prestaría.

8

1. Luis, en el lugar de Ana, estudiaría para ser periodista.
2. Ellos, en el lugar de Juan, no se comprarían esta radio.
3. El señor López, en su lugar, no escribiría al periódico.
4. Ana, en su lugar, saldría esta noche.
5. Felipe, en su lugar, no iría a Madrid este verano.

9

1. artículo, revista
2. periodista
3. película
4. noticia, telediario
5. cámara
6. locutor, programa
7. prensa
8. documental
9. micrófono
10. reportero

UNIDAD 18

Reproducir el contenido de una conversación

1

D	E	L	F	I	N	A	T	A	L	L	A	M	A	L	E
I	R	A	T	S	N	I	A	G	U	I	L	A	Z	A	C
V	H	A	T	J	E	N	U	N	E	T	O	G	E	R	L
L	O	G	M	O	N	O	S	C	H	A	F	E	X	M	R
C	O	A	T	Q	E	X	A	M	L	O	R	O	O	A	B
C	A	T	E	T	P	U	T	U	E	O	Ñ	A	R	D	I
N	E	S	E	T	T	I	B	U	R	O	N	N	Ñ	I	H
J	A	G	U	A	R	E	T	A	O	C	O	Ñ	D	L	E
E	A	S	O	E	C	A	N	A	C	O	N	D	A	L	J
G	K	N	O	F	G	Ñ	A	M	O	N	D	A	E	O	H
L	Z	D	O	U	C	D	L	U	Z	D	N	E	D	O	I
A	E	M	T	P	I	R	A	Ñ	A	O	N	P	U	M	A
R	S	R	E	L	J	A	N	A	U	R	I	O	T	E	D
M	O	E	B	E	C	D	B	A	L	L	E	N	A	L	O
T	E	U	P	E	L	I	C	A	N	O	G	A	G	V	B

2

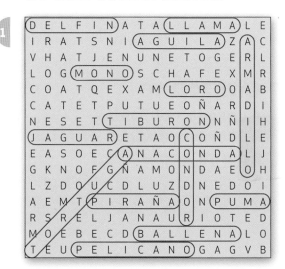

1. Que si hay mucha gente aquí.
2. Que nunca he visto una ballena.
3. Que los monos son animales muy simpáticos.
4. Que si los loros comen fruta.

3

1. Que le saques una foto al tucán.
2. Que tengas cuidado con el puma.
3. Que no os bañéis en el río.
4. Que salgan/salgáis del agua ahora mismo.
5. Que no te acerques al caimán.
6. Que respetéis el hábitat de los animales.

7. Que observes el cóndor.
8. Que nos callemos si queremos ver a jaguar.
9. Que no le dé comida a los monos.
10. Que mires cómo come el loro.

4

1. Que quiere ver delfines en su hábitat natural.
2. Que sacarán muchas fotos de animales salvajes.
3. Que ya había ido a visitar esta reserva, pero que el mes próximo volvería a ver más animales.
4. Que el mono era un animal muy simpático y que vivía en los árboles.
5. Que si el puma era un felino.
6. Que el puma era un gran felino solitario que perseguía una amplia variedad de presas.
7. Que si la ballena es un pez.
8. Que vaya con ellos de excursión.

5

1. Roberto ha preguntado que si sabía de qué se alimenta el caimán y Ángel ha dicho que (se alimenta) de peces.
2. Sí, sí ha estado porque Leonor dijo que había visto dos ballenas en Baja California y Enrique dijo que él también (había visto dos).
3. Pedro preguntó que si las pirañas eran carnívoras y María dijo que sí (que eran carnívoras).
4. No, no lo ha leído todavía porque Consuelo le preguntó que si ya lo había leído y Bernardo dijo que no, que todavía no lo había leído.
5. Sí, sí le interesa, porque César le preguntó que si le gustaría ir a la selva y Alicia dijo que sí.
6. Marta le prometió a María que iría con ella a visitar la reserva.
7. Porque Guillermo le preguntó que si había buceado alguna vez con tortugas marinas y Lucas le dijo que había buceado cuando estaba en México.

6

Pedro contó que, el verano pasado, Cristina y él habían ido a visitar una reserva natural en Costa Rica y que había visto muchísimos animales distintos. Dijo que Cristina quería volver, pero que él prefería visitar otra región. Dijo que el año próximo irían a las Galápagos y que podría sacar fotos únicas.

7

El guía dijo que mañana visitaríamos el santuario de la mariposa Monarca.

Nos explicó que la mariposa Monarca era la más famosa de las mariposas de América Latina.

Añadió que lo más sorprendente de esta especie era que las mariposas nacidas a finales de verano y principios del otoño componían una generación especial, que realizaban un ciclo completo de migración desde Canadá a México siguiendo las rutas trazadas por generaciones anteriores.

Por fin, concluyó diciendo que la reserva había sido declarada Patrimonio de la Humanidad por la Unesco en 2008.

unidades 16 a 18
PREPARA TU EXAMEN 6

1

1. Me gustaría, haría, está
2. vais, iría, pueden
3. Voy, ha aconsejado, nos acerquemos
4. Me gustaría, tengas, prepares, se mueve
5. vimos, parece, enseñaría, le gustan

Preguntas

1. a 2. b 3. c 4. a 5. a

2

Persona 1. 6	Persona 2. 10
Persona 3. 1	Persona 4. 8
Persona 5. 4	Persona 6. 9

3

(Para la recomendación, respuestas libres)

1. No le gusta viajar lejos ni ir a la playa. Le gustan los museos de pintura de los siglos XV y XVI.
2. Va a organizar por primera vez un viaje a México por la selva.
3. Le gustaría navegar por el río Amazonas.
4. Porque quieren ver muchos animales.
5. Odia los viajes organizados.
6. Este año van a ir a Venezuela, a ver el Salto del Ángel.

Notas

Notas

3 por uno REPASA
한국어판 B1

지은이 Arielle Bitton
편역 권미선
펴낸이 정규도
펴낸곳 (주) 다락원

초판 1쇄 인쇄 2022년 12월 20일
초판 1쇄 발행 2023년 1월 5일

책임편집 이숙희, 오지은, 한지희
디자인 구수정, 박은비

녹음 Bendito Sonido, Alejandro Sánchez Sanabria
사진 출처 123RF

다락원 경기도 파주시 문발로 211, 10881
내용 문의 (02) 736-2031 (내선 420~426)
구입 문의 (02) 736-2031 (내선 250~252)
Fax (02) 738-1714
출판등록 1977년 9월 16일 제406-2008-000007호

값 16,000원
ISBN 978-89-277-3300-3 14770
978-89-277-3297-6 (set)